Aristotle's Way

How Ancient Wisdom Can Change Your Life

Edith Hall

關於人生，
你可以問問亞里斯多德

不做決定，等於讓別人決定你。
幸福，是有意識的思考、選擇和行動。

伊迪絲・霍爾——著
鄭淑芬——譯

佳評推薦

幸福不會隨機出現，而是慎思之後的一連串行動。本書作者以深厚的文史哲學養，將亞里斯多德經過兩千多年考驗後依舊真知灼灼的洞察，呈現給對生命的意義、幸福的真諦感到迷惘的現代人。向亞里斯多德諮商，不會獲得直接的解答，但可能找到幾個值得嘗試的支點，在尋求最終平衡的過程中，我們得以安頓心靈。

——林靜君／台灣高中哲學教育推廣學會理事長

許多人都認為哲學沒有實際的用處，就我的個人經驗來說，這絕非事實。然而，要讓一般大眾了解哲學的價值，進而受益於哲學，確實充滿挑戰。本書作者成功扮演了亞里斯多德與人們之間的媒介，用誠懇的態度揉合亞里斯多德哲學與己身經驗，為迷失自我、尋求幸福指引的人們提供了一條亞里斯多德之道，一種哲學式的人生觀。相信不認識哲學的人，在讀過本書後，多少會對哲學改觀；而願意因此嘗試哲學之道的人，也將獲得莫大助益。

——鄭凱元／哲學新媒體創辦人暨執行長

當心理學家在二十世紀末開始著手研究「幸福」這個主題時，距離亞里斯多德系統性地討論這個概念，已經過了兩千三百多年。關於幸福（或快樂），亞里斯多德高度看重「理性」的作用，而做為群居生物，「互惠」是人際關係的重要原則。這些要點多已被研究證實，人類的某些本能確實需要理性的介入與修正，特別是向上攀比和貪愛順境的傾向。而遭遇困苦時，也需要如此理性、寬容的哲學為我們在逆境中找到意義與希望，實現創傷後的成長。

——鐘穎／心理學作家、「愛智者書窩」版主

霍爾的新作為追求幸福的讀者清空了一條難得的中庸之道……這本書仔細地描繪出有德生活的美好弧線——在青春的才能中萌發，在負責任的決定與自省中成長，在成熟的關係中展現，最後在愉悅的晚年和寧靜、肅穆的死亡中安歇。說的比做的容易，不過霍爾說明了，亞里斯多德會幫助你。

——《紐約時報書評》

霍爾以最可親的方式詮釋亞里斯多德某些最深奧的概念，呈現出他對各種事物的註解，從群體的力量、理解自己的目標，到你做決定時為何永遠都該徵詢第三者的意見……說到幸福這件事，或許真該是辭新迎舊的時候了。

——《時代雜誌》

霍爾對亞里斯多德提出全面而實際的評價，無論是憂鬱症這樣沉重的艱難課題，或是準備重要會議和工作面試這樣的日常事務，她都以同等嚴謹、明晰的論述探討處理。這本引人入勝的作品是親近亞里斯多德實踐智慧的絕佳管道，也是初探這位世界史上重要哲學家思想的入門讀本。

——《出版者週刊》

內容清楚易讀，不見艱澀專業但根基深厚……幸福可以由美德而生嗎？這部精彩之作以肯定態度完成了一場有力的辯證。

——《柯克斯書評》

這本書像是自助勵志書和入門哲普書的綜合體，將兩方的素材精妙融合，想更瞭解古代哲學、或是尋求人生建議的讀者，都會感到滿意。

——唐納・羅伯斯坦／《像羅馬皇帝一樣思考》作者

本書對亞里斯多德的哲思進行了明確且饒富興味的探究檢視，無論主題是美德、工作和友誼，或是大自然、神祇和善終，這些思想的廣遠與精妙都令人激賞。作者顯然對亞里斯多德的著作、理念和後繼的諸多哲學家瞭解深刻、知之甚詳。

——《衛報》

推薦序

以人類經驗為本的實踐科學

苑舉正
台灣大學哲學系教授

在哲學史上，最重要的哲學家有兩位，一位是柏拉圖，另外一位就是亞里斯多德，他們雖是師生的關係，不過大家都聽過一句話，「吾愛吾師，吾更愛真理。」這據傳是亞里斯多德所說的，目的也就在強調，他與老師柏拉圖之間的不同。

不管亞里斯多德有沒有說過這句話，這確實能夠突顯柏拉圖與他的學生在理念上的差別。而最重要的差別是，在建構系統的過程中，這兩位偉大的哲學家採用的是完全不同的基礎理念。簡單來講，柏拉圖的哲學系統強調的是超越經驗的理念，而亞里斯多德的哲學系統中，一切都以人生的經驗為主軸，永遠著眼於人在世間可以感受到的經驗。

在漫長的歷史中，柏拉圖的系統一直是主流，但是到了現在這個講求多元的時代，大家都承認，經驗內容比超越經驗的理念更具體。不過，理解經驗是很難的，因為經驗內容伴隨個人認知而生，每一個人的認知都不同。亞里斯多德是科學知識的原創者，因此他透過科學方法的應用，來區分經驗內容。

最難能可貴的是，在亞里斯多德的科學分類中，有一個完整的系統來解釋所有經驗。這些科學大致可以分為三類：一類是講求理論的，另一類是講求技藝的，還有一類是講求實踐的。這一本關於人生的書，講的就是亞里斯多德的實踐科學。

有別於我們一般對科學的認知，亞里斯多德的實踐科學強調的是，在日常的道德經驗中，如何讓自己達成人生應該實現的目的。這是非常重要的觀念，因為整體來講，亞里斯多德的哲學就是目的論，目的論可以解釋天上的各種天象，也可以解釋地下的所有生物，包含了人、動物與植物。

人的目的，就是追求幸福。對亞里斯多德而言，人因為擁有理性的緣故，透過理性的發揚，我們所有的行為都是以追求幸福為主。但是，在追求幸福的過程中，人要依靠什麼才能夠確定，自己一直是走在正確的道路上呢？

對於這個問題，亞里斯多德的答案非常具有彈性，基本上只要自己覺得所做的事是對的、不討厭，就符合理性行為的基本要求。這個說明的主要目的就是要告訴所有人，面對各式各樣的經驗，對於事情的掌握只有自己最清楚，不是嗎？

亞里斯多德的答案和他的哲學系統完全符合。他認為人是理性的動物，而且有潛能經由理性實現自我。在理性與潛能這兩個條件結合下，人可以不斷地透過理性逐步實現自己的潛能，而實現的過程就是追求幸福的過程。

但是，亞里斯多德並不會天真地認為，透過理性的力量加上潛能的實現，人就會自然達到幸福。不！人是受到各種欲望引誘的動物，還會有其他的引誘，讓理性的決定未必可以發揮效能。那麼我們該如何做呢？

要遵守理性做出決定，人必須發揮慎思的能力，對於外在的情況，配合自我的認知，做出最適當的選擇。在慎思的過程中，亞里斯多德非常強調語言的功用，尤其是溝通能力的展現。說話能力使我們的想法以及要做的決定，都可以透過語言，傳遞到他人的心靈之中。

亞里斯多德對於溝通與寫作所呈現的成果是《修辭學》。這部著作具有兩方面的意義：第一、他認為所有人都有必要，而且有能力學習演說；第二、他認為人展現演說能力的主要目標是政治，因為政治的願景是每一個人實現幸福的必要途徑。

在學會演說之後，人所面對的最重要問題，就是如何認識自己的處境，進行最適當的判斷。「適當性」這個名詞，在亞里斯多德的實踐科學中占據了非常重要的地位，主要就是因為在日常生活中，我們會遭遇各種多元與複雜的情況。如果在這些情況下，無法以固定的標準或規則做出最佳決定，那要依靠什麼呢？

事實上，面對不同的情況，我們會做出不同的決定，而這些決定所依循的原則就是適當性。亞里斯多德認為，對於適當性的掌握，是實踐智慧中最主要的部分，而追求適當性的唯一方針，就是所謂的「中庸金律」，意思是指我們做決定的時候，應當選擇不偏不倚，以避免極端為主。

對亞里斯多德而言，一個行為被認知為好或壞，最主要的關鍵是這個行為中所包含的意圖。意圖使得一個行為的價值能夠彰顯出來，而亞里斯多德並不認為，我們有一定的道德標準可以判斷意圖。他甚至認為，即使說了謊，但有善良的意圖，這依然是正確的行為。我們必須承認，這是日常經驗中往往會發生的情形。

要瞭解他人的意圖，一定要有友誼，在本書中，友誼這一部分稱之為愛。對亞里斯多德而言，友誼分為三種：實用的友誼、享樂的友誼，以及主要的友誼。亞里斯多德針對友誼所做的分析，對後世影響深遠，因為他認為，人如果沒有朋友，就無法生存在這個世界。

對亞里斯多德而言，人是政治的動物，主要就是指人必須活在一個群體當中，但群體的聚集還是不足的，因為人需要友誼，並以此形成社群。理想國家的基礎，是主要友誼關係的放大，讓城邦的公民形成生命共同體，而個人在其中可以達成追求幸福的目的。

亞里斯多德對休閒也很重視，因為對他這麼一個經驗主義者來說，人的生活追求休閒是很自然的事，在休閒的過程中我們也能夠放鬆情緒。觀賞戲劇時，緊張的情節不但不會讓我們更加緊張，還會去除掉原有的情緒，亞里斯多德將這種心理上的狀態稱為「淨化」，是他在戲劇理論中最重要的發明。

本書最後用經驗主義的態度，來面對死亡的問題。死亡並不是我們擁有過的經驗，但透過刻意回想的能力，我們得以有機會加深對於死亡親友的印象。作者在最後說，當人積極運用智力，就是最接近神的時候，這句話的含義很深，卻能表明亞里斯多德以經驗的態度直接面對死亡，超越了宗教，也展現了他積極的人生。

本書作者以非常簡潔有力的方式，把亞里斯多德實踐科學的內容，分為十個章節做清楚的介紹。這不是件容易的工作，因為對於經驗的掌握，一直都是哲學家面對的挑戰，而毫無疑問地，亞里斯多德是面對這些挑戰的哲學家中最成功的一位。

另外，在閱讀本書的過程中，我發覺譯者的文字能力極強，翻譯的成果很好，閱讀起來幾乎可以用賞心悅目形容。我要在此對國內愛好哲學的讀者鄭重推薦本書，同時也希望所有想要瞭解日常經驗的人，都能細細品味本書的內容。

推薦序

德性是通往幸福的唯一道路

冀劍制
華梵大學東方人文思想研究所教授

亞里斯多德是兩千多年前古希臘時期的哲學家，是有著「西方孔子」稱號的蘇格拉底的弟子（柏拉圖）的弟子，也是歷史上罕見的博學者，研究領域幾乎涉及當時學術上的所有學科，除了哲學之外，還包含各種科學、政治、教育、藝術等。

尤其亞里斯多德的邏輯學，幾乎是在前無古人的情況下創造出來，歷經兩千年的歲月屹立不搖，直到二十世紀才被超越，但至今也沒有完全被取代，仍舊保留在許多邏輯教科書中，具有學習的價值。而他的倫理學，更是在人們感覺道德淪喪的二十世紀再度崛起，被視為引領道德教育與追求幸福人生的燈塔。

在亞里斯多德廣闊的視野中，孕育出歷久不衰的人生智慧，而這本書，可說是從他龐雜的鉅著裡挖掘出這些人生智慧，供我們自由拾取、運用。

為何要做一個有道德的人？

我在美國念書時，教授曾要我思考一個問題——Why should I be moral？（為何要做一個有道德的人？）換個更生活化的方式來問，「當我不想遵守、或是想不到有什麼好理由遵守某項道德規範時，為何還要遵守？」教授說，這不僅僅是一個道德問題，也是一個事關重大的人生問題。

我在思考這個問題的過程中，獲益良多。所以，在我的「道德推理」課堂上，第一堂課就會問學生這個問題，並且提醒他們，在找到個人信服的答案之前，理性上不能強迫別人遵守道德。因為如果連強迫自己遵守道德的理由都沒有，又如何能強迫他人遵守？此外，當別人不遵守道德而妨礙到你時，也沒什麼好生氣的，因為你自己也不會遵守每一項妨礙到別人的道德。

現代人雖然從小到大都在學道德、講道德，並且用道德互相約束，有趣的是，就像我初次遇到這個問題時一樣，課堂上沒有人可以適切地回答。但在兩千多年前，亞里斯多德就已經提供了一個很好的答案：「為了追求幸福人生。」

堅守在道德路上，走向幸福未來

亞里斯多德主張——「德性是通往幸福的唯一道路。」簡單地說，唯有具備德性，才能獲得幸福人生。

德性的範圍很廣，除了道德之外，擁有知識並善於使用，以及良好的思考力，都算是德性的一部分，因為這些都能讓我們自然產出好想法，有助於解決各種問題。

而在道德方面，能夠自然產出好行為者，也都屬於德性的範圍，像是謙虛、喜愛助人、勇氣、寬恕、捍衛公平正義等。不難想像，擁有各式各樣的德性，必然有助於帶來幸福人生。

至於獲得德性的方法，亞里斯多德主張，就是不斷地實行德性之事。例如，作者霍爾教授在書中這樣解釋：「許多人都有恐懼的事物，克服的方法就是不斷地去面對它。」也就是說，不斷地勇於面對恐懼，就是培養勇氣的最好方法。

而常常寬恕他人，剛開始可能很勉強，但久而久之，便能培養出寬恕之心，轉化成內在德性，未來就會更容易做到。所以行道德之事，起初可能覺得自己是犧牲、付出的一方，尤其自己遵守但他人不遵守時，好像遭受什麼損失一般，實際上，這只是狹隘眼光衍生的錯覺。當我們堅守在道德路上，便等於走向一個更幸福美好的未來，而這是每個人在理智上、情感上，都渴望邁向的人生型態。

如果可以提早發現這些人生智慧，就不會被眼前損失的短小利益所迷惑，不會去計較他人看似占了什麼便宜，因為在道德實踐中，真正占便宜的，反而是遵守道德的人，這是亞里斯多德哲學帶給我們的重要洞見。

將古哲智慧應用於現代生活

除了講述道德與幸福人生之外，霍爾教授也嘗試將亞里斯多德的各種理論結合現代學說，應用於日常生活。像是從亞里斯多德的形上學探索如何發揮個人潛能、藉由亞里斯多德的邏輯學探討如何溝通，以及運用各種哲學觀點思考如何做決定、如何認識自己，甚至論述幾項人生中重要的課題，像是「意圖」、「愛」、「群體」、「閒暇」，以及「面對死亡」。

這裡所涉及的每一項主題，都值得我們細細品味，反思自己的人生。只要能夠在閱讀中遇見任何一個對人生有幫助的觀點，都會讓人覺得不虛此行；更何況，裡面所隱藏的各種智慧，將會在不同的階段，引領我們發現成長的契機，迎向更嚮往的生命型態。

Contents
目次

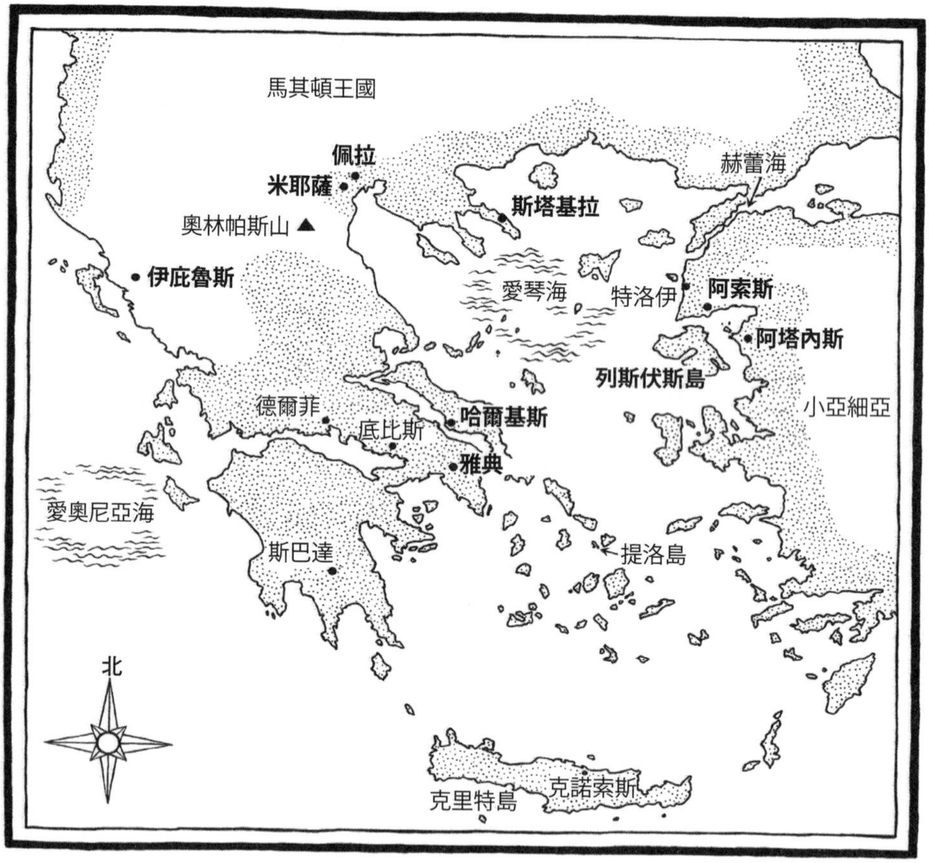

圖內［粗體字］為亞里斯多德住過的地方 ／ 網點區域為公元前四世紀的希臘語世界

TIMELINE
亞里斯多德年表（所有日期皆為公元前）

384	亞里斯多德出生於斯塔基拉（Stageira），父親是尼各馬科（Nicomachus），母親是菲斯提斯（Phaestis）。
c.372	亞里斯多德的父親去世，他由阿塔內斯的普羅贊諾斯（Proxenus of Atarneus）領養。
c.367	亞里斯多德搬到雅典，進入柏拉圖學院（Academy）。
348	馬其頓腓力二世（Philip II of Macedon）摧毀斯塔基拉，但在亞里斯多德請求下重建。
347	柏拉圖去世，亞里斯多德離開雅典，投靠阿索斯（Assos）統治者赫米亞斯（Hermias）。
345–344	亞里斯多德在列斯伏斯島（Lesbos）上進行動物學研究。
343	腓力二世邀亞里斯多德到馬其頓教導他的兒子亞歷山大。
338–336	亞里斯多德可能在伊庇魯斯（Epirus）和伊利里亞（Illyria）住了一段時日。
336	腓力二世遭到暗殺，亞歷山大繼位，成為亞歷山大三世（「大帝」）。亞里斯多德移居雅典，創立呂克昂學院（Lyceum）。
323	亞歷山大三世死於巴比倫。
322	亞里斯多德在雅典因對神不敬的罪名遭到起訴，前往哈爾基斯（Chalkis）避難並在此離世。

Introduction

前言

亞里斯多德堅信，追求個人主觀認知的快樂，
是你獨有而重要的責任。

這也是一份大禮——不管處境如何，大多數人都有權力決定要活得更快樂。
不過，快樂是一種個人專屬的內在狀態，對於這點的理解仍有待釐清。

到底什麼是快樂？

「快樂」（或幸福）這兩個字無所不在。你可以買一份「快樂兒童餐」，或者在「快樂時光」（happy hour，減價時段）喝一杯便宜的調酒。你可以吞顆「快樂丸」讓心情好轉，或是在社群媒體上貼個「快樂」的表情符號。我們非常重視快樂。歌手菲董（Pharrell Williams）的歌曲「Happy」（快樂），是二〇一四年美國及其他二十三個國家的暢銷冠軍單曲，根據菲董的看法，快樂是一瞬間的興高采烈，或是感覺像個「能飄到太空的熱氣球」。

但是快樂也讓我們迷惑。幾乎每個人都相信自己想要快樂，而這通常代表一種滿足且持久的心理狀態（不管菲董唱的是什麼）。如果你對子女說，你「只想要他們快樂」，你指的是恆久的快樂。弔詭的是，在日常對話中，快樂更常指一些微小和短暫的喜悅，如美食、美酒、電郵訊息等，或像是史努比漫畫《花生》（*Peanuts*）裡，露西擁抱了史努比之後說的，遇見「一隻溫暖的狗狗」；「生日快樂」則是為了慶祝生日而享受幾個小時的歡樂。

如果快樂是一輩子存在的狀態呢？這一點的真意為何，哲學家有兩派看法。一派認為快樂是客觀的，能被旁觀者或歷史學家察知、甚至評價。舉例來說，這代表擁有健康、長壽、溫暖的家庭，沒有財務問題或其他憂慮。根據這個定義，英國維多利亞女王活到八十多歲，九名子女全都長大成人，並且廣受世人景仰，她顯然擁有「快樂」的人生。而法國皇后瑪麗・安托內特顯然就「不快樂」了：她生了四個孩子，有兩個在嬰兒時期就夭折；她受到人民辱罵，三十多歲就上了斷頭台。

大多數討論快樂的書籍所定義的，都是這種客觀的「安康」（well-being）狀態，而各國政府評估人民是否快樂的研究，也是以此為基準。聯合國從二〇一三年開始，將每年的三月二十日訂為「國際幸福日」，致力終結貧窮、減少不平等、保護地球，以促進可評量的快樂。

不過另一派的哲學家則反對這種意見，改從主觀的角度來理解快樂。對他們來說，快樂不似「安康」，而是更接近「滿足」或「幸福」。由此看來，沒有旁觀者能知道某人快不快樂；外表最活潑喧鬧的人，內心可能極度憂鬱。這種主觀的快樂可以描述，但無法評量。我們難以得知，瑪麗．安托內特和維多利亞女王在世時，到底是誰享有更長久的快樂時光。也許瑪麗皇后有很長一段時間都極度滿足，而維多利亞女王很年輕就成為寡婦、又長年隱居，從未有過這樣的體驗。

亞里斯多德是第一位探討第二種主觀快樂的哲學家。對於「如何成為快樂的人」，他發展出一套細緻縝密、符合人性的學說，時至今日仍然適用。亞里斯多德提供了全方位的指引，讓你避免踏上托爾斯泰（Leo Tolstoy）的小說《伊凡．伊里奇之死》（*The Death of Ivan Ilyich*, 1886）中那個瀕死主角走過的路——浪費大半生在社會拚命往上爬，重視個人利益更甚於慈悲與群體價值，還娶了一個他不喜歡的女人。臨死之際，他厭惡身邊最親近的家人，他們也絕口不跟他談他的處境［編註①］。亞里斯多德的倫理學，涵括現代思想家所謂主觀快樂的一切層面：自我實現、找到「意義」、在人生中發揮創造力並達到「心流」（flow）狀態，或是「正向的情緒」①。

本書以現代語言呈現亞里斯多德歷經時間考驗的倫理學說，將亞里斯多德的理念應用於一些實際的人生難題：做出決定、寫信求職、面試溝通，以及運用亞里斯多德的「美德與惡習」表，來分析自己的性格，抗拒誘惑、選擇朋友與伴侶。

不論你處在人生的哪個階段，亞里斯多德的觀點都能讓你更快樂。大多數的哲學家、神祕主義者、心理學家或社會學家，都只是重述他的基本理論，很少有人得以超越。而他最早提出論述，也比所有後人說得更好、更清楚、更全面。他對於追求快樂所提出的處方，每個部分都連結著人生的不同階段，也互相縱橫交錯。

大多數人都有權力決定，要活得更快樂

亞里斯多德堅信，追求個人主觀認知的快樂，是你獨有而重要的責任。這也是一份大禮——不管處境如何，大多數人都有權力決定要活得更快樂。不過，快樂是一種個人專屬的內在狀態，對於這點的理解仍有待釐清。到底什麼是快樂？現代哲學家從三個不同的方向來探究主觀的快樂。

編①：小說主角伊凡・伊里奇出身貧苦，力爭上游後成為高等法院檢察長、躋身上流社會，卻在意外受傷臥病後，才發現身邊的人從未真正關心他，一如他對別人的冷漠與現實。臨死之際，他終於理解自己的一生是如此虛無空洞，卻已無力挽回。

第一種方法與心理學和精神分析醫學有關，認為快樂是憂鬱的相反，是經歷連續性的心情變化所形成的個人情緒狀態。這種快樂包含正面、愉悅的態度。理論上來說，沒有理想抱負，只是每天一直坐著看電視，但始終擁有好心情的人，也能夠享受到這種快樂。這可能跟個人氣質（temperament）或是遺傳（開朗的性情似乎確實會在家族裡流傳）有關。某些東方哲學認為，這種情緒狀態可以藉由超覺冥想（transcendental meditation）之類的技巧培養；西方哲學家猜測，這甚至可能跟天生的高含量血清素有關。血清素是一種神經傳導物質，許多醫師及精神病學家都相信它是維持情緒平衡的關鍵，憂鬱症患者則短缺這種物質。開朗的個性令人羨慕，但有很多人並非天生如此。現代的抗鬱劑多半可以提升血清素含量，遭遇人生變故而暫時悲傷的人，或患有「內因性」（endogenous）、持續性憂鬱症的人，都能因此受惠。但看起來開心愉悅就是快樂嗎？一輩子都在看電視的人生，堪稱幸福嗎？亞里斯多德會說不是，因為他認為幸福需要實現人的潛能。前美國總統約翰·甘迺迪用一句話總結了亞里斯多德式的幸福：「在有限的一生中，充分運用你的力量追求卓越。」

詮釋主觀快樂的第二種當代哲學方法是「快樂主義」（hedonism）——認為快樂是由人生花在自我享受、體驗樂趣、感覺開心或狂喜的整體份量來決定。快樂主義（hedonism 一字源自 *hedone*，為古希臘文的「愉悅」〔pleasure〕之意）的淵源可追溯至古代。創建於公元前六世紀的印度哲學思想「順世論」（Charvaka），主張「天堂的樂趣，在於享受錦衣玉食，有年輕女子相伴，使用香水、花環、檀香膏。愚人才以苦行和齋戒耗竭自己。」② 一個世紀之後，蘇格拉底的一名學生，北非昔蘭尼（Cyrene）的阿瑞斯提普斯（Aristippus）發展出一套稱為「快樂自我主義」的倫理體系。他寫了《論古代的奢華》（*On Ancient Luxury*）這本書，講述追求享樂的哲學家有何功績。阿瑞斯提普斯主張，每個人都應該盡快、多多體驗身體和感官上的樂趣，無需顧慮後果。

快樂主義再度成為流行，是由於傑瑞米・邊沁（Jeremy Bentham, 1748-1832）創立的「效益主義」（utilitarianism）認為，能為最多數創造最大快樂的一切事物，就是道德決定和行動的正確基礎。邊沁相信這項原則有助於制定法律。在他一七八九年發表的宣言《道德與立法原理導論》（*An Introduction to the Principles of Morals and Legislation*）中，他還設計了一道算式來量化快樂主義，以評估任何特定行動所生成的總愉悅商數。這道算式常被稱為「快樂算式」，邊沁列出了相關變數：愉悅有多強烈？會持續多久？是我正在考慮的行動所無法避免、還是唯一可能造成的結果？會多快發生？是否會產生效益，帶來更進一步的愉悅？是否確保不會帶來痛苦的影響？有多少人會感受到這份愉悅？

邊沁看重的是愉悅的總量，而不是愉悅的類型。是量，而不是質。倘若電影演員艾洛·佛林（Errol Flynn）臨終前所說的心理感受是真實的——據稱他說的是「我玩得開心極了，每時每刻都很享受。」——那麼就量化快樂主義者看來，他生前真的是個很快樂的人。

但艾洛·佛林說的「開心」和「享受」是指什麼？邊沁的弟子約翰·彌爾（John Stuart Mill）認為，量化快樂主義（quantitative hedonism）並沒有將人的快樂和豬的快樂區別開來，只要提供連續不斷的肉體愉悅就行。彌爾於是提出愉悅具有不同層次和類型的想法。我們跟動物一樣享有的身體愉悅，例如從飲食或性愛得到的愉悅，是屬於「較低層次」；心理上的愉悅，例如從藝術、知性討論或善行中得到的愉悅，則是「較高層次」，也更有價值。這種版本的快樂主義哲學理論，通常稱為「慎思快樂主義」（prudential hedonism）或「質化快樂主義」（qualitative hedonism）。

很少有二十一世紀的哲學家提倡用快樂主義的方法來達成主觀的快樂。一九七四年，哈佛大學教授羅伯特·諾齊克（Robert Nozick）出版了《無政府、國家與烏托邦》（*Anarchy, State, and Utopia*）一書，使這項理論受到嚴重打擊。諾齊克教授在書中想像出一種機器，能持續不斷地在一生中給予人們愉悅的體驗，而這些人無法分辨這些機器模擬的體驗跟「真實生活」有何差別。會有人選擇一直連接著這部機器嗎？不會。我們想要真實。也因此，從邏輯上來說，人們不會將討喜的感覺視為整體主觀幸福感的唯一決定因素。

在諾齊克寫作的時代，電腦尚未普及，虛擬實境的概念也還沒有出現，他的思想實驗攫取住大眾的想像力，也讓人聯想到伍迪．艾倫在電影《傻瓜大鬧科學城》（*Sleeper*, 1973）裡提到的「高潮誘導器」。也許終有一天，大部分的人類會選擇明確、持續的模擬愉悅，而不是充滿風險的生活體驗，但現在還不到那時候。我們想要快樂，也似乎相信快樂不只是討喜的體驗。快樂需要更持久、更有意義，或者更具建設性的作為。而這些作為，早在古典希臘時期，亞里斯多德就深感興趣。他認為快樂是一種心理狀態，是對你的行為舉止、互動交流以及人生方向，體會到成就感與滿足感。它隱含了某種活動及目標導向的要素在內。這不是正面的情緒或快樂主義者的作風，而是追求主觀快樂的第三種現代哲學方法。這種哲學方法的基礎是分析並修正你個人的抱負、行為，以及對世界的反應，它直接來自於亞里斯多德。

如果幸福不是神賜的

亞里斯多德相信，如果你培養美德、控制惡習，藉以訓練自己要良善，你就會發現快樂的心態來自於「習慣性地做對的事」。如果每次孩子來找你，你都刻意露出微笑歡迎他，你就會開始不自覺地這麼做。有些哲學家質疑，良善的人生是否比與其相反的人生更值得追求，但近來哲學界已經重新肯定「德行倫理學」（virtue ethics），認可它有其益處。亞里斯多德將所有美德視為一個綜合的總體，近代思想家則傾向於再分門別類。哲學教授詹姆斯．華萊士（James Wallace）在《美德與惡習》（*Virtues and Vices*, 1978）一書中，把美德分成三種：自律的美德，如勇敢與耐心；良知的美德，如誠實與公正；對他人仁慈的美德，如善良與同情。前兩種美德可以對個人計畫和整個群體的成功發揮正面影響；仁慈的美德沒有那麼明確的效應，但可以讓你更喜歡自己和周遭的人們。因此，美德具有外在效益：如果你周遭的人們快樂，你也更可能快樂，所以做個有德之人是「開明自利」（enlightened self-interest）的行為。不過亞里斯多德跟蘇格拉底、斯多噶學派，以及維多利亞時代的哲學家托馬斯．希爾．格林（Thomas Hill Green）一樣，相信美德也有直接的內在效益。對他人表現的美德，也會對你自己的幸福有實質的貢獻。③

在《尼各馬科倫理學》（*Nicomachean Ethics*）這本書中，亞里斯多德探討了幸福的原因。他說，如果幸福不是神賜的（亞里斯多德並不相信神會參與人類的事務），「那它就是善的結果，再加上學習的過程與努力。」幸福的成分可加以描述、分析，正如天文學或生物學等任何其他學科的論題。不過鑽研幸福的過程跟這些科學並不相同，因為它有個明確的目標：實現幸福。這一點使得它更像醫學，或者像政治理論。

此外，亞里斯多德說，快樂有可能廣泛散播，「因為只要美德能力未受損的每個人加以鑽研或付出努力，就能得到快樂。」亞里斯多德知道，良善的能力可能會因為某些狀況和生活事件而毀壞，但對大多數人來說，如果他們決定要創造幸福，就確實可能得到幸福。幾乎任何人都可以決定靠想法讓自己覺得幸福。幸福並非是一小撮擁有哲學學位的人所專屬。

當然，「幾乎」在此處是個關鍵字。亞里斯多德並沒有提供魔杖，消除所有對幸福的威脅。追求幸福的一般能力，確實具有某些資格。亞里斯多德同意，有某些優點，你可能有，也可能沒有。如果你運氣不好，出生在社經階級的底層，沒有子女、其他家人或親愛的人，又或者長得很醜，這些你無法避免的情況，正如亞里斯多德說的，會「污染」了喜悅。這樣會較難達成幸福，但並非不可能。你不需要擁有物質財富或體力、美貌，就能開始和亞里斯多德一起鍛鍊心性，因為他提倡的生活方式，關注的是道德和心理上的卓越性，而非物質財富或出眾的體貌。還有更多艱難的障礙：例如有徹底墮落的子女或朋友，就是其中之一。另一種障礙則是——亞里斯多德留到最後討論，並暗示這是身為人類所能面臨的最大難關——因死亡而失去你付出許多心力對待的好友及子女，尤其是後者。

然而，即使是天生特別不足的人、或者經歷過深切喪親之痛的人，也可能選擇德行之路，過著美好的生活。亞里斯多德解釋，「這種哲學，每個人都能達成，有別於大多數其他類型的哲學」，因為它在真實的日常生活中具有可以實踐的目標。他補充說，倫理學「跟其他哲學分支不一樣，它有個實際的目標。因為我們研究當個好人的本質，並不是為了想知道那是什麼，而是為了我們有可能因此變成好人。少了這個結果，我們的研究就沒有任何用處了。」事實上，當好人的唯一辦法，就是做好事。你必須一而再、再而三地公平待人。你必須欣然願意跟離異的另一半平分週末照顧孩子的責任；如果你臨時取消居家清潔員的工作班次，也得付她全額費用。亞里斯多德認為，很多人都以為善行用說的就夠了：他們不「行善，只討論什麼是善，以為這樣是在追求哲學，就會讓他們成為好人。」他將這種人比喻成「仔細聽醫師叮嚀，卻完全不照醫囑去做的病人」。

將人類經驗擺在思想的中心

亞里斯多德式的思考，指的是運用我們對人性的瞭解，盡可能以最好的方式活著。這表示我們分析自身事務與決定的根本基礎是自然，而不是超越自然的概念，例如神。這是亞里斯多德和他的老師柏拉圖之間最重要的差異，後者相信，人需要在無形世界中找到存在問題的答案，而那無形世界可能是虛無飄渺的概念，或是肉眼可見物質世界之外的基本「形式」（Forms）。亞里斯多德則專注在我們當下可以感知的動人景象，正如詩人和古典學者麥克尼斯（Louis MacNeice）在《秋天日記》（*Autumn Journal*）第十二篇中所寫的：

> 亞里斯多德比較好，他看昆蟲繁殖
> 看自然界變化
> 強調功能、剝除本身的形式
> 把馬釋放出來，讓牠奔跑

亞里斯多德將人類經驗擺在他的思想中心。湯瑪斯．摩爾（Thomas More）、法蘭西斯．培根（Francis Bacon），查爾斯．達爾文（Charles Darwin）、卡爾．馬克思（Karl Marx）和詹姆斯．喬伊斯（James Joyce）都因此對他讚賞有加。現代哲學家，包括幾位生於二十世紀的傑出女性——漢娜・鄂蘭（Hannah Arendt）、菲莉帕・芙特（Philippa Foot）、瑪莎・努斯鮑姆（Martha Nussbaum）、莎拉・布羅迪（Sarah Broadie）及夏洛特・威特（Charlotte Witt）——都寫過深受亞里斯多德影響或向他致敬的重要作品。

亞里斯多德強調，創造幸福不是一股腦兒應用主要規則和原理的事，而是要根據人生的情境來判斷，每次狀況、每個對象，都會有其特殊性。其中當然有通則，就像醫學或航行，醫師或船長對某些特定方針必須有所理解，但每一名患者、每一次航行顯現的問題都會有點差異，需要不同的對策。

在你自己的人生中，身為道德主體（moral agent）〔編註②〕，你「必須考慮，在每一次情境中什麼是最適合的行動。」有些週末你必須負起照顧孩子的全責，有些週末則完全不需要。不只是每次狀況不一樣，每個人也不一樣，所謂透過日常行止表現良善的作法，也會因人而異。亞里斯多德用某些運動員會比其他運動員需要更多份量的食物，來類比這種情況。他引用了希臘有史以來最著名的摔角冠軍——克羅頓的米羅（Milo of Croton）——做為大食量的例子。我們每個人都需要瞭解自己，決定要給自己提供何種道德食糧。是提供幫助、放下怨恨、學會道歉，還是完全不同的東西？

我不認為自己格外有價值或特別好，我也有一些討厭的性格特質要對付。讀了亞里斯多德探討美德與惡習的論述，並坦然跟我信任的人聊過後，我相信自己最糟糕的缺點是：急躁、魯莽、講話太直、情緒極端、會記恨。但亞里斯多德在兩個極端之間講求的理想中間值，也就是所謂的「中庸之道」，說明這些特質只要適量就沒問題——從不急躁的人永遠不會把事情做完；從不冒險的人過著畫地自限的生活；逃避事實、未曾表現痛苦或高興的人，在心理和情緒上有其障礙或遭受剝奪；被傷害卻完全不想跟對方討公道的人，要不是自欺欺人，就是太輕視自己的價值。

世界上充滿了惡。我們都知道或者聽過，有某些人或團體似乎熱衷於作惡使壞、傷害他人，或至少習慣了這麼做。但我們多半仍然相信，只要給予足夠的基本資源，不要為了生存被迫自私，還是有很多人樂於行善、與社會互動，幫助別人讓他們感覺很好。在家庭、社會中與他人和諧地共同生活，似乎是人類的自然欲望與狀態。亞里斯多德學派思想家的特點，就是生活在這樣的社群裡，理性思考、做出道德選擇，藉由健全的樂趣引導其追求善，促進自己及他人的幸福。

編②：有能力進行道德思考、道德評估、道德推理並實現道德行為，而且有能力承擔責任、實現義務的個體。

其他古代哲學體系在現代也有擁護者，尤其是斯多噶學派（Stoicism）的馬可・奧理略（Marcus Aurelius）、塞內卡（Seneca）及愛比克泰德（Epictetus）。但斯多噶學派不像亞里斯多德倫理學一樣鼓勵「*joie de vivre*」（法語，生活之樂），而是更為悲觀與嚴厲，要求得壓抑情緒及身體的欲望。它建議認命地接受不幸，而非主動、實際地投入日常生活、解決問題，體會其中的迷人細緻。它未留下足夠的空間容納希望、人的能動性［譯註①］，或是人承受悲慘的韌性。它譴責為了愉悅而愉悅。我十分贊同羅馬哲學家西塞羅（Cicero）的話，他曾問：「什麼？斯多噶派能激起熱情嗎？就算他見到滿腔熱血的人，也會立刻把任何熱情澆熄。」

亞里斯多德是為積極參與群體的人而寫。伊比鳩魯學派（The Epicureans）鼓勵人們放棄所有對權力、名聲、財富的野心，盡可能過著不受干擾的生活。懷疑論者（The Sceptics）雖然跟亞里斯多德學派一樣認為，必須質疑所有假設，卻堅信真正的知識並不可得，不可能為了過著有益的群居生活而制訂通則。犬儒學派（The Cynics）同意亞里斯多德所說，人是先進的動物，而人生的目標是幸福，且能憑藉理性達成；不過他們建議的方法更加脫離常規：幸福可以透過禁欲達成，放棄家庭生活、物質享受，以及對名聲、權力、財富等社會酬賞的渴望。最著名的犬儒學者第歐根尼（Diogenes）（跟亞里斯多德同時期的前輩，是柏拉圖學院的名人）在戶外過著半裸的生活，他沒有妻子也沒有家庭，並拒絕參與社會。很多人都嚮往一個更單純的世界，但鮮少有人想要廢除家庭與國家制度，成為孤獨的漂泊者。

亙古不變的倫理問題

雖然亞里斯多德本人沒有傳統的宗教信仰，不過他生活其中的文化，「實踐的是一種今日無人信守的宗教，而且基督教和伊斯蘭教還要再過幾百年才會創立」。這表示他的觀念不隸屬於任何當代的政治體系或意識形態。事實上，從古至今，他啟發了無數哲學家，無論其出身背景是基督教、猶太教、穆斯林，或者更晚進的印度教、佛教和儒家。不具當代知識或文化傳統，是亞里斯多德獨有的特點。和來自那麼久遠以前的人類對話，讓人覺得很安心，因為你會發現，儘管科技多麼先進，人類的處境並沒有改變太多。你會因此感覺自己是一個持續存在的人類社群中的一份子，並從中得到支持，而這份支持超越了必然的死亡與時間。

譯①：能動性（agency）是對外界或內部的刺激或影響所做出的反應或回答。而人的能動性（human agency）有其積極、主動的特質，有別於其他動物或無機物。

自休謨（David Hume）和康德（Immanuel Kant）以來，有些哲學家會質疑人性在倫理學中有其作用的想法，因為人類文化如此多變，甚至是同一群體裡的個人，性情氣質也各有不同。但亞里斯多德所探討的人類倫理問題，亙古不變的程度實在驚人。他用「我們」這個代名詞時，往往是將整個人類視為整體，包括過去、現在和未來。在他的《形上學》（*Metaphysics*）裡有一段令人深感共鳴的話，批評了赫西俄德（Hesiod）等早期希臘詩人對於宇宙起源神祕而不科學的描述。他說赫西俄德和其他宇宙學家「絲毫未考慮我們。因為他們把神或神生成之物視為第一原理〔譯註②〕，還說沒有嚐過花蜜和仙饌密酒（ambrosia）〔譯註③〕的就會死。」早期的宇宙學家想著的不是「我們」，亦即人類，而是想到「祂們」，擁有特權的神靈，「我們」只是後來才加上去的。

讀到亞里斯多德筆下用錢吝嗇、脾氣暴躁的人物，你會在現代人身上看見那些明顯可辨的相似行徑。而亞里斯多德幾乎在人生任何階段，都是大家的理想模範。他不僅在人生、家庭和友誼上都圓滿成功，甚至熬過最動盪的政治事件，在半世紀的等待和準備後，實現個人的雄心壯志，創立了一所獨立大學，並將他大部分的思想寫在莎草紙上。

亞里斯多德於公元前三八四年出生在斯塔基拉的醫學世家。斯塔基拉是個小希臘獨立城邦，座落在北愛琴海一處崎嶇半島的雙峰上。他的父親尼各馬科是一名醫師，似乎在專業上表現傑出，被當時的馬其頓國王阿敏塔斯三世（Amyntas III）聘為私人醫師。不過亞里斯多德的童年被迫提前結束。在他十三歲左右，希臘語區軍事衝突增加，他的父母雙雙離世。他置身在一個道德行為標準異常低下的時代與地區，仍繼續表現道德行為。他把問題變成機會，花費大量時間修正自己的發現。一個名叫普羅贊諾斯（Proxenus）的男人娶了他的姊姊，也收留了他，並負責他的教育。

十七歲那年，亞里斯多德搬到雅典並進入柏拉圖學院。二十年後，柏拉圖辭世時，他接受了朋友赫米亞斯的邀請，赫米亞斯是一個王國的統治者，國土包括小亞細亞西北的兩個城市——阿塔內斯（Atarneus）和阿索斯（Assos）。後來亞里斯多德娶了赫米亞斯的女兒皮西厄斯（Pythias），使這段友誼更加鞏固。四十歲左右，亞里斯多德航行到列斯伏斯島，在那裡研究野生動物，也因此創立了動物學。但在公元前三四三年時，一切都改變了，他被腓力二世召到馬其頓，負責教導腓力的幼子亞歷山大，也就是後來的亞歷山大大帝。在馬其頓首都佩拉（Pella）南方三十哩處的米耶薩（Mieza），腓力找了一座壯麗翠綠的山谷，在女神的聖所——意指附近

譯②：first principles，不必經過驗證即已明白的原理。
譯③：ambrosia，希臘神話中諸神的食物。

有清泉——替亞里斯多德蓋了一所學校。隨著腓力擴展馬其頓王國，國際政治情勢也變得動盪不安，公元前三三八至三三六年，腓力遭到暗殺而亞歷山大繼位期間，亞里斯多德極力保持低調，居住在伊庇魯斯和伊利里亞（今巴爾幹半島西部）。將近五十歲時，亞里斯多德把握了機會。他並未隨亞歷山大東征，儘管在勞勃・羅森（Robert Rossen）執導、李察・波頓（Richard Burton）主演的史詩電影《亞歷山大大帝》（*Alexander the Great*, 1956）中是如此宣稱。亞里斯多德不年輕了，而且打從少年時期開始，就一直在聽候他人差遣——不管是當學院院長的柏拉圖，還是富裕的皇室雇主赫米亞斯和腓力。他的時代來臨了。他來到雅典，創立了呂克昂（Lyceum），這是世界上第一所研究與教學型大學。

雖然亞里斯多德從十幾歲起就一直在寫作與思考，但大部分學者皆認為，一直到他熟齡人生的這黃金十二年，身為呂克昂的校長，亞里斯多德才寫下留存至今的專著，其他至少還有一百三十部都已佚失，其中最令人遺憾的則是《詩學》（*Poetics*）第二卷。（義大利作家安伯托・艾可［Umberto Eco］於一九八〇年出版的中世紀偵探小說《玫瑰的名字》（*The Name of the Rose*），最足以說明這對世界文化是何等的損失。本書在一九八六年改拍成電影，由史恩・康納萊主演，在小說與電影的最高潮，一名相信所有歡笑都有罪的僧侶，放了一把熊熊烈火，燒掉最後一份倖存的手稿副本，亞里斯多德對喜劇的想法也就此付之一炬。艾可的想法，可能確實反映了這部珍貴作品未能流傳至現世的真正原因；比起邏輯或道德哲學之類的著作，喜劇作品被中世紀基督教修道院複製傳播的機率要低得多了。）

適合「每個人」的哲普經典

亞里斯多德常被形容成是嚴格、不妥協、辛勤的作家，但在他倖存的作品中，許多時候會突然活潑起來，充滿魅力。他很幽默，會以詼諧角度觀察人類的弱點。例如，在一次跟哲學家喝酒的聚會中，他遇到一個男人一再滑稽地複述恩培多克勒（Empedocles）的格言。恩培多克勒是比較晦澀難懂的希臘思想家，常以冗長的六步格詩表達看法。亞里斯多德認識很多詩人，發現他們往往會迷戀自己的文學創作，「就像父母寵自己的孩子」。他喜歡那些呈現無傷大雅人類怪癖的軼事趣聞。例如，有個故事是說一個住在拜占庭的男人，藉由觀察他的寵物刺蝟往北走或往南走，而成了氣象預報專家；還有一個敘拉古（Syracuse）的酒鬼，在家裡的雞生蛋後就一直坐在蛋上方，並以供應不絕的酒飲宴作樂，好保持雞蛋溫暖直到小雞孵化。

亞里斯多德關心自己和身體的關係。他深信與我們愛的人以有益的方式享受性愛、食物和酒，是追求人類幸福的重要線索。他對食物和烹調、對味覺的刺激深深著迷；他知道人們會在自家的園子裡種什麼菜來吃。他喜歡在體育館〔編註③〕裡好好刷洗一番，泡個熱水澡。他很懂音樂，也深知學習樂器的實用性，顯示音樂是他生活中很重要的一部分。說起斯巴達那些任性又不負責任的女人時，他通常很謹慎的語氣就會消失殆盡，顯示他曾跟其中一人相處不睦。他是父親，也是舅舅，曾描述過人們自己動手做來送給孩童的禮物——譬如一顆球，或是個人用的油瓶。

然而，他根據自己的研究和教學講義寫成的論著，往往複雜難懂，即使以最現代、且充分消化過的翻譯來讀，也很費力。但他深入思考過，哲學家或科學家向一般大眾和受過訓練的學術界發表論述的方式必須有所不同，而他也確信，這兩種方式的地位是相等的。亞里斯多德絕不看輕「通俗」（popularising）作品，實際上他自己也寫了很多。我們知道他針對一般大眾撰寫並發表過另一種講稿，這在古代被稱為是他的通俗作品（此處的「通俗」用的是「exoteric」這個字，意指「朝外」或者「為大眾設計」），幾乎都是以柏拉圖推廣的對話錄形式寫成，易讀好懂。在對話中，亞里斯多德本人以討論者的身分出現，就像蘇格拉底在柏拉圖和色諾芬（Xenophon）的哲學對話中出現一樣。

熟知文學風格的西塞羅表示，亞里斯多德發表的公開演說是「以流行的方式」（*populariter*）寫成，而當他提及亞里斯多德的散文「如金河般流淌」時，幾乎可以確定他就是指這些講稿。亞里斯多德最著名的通俗作品是《勸勉》（*Protrepticus*），又稱《勸習哲學》（*Encouragement to Philosophy*）。這是適合「每個人」的哲普經典，哲學家克拉特斯（Crates）有天「坐在鞋匠的工坊裡」偶然看到這本書，一口氣就把它讀完了。書中展現了亞里斯多德對哲學的熱情，並指出人和其他動物最大的差異：人類心智的純粹力量。這也使人最接近亞里斯多德所謂的「神」——雖然希臘人崇拜多神，但在希臘哲學家的觀念裡，有股單一且更為崇高的神聖力量，是最終驅動宇宙的力量。在《勸勉》僅存的少數斷簡殘篇中，有一些句子強調著哲學可以多有趣。「坐下來持續研究，真是樂趣無窮。」

不過，想要重振亞里斯多德的哲學，尤其對女性來說，會面對一個備受爭議的問題，那就是身為古代富裕年長男性與一家之主的亞里斯多德，對於女人及奴隸的偏見。在《政治學》（*Politics*）第一卷中，他毫不羞愧地捍衛奴隸制度，至少贊成希臘人奴役非希臘人，並且明確指出女人的大腦比不上男人。我並不糾結在那些他暴露自身錯誤的段落（其實非常少），以為女人或非希臘人奴隸天生未具有與希臘男

編③：在古希臘，gymnasium（*γυμνάσιον*）是公共競賽參賽者的訓練設施，也是進行社會化和智力辯論的地方，男孩會在此接受體育訓練，哲學家等學者則在此公開演講和辯論。

人一樣的智識潛能④。相反地，我強調的是亞里斯多德一貫的主張：所有的意見都要永遠開放，接受修改的可能性。

舉例來說，他在《尼各馬科倫理學》裡寫道，即使堅定基本上是美德，但有時過分堅守固定觀點，也可能造成損害。如果你接收到無可辯駁的證據，確認你的觀點是錯的，那麼就改變你的想法，有些人可能會因此指責你前後不一致，但這麼做值得大加讚揚。我們經常可以看到，亞里斯多德會深刻思考悲劇中描繪的道德範例。他舉索福克勒斯（Sophocles）的劇作《菲洛克忒忒斯》（*Philoctetes*）中的奈奧普托勒姆斯（Neoptolemus）為例，奈奧普托勒姆斯被奧德修斯（Odysseus）說動，騙了跛腳的菲洛克忒忒斯，但在他目睹菲洛克忒忒斯的痛苦，更清楚他的難處後，他改變了心意，不肯再繼續說謊。他修正了自己的看法。我喜歡這樣想，如果我們可以跟亞里斯多德談談，就可以說服他改變對於女性大腦的意見。

雖然亞里斯多德認為傳統意見（*endoxa*）需要被認真看待，在必要時有條理地加以反駁，但只因為某件事物是祖先傳承下來就一定是好的，這種論點他幾乎不太理會。他認為早期人類就跟他那個時代裡沒那麼成熟的人一樣，「所以必須遵循他們的意見是很奇怪的事」。他也認為書面的法律規範可以修改得更理想，「因為國家的結構，不可能在所有細節上永遠都維持正確的規劃」。

通往幸福的哲學大道

傳統上，亞里斯多德的思想學派稱為「逍遙哲學」（Peripatetic philosophy）。「Peripatetic」這個字源自動詞「*peripateo*」，在古希臘文和現代希臘文中，都是指「我去走一走」。跟他的老師柏拉圖、以及柏拉圖的老師蘇格拉底一樣，亞里斯多德也喜歡一邊走路一邊思考；歷來有很多重要的哲學家都是同好中人，包括尼采，他堅信「只有在走路時獲取的想法才有價值」。不過，對於首度在啟蒙思想家盧梭（Jean-Jacques Rousseau）的著作《孤獨漫步者的遐想》（*Reveries of the Solitary Walker*, 1778）中被讚頌的獨行智者這種浪漫人物，古希臘人應該會大惑不解。希臘人比較喜歡結伴漫步，讓對話的速度配合步伐的節奏，利用精力充沛的邁步產生的前進動力，助長智識的進展。從亞里斯多德對人類思想的貢獻程度，以及他影響深遠的著作產量，在他六十二年的地球人生裡，一定和學生踏遍崎嶇的希臘，走了成千上萬哩路吧。

在古希臘思想裡，知識探究和旅行概念之間存在著緊密關連。這樣的關連遠早於亞里斯多德的時代，可以一直追溯到荷馬（Homer）的《奧德賽》（*Odyssey*）。在這首史詩中，奧德修斯因漂泊流浪而得以探訪許多不同族群的土地，「瞭解他們的想法」。到了古典時期，已經出現帶著某個概念或想法「去走一走」的隱喻——亞里斯多德出生二十年前左右，在一齣首度於雅典製作的喜劇中，有人建議悲劇作家尤里庇狄斯（Euripides）不要「走」（walking）他永遠無法證實而帶有偏見的主張。而某份據說是名醫希波克拉底（Hippocrates）所寫的醫學文件，也說思考的行動就是帶著你的心思去走一走、加以鍛鍊：「對人類來說，思想是靈魂的散步。」

亞里斯多德在《靈魂論》（*On the Soul*）裡對人類意識的本質進行開創性探究時，就使用了這個比喻。他說，如果我們希望「找到必要的直接路徑突破僵局前進，就必須看看早期思想家的意見」。此處所謂「突破僵局的路徑」，希臘文的詞幹（stem）是「*poros*」，可以指橋、能涉水而過之處、穿越深谷的路，或是行經狹窄海峽、沙漠和樹林的通道。他在探討自然的《物理學》（*Physics*）中也用了類似的開場，邀請我們不只是上路（path），而是和他一起踏上大道（highway）：研究的道路（*hodos*），必須從熟悉的事物開始向前推展，再通往我們較難理解的事物。

形容哲學問題的標準術語是「*aporia*」，「一處無法通行之地」。不過會以「逍遙」來稱呼亞里斯多德的哲學，有兩個原因。首先，他的整個智識系統，都是奠基在對周遭這個物理世界可探觸細節的熱情之上。亞里斯多德既是理性哲學家，也是看重經驗的自然科學家，而他的著述持續讚頌著我們能透過感官體驗並確知為真的宇宙實體。他的生物學作品會呈現出這樣的畫面：一個男人不時停下腳步，拾起貝殼、指著某種植物，或是要求暫停辯論，安靜片刻傾聽夜鶯的聲音。其次，亞里斯多德不像柏拉圖那樣鄙視人類的肉體，反而視人類為天賦異稟的動物，認為人的思想意識與有機形體密不可分，人的手是機械工程的奇蹟，而本能的肉體愉悅才能真正引導人們活出有德與幸福的人生。閱讀亞里斯多德時，我們會意識到他是用自己熟練的手，將他活躍大腦裡湧現的思想記錄在莎草紙上，而那正是他充分運用、充分愛惜的身體的一部分。

不過「逍遙」一詞還有另一個含意。在希臘文的《馬太福音》中，當法利賽人問拿撒勒人耶穌，他的門徒為什麼不依循猶太人對於洗禮的嚴格規則而活時，「活」（live）就是用 *peripateo* 這個字來表示。在希臘文中意指「行走」的這個字，實際上也能用來比喻「根據一套特定的道德原則處世生活」。而亞里斯多德的走路門徒，走的不是宗教路線，而是選擇跟他一起踏上通往幸福的哲學大道。

我一直很喜歡走路，現在我有許多最棒的想法，都是走在劍橋郡的泥濘馬道上思考出來的。十三歲時，身為聖公會牧師的女兒，我失去了信仰。對於我快速消失的信仰，最艱困的挑戰是，教會堅稱好的基督徒就要相信超自然現象，並且崇拜我的感官看不見、聽不到的存在，但我就是再也感受不到從前我稱之為神的那位隱形朋友。但決定依從我的世俗感官，卻又在我的生命裡留下一個虛空的大洞。當我還是個孩子時，毫不懷疑只要我很乖，就會上天堂。但現在我覺得自己就像瑞典導演英格瑪・柏格曼（Ingmar Bergman）的經典之作《第七封印》（*The Seventh Seal*, 1957）中的騎士布羅克，他是十四世紀瘟疫時期的宗教懷疑論者，極度渴望找到生命的意義：「一旦想到終將被遺忘，沒有人能在死神降臨眼前時與之共處。」〔編註④〕柏格曼也是新教牧師的孩子，這一點或許並非巧合。我不再相信在宇宙的某處，有任何人事物在護衛我的生命，還是會因為我實踐美德或行為不檢而分別給予獎賞或懲罰。我不知道要用什麼來取代祂的位置。但我還是渴望做個好人，過著正面有益的生活，並且希望在我離世時，讓這個世界變得比我當初來到時更好。

十五、六歲時，我短暫嘗試了占星學、佛教和超覺冥想，後來又飛快地體驗了更多神祕事物，包括精神藥物和唯心論。我讀了戴爾・卡內基（Dale Carnegie）的經典作品《如何停止憂慮開創人生》（*How to Stop Worrying and Start Living*, 1948）及其他自助手冊，結果還是繼續在尋尋覓覓一套可行、有趣，而且基本上樂觀的道德體系。上大學時，我發現了亞里斯多德，而他提供了答案。他用科學解釋物質世界，以人的標準而非外在神祇施加的標準，來解釋道德世界。

沒有任何形式的哲學或科學成果，可以純粹只有理論，亞里斯多德應該是第一個這麼強調的人。我們的想法觀念、自我理解，以及對周遭世界的詮釋，都和我們的生活經驗緊密交融。他在希臘住過八個地方（見本書020頁所列的地圖），為了進一步理解他的經驗，我在二〇一六年四月逐一探訪。我跟隨亞里斯多德的生命足跡，試著體會他身後的真實世界、他實際走過的路，那是他為了回應生命向他丟過來的挑戰與機會、開拓他的哲學思想時所踏過的道路。⑤

忒彌修斯（Themistius）是研究亞里斯多德的傑出古代評論家，他說亞里斯多德比其他思想家「對廣大群眾更有用」。這句話至今仍然為真。哲學家羅伯特・J・安德森（Robert J. Anderson）在一九八六年寫道：「沒有任何古代思想家，能比亞里斯多德更直接地談到現代生活的擔憂和焦慮。也沒有任何現代思想家，能像他一樣為生活在這個不確定時代的人們，提供如此豐實的智慧。」⑥亞里斯多德實際可行的哲學之道，可以讓你的人生變得更好。

編④：本片描述布羅克在返鄉途中遇上了逗留人間的死神，為拖延死亡的降臨，他答應與死神對弈，迢迢歸鄉路也成為思索生存價值的自省之旅，展現出柏格曼當時掙扎於嚴苛理性與純真信仰之間的思想狀態。

Chapter 1

Happiness

幸福

人類生命的終極目的，就是幸福而已，
意思是找到一個志向來實現潛能，
同時努力修正你的行為，以成為最好的自己。

你是你自己的道德主體，
但是在一個彼此密切相關的世界裡行動，與他人合作非常重要。

在《歐德謨倫理學》（*Eudemian Ethics*）一開頭，亞里斯多德引用了神聖的提洛島（Delos）上某塊古老石碑銘刻的一句智慧之語。這句話宣示，人生至善的三件事是「正義、健康，以及達成個人的想望。」亞里斯多德極不認同。依照他的想法，人類生命的終極目的，就是幸福而已，意思是找到一個志向來實現潛能，同時努力修正你的行為，以成為最好的自己。你是你自己的道德主體，但是在一個彼此密切相關的世界裡行動，與他人合作非常重要。

亞里斯多德的老師是柏拉圖，而柏拉圖是蘇格拉底的弟子。蘇格拉底曾說過一句名言：「未曾省思的人生不值得活。」亞里斯多德覺得這句話似乎有點嚴厲。他知道很多人——或許是大多數人——都是依靠直覺，且往往是不假思索地活著，但他們都靠這樣的「自動駕駛」模式過得很快樂。亞里斯多德會將重點轉移到實際的活動與未來，而他取而代之的格言可能是：「未經計畫的人生，不太可能充分幸福。」

人生不是自動駕駛

亞里斯多德倫理學讓個人主導。正如美國總統亞伯拉罕．林肯（Abraham Lincoln）所見：「大多數的人下定決心要多快樂，就會有多快樂。」亞里斯多德倫理學不要你自動駕駛，而是把你視為充分掌握控制面板的唯一駕駛。其他道德體系都沒有如此重視你的個人道德行動能力（moral agency），或是你對他人的責任。

亞里斯多德倫理學對於道德主體的基本論點，跟倫理利己主義（ethical egoism）一樣，但除此之外就別無其他了。早期的現代哲學家伯納德．曼德維爾（Bernard Mandeville, 1670-1733）就是主張倫理利己主義的重要學者，這套學說建議每個人都要有意識地行動，將自身的利益最大化。想像你要辦一場茶會，邀請十位鄰居來參加。你知道有兩個鄰居吃素，不過素食三明治比火腿三明治貴上三倍，如果你買兩份素食三明治，每個人吃到的食物總量就會減少。利己主義者會忽略其他人的需求，依照自己的飲食習慣來決定要不要準備素食。如果她不是素食者，當然就不會想要配合別人不同的偏好，減少自己能吃到的火腿三明治。如果她是素食者，則會忽略八名肉食者因為吃到較少食物而產生的剝奪感，只確定自己有足夠的素食可吃，再多訂一份給另一名素食者即可。

相反地，利他主義者會努力讓最多數人得到最大的幸福，因而會注重行動的後果。對他們來說，產生八名快樂肉食者的結果，完全勝過連帶產生兩名可憐素食者的問題。在少數的數量很大時，利他主義者就會陷入為難，譬如最後產生四名可憐的素食者，只有六名快樂的肉食者，這樣的茶會肯定歡樂不起來。康德的信徒強調責任和義務，會探究茶會中供應的各種三明治比例，是否該依循某種一體適用的固定法則。另一方面，文化相對論者強調，沒有一體適用的道德法則，每個人都屬於不同的群體，而各群體都有自身的內部法則和習俗。世界上有很多文化和社會完全不吃豬肉製品；有些文化則無法理解素食主義，甚至不懂茶會的概念。

亞里斯多德則會瞭解，不可能在真空環境下抽象地決定如何準備三明治。他會花點時間考慮並善加規劃，仔細評估餐食安排，明確意識到他的意圖——假設是讓十位鄰居都感覺受到歡迎且吃得盡興，因為這會使整個社區更為宜居，促進個人及群體的幸福——接著他就必須做出最可能實現這項意圖的決定。就連少數客人也沒有必要得罪。他會請教相關人士，包括受邀的客人和外燴業者，測試可能的反應。他會想到自己之前辦過或參加過的聚會，檢視先例，很可能就會在回顧以往經驗的過程中，找出解決問題的方案——例如提供大家都喜歡的無蛋奶蛋糕，而不是只有一部分人能吃的三明治。他也會確定自己喜歡他所選的蛋糕，因為他的哲學是尊重自己也尊重他人，沒有必要讓自己委屈。

亞里斯多德的道德體系靈活有彈性，在日常生活中實際可行。心理學家索妮亞．柳波莫斯基（Sonja Lyubomirsky）在《這一生的幸福計劃》（*The How of Happiness: A Practical Guide to Getting the Life You Want*, 2007）中列出十二項提升滿足感的心理學實用方案，大部分都跟亞里斯多德的哲學建議極為相似，而她也確實肯定他的意見。亞里斯多德強調的重點是：處理你目前遭遇的狀況，深思熟慮，堅守你的意圖，具有彈性、實用常識和個人自主權，而且不忘向他人請益。他的幸福概念，基本前提非常簡單且民主：每個人都可以決定變得幸福。經過一段時間，做對的事成為根深蒂固的習慣，你會對自己感覺很好，如此產生的心理狀態是「*eudaimonia*」，而亞里斯多德就是用這個字來表示幸福。

亞里斯多德對 *eudaimonia* 的追求，往往對不可知論者和無神論者具有吸引力，但其實任何宗教，只要強調個人必須為自己的行動負起道德責任，並且不認為有外在神祇會頻繁地給予指導、獎勵或處罰，就和亞里斯多德的理念相容並蓄。但既然亞里斯多德個人不相信神會干預人世，或對人世有任何興趣，他的追求幸福計畫也就自成一個體系。亞里斯多德主義者並不期待在任何聖典中找到茶會守則，但茶會萬一辦得很糟糕，他們也不認為自己會遭到天譴。以有能力、有計畫的方式生活，就是你為了掌控自己的人生和命運而選擇的作為。由於這種控制權傳統上被認為是神所擁有，這也會讓你感覺「像神一樣」。

不過，*eudaimonia* 並不容易解釋。字首 *eu*（發音近似英文的 you）的意思是「安好」或「好」；*daimonia* 則來自一個意義廣泛的字——神聖的存在、神聖的權力、守護靈、生命中的好運或機緣。於是 *eudaimonia* 便意味著「安康」（well-being）或「富足」（prosperity），這其中當然也包括「滿足」，但它又比滿足更為積極。你是在「實行」*eudaimonia*，所以需要積極投入。事實上，亞里斯多德認為幸福是一項活動（*praxis*）。他指出，如果幸福是一種性情，有人天生具備、有人天生欠缺，那麼某個人就算一輩子都在睡覺，「過著植物般的生活」，也可能擁有幸福。

亞里斯多德的幸福定義，也不是由任何一種物質的富足所構成。亞里斯多德很欣賞的另一位北希臘思想家德謨克利特（Democritus），曾經早了一個世紀談到「靈魂的幸福」，強調這種幸福絕不是來自擁有牲畜或黃金。亞里斯多德使用*eudaimonia*這個字時，也同樣是指「靈魂的幸福」，是有感知力的人在意識中體驗到的情感。他認為生命本身就包含了積極的心智，相信大多數的人都會從學習事物以及對世界的好奇中，得到最大的樂趣。事實上，在他看來，獲取對世界的瞭解——不僅是學術知識，也包括對各種經驗的理解——就是生命真正的目的。

行使理性，思考如何「活得好」

如果你相信人類生命的目的就是得到最大的幸福，你已經開始成為亞里斯多德學派的一員。如果人生的目的是幸福，那麼實現幸福的方法，就是努力思考如何「活得好」（Live Well），或者盡可能以最好的方式活著。這需要自覺的習慣，而亞里斯多德不認為其他動物有這種能力。「好」這個看似簡單的副詞，實際面可能代表「足以勝任」；從行善的角度看可能代表「符合道德」；就享受幸福愉快而言，又代表「好運」或「充滿喜樂」。

一七七六年七月四日，全新成立的美國國會批准了湯瑪斯・傑佛遜（Thomas Jefferson）起草的《美國獨立宣言》。這項劃時代宣言的第一句寫著：「我們認為這些真理是不言而喻的：人人生而平等，造物者賦予其若干不可剝奪的權利，其中包括生命權、自由權和追求幸福的權利。」眾所周知，古羅馬共和國是美國開國元勛的榜樣，但這句明確的「追求幸福」，顯示傑佛遜也深受亞里斯多德哲學的影響。四年後，麻薩諸塞州憲法起而效尤：政府是為了共同福祉，「為人民提供保護、安全、富足與幸福」而設立。

亞里斯多德相信，我們教育未來公民的方式，攸關他們是否在個人生活及群體社會都能充分發揮潛能。美國政府在一七八七年通過的《西北地域法令》言明，「對優良政府和人類幸福而言」，學校是必要的存在，這句話充分反映了亞里斯多德的精神。世界上的任何人，只要大致同意美國獨立的光明前景所擁護的原則，就是致力推動人類幸福計畫的亞里斯多德主義者，無論他們是否有此自覺。

人是「政治的動物」（*zoon politikon*），是亞里斯多德最有名的一句話——有名到讓方濟各教宗和唐納·川普在二〇一六年某次交談中曾（錯誤地）引用。亞里斯多德的意思是，人和其他動物的區別，在於我們天生傾向群集在大型的定居社會，也就是所謂的「*polis*」，或是城邦。亞里斯多德經常用一連串的區別來闡明定義，而在《尼各馬科倫理學》裡，他提出一個關鍵的問題：人類的特質是什麼？人類，與動植物一樣從事基本活動，活著、攝取營養、成長茁壯。如果其他動植物也是如此，這就不是人類的特質。動物跟人類一樣，也有感官得以辨別周遭的世界和其他生物，所以感官生活也不是人類決定性的特質。然而，沒有任何其他生物，跟人一樣享有「具備理性的積極生活」。人會做一些事，並且能在這些活動的前、中、後思考，這就是人類「存在的理由」（*raison d'être*）。如果身而為人的你，沒有運用理性發揮行動能力，就是沒有實現你的潛能。

行使理性活得好，是指培養美德、避開惡習。做個好人會讓你更快樂。法蘭克·卡普拉（Frank Capra）執導的溫馨奇幻電影《風雲人物》（*It's a Wonderful Life*, 1946）之所以成為史上最受歡迎的耶誕電影，正是因為它傳達的訊息，深刻呼應了大多數人所重視的慷慨與合作價值。詹姆斯·史都華（James Stewart）飾演的喬治·貝禮，是個心懷悲憫卻屢遭磨難的商人，受到一名貪婪的資本家迫害，打算在耶誕夜自殺。守護天使克拉倫斯從天而降，藉由回溯過往，讓喬治看到自己的人生經歷，他曾無私助人，對家人盡心奉獻，並且提供貸款讓窮人買房。克拉倫斯向喬治顯示，要是他從未存在，他的家人會失去他，窮人會住在貧民窟，順利說服喬治放棄自殺。喬治發現，藉由努力支持他人，他的「美好人生」使他與人們建立了連結。這部電影充滿著亞里斯多德哲學，呈現出人生就像一項計畫，一道連續的弧線，我們選擇讓它有多美好，它就有多美好。無論這部電影現在看來有多麼濫情，它確實打動了人心。

比利時導演達頓兄弟（Jean-Pierre and Luc Dardenne）的《諾言》（*La Promesse*, 1996）則避開濫情，呈現一個即將成年且充滿道德行動能力的年輕人，如何體會良善帶來的滿足喜悅。電影一開始，伊果只有十五歲，是個技工學徒，他面臨了嚴峻的道德挑戰，最後順利脫離無良的父親，建立道德獨立性。故事情節描述，一名非法移民意外死亡，而伊果的父親硬要伊果幫忙隱瞞。面對冷酷的父親、罪惡感、脆弱的社會地位，以及對法律的畏懼，伊果在過程中藉由幫助喪親的家庭，達到了道德上的成熟及心靈的平靜。

強調幸福與德行息息相關，是亞里斯多德哲學的幸福配方與利己主義、效益主義、康德主義等其他哲學派別的基本差異。在《政治學》裡，為了說明不當好人而想實現幸福的困難，亞里斯多德舉了誇張的例子，形容一個惡貫滿盈、最後變得悽慘可憐的人是何模樣：

> 沒有人會說這種人擁有理想的幸福：沒有一絲絲勇氣、自制、正直、理性，連蒼蠅飛過身邊都害怕；為了滿足吃喝的欲望，不能克制任何最離譜的行為；為了一毛錢毀了最親愛的朋友；而且在智力上，就跟嬰兒或瘋子一樣無知愚蠢、顛倒錯亂。

美國總統喬治・華盛頓（George Washington）在一七八九年的就職演說中，用另一種方式同樣說明了德行與幸福的相關性。他告訴紐約市的聽眾，「美德與幸福是無法攻破的聯盟。」

以「決定做對的事」，來追求幸福

決定用活得好來追求幸福，是指實踐「德行倫理學」，更簡單地說，就是「做對的事」。同樣地，亞里斯多德所謂的美德，也被翻譯成「正義」這類似乎很了不起的名詞，但其實只是指公平且正當地對待他人。德行倫理學向來很吸引人文主義者、不可知論者、無神論者和懷疑論者，正是因為對於想過滿足、得體及建設性生活的人來說，它提供了一套經過深思熟慮的方法來達成這個目標。

德行倫理學會幫助你處理決策、道德及攸關生死的「重大問題」，相信你可以靠自己的判斷和能力照顧自己、朋友和依賴你的人。但由於希臘文缺乏適切的翻譯，亞里斯多德「以決定做對的事來追求幸福」這種明智又有效的計畫，一直無法讓一般大眾廣為理解。他寫到，如果大家瞭解個人幸福由自己的行為決定，幸福會變得「更普遍，因為可能會有更多人分享幸福」。亞里斯多德甚至說，理想上，「所有人類都被寄望會同意接下來要陳述的觀點」，但就算辦不到，也應該至少參與德行倫理學的一部分計畫，「因為每個人都有可以貢獻的東西」。

探究「我該如何行動」的書籍，是由亞里斯多德最早開始寫起的。在此之前，連柏拉圖都未曾把這件事從宗教或政治等議題中抽離出來思考。亞里斯多德寫了兩本倫理學鉅著，《尼各馬科倫理學》應該是為他的兒子尼各馬科寫的，《歐德謨倫理學》則是以他的朋友歐德謨（Eudemus）命名，這位朋友可能也編輯了書稿。這兩個書名似乎不是亞里斯多德本人所取，他可能也不知道，但在《政治學》裡，他確實提到自己之前寫過的關於「品格」的著作——《倫理學》（*Ethika*）（古希臘文對品格［character］的用字是「*ethos*」）。《歐德謨倫理學》很可能是在《尼各馬科倫理學》之前完成，後來又參考後者做了部分修改。這兩本傑出作品的基線很類似，一開始都是先處理 *eudaimonia*（幸福）這個基本論題，接著再討論人要活得好、活得成功快樂，必須培養的整體美德（*arete*）和個別美德（*aretai*）的本質。書裡也談到友誼和樂趣，並簡短地提及人與神的關係。還有一本比較輕薄的書也解說了亞里斯多德的理念，但很可能是由他的一名弟子所寫，書名則是容易讓人混淆誤解的《大倫理》（*Magna Moralia*）。

在亞里斯多德探討倫理學的作品中，很少提供硬性規則或通用指示。沒有嚴格的公式，也沒有「道德準則」，其用意永遠是改善我們的生活，引導它走向安康，但每個決定的道德規模都不一樣，需要不同的分析及回應。你有兩名員工可能都偷了收銀機裡的錢，但一個也許是要讓孩子有飯吃，每個月的月底都會把錢還回去，而另一個也許有毒癮。亞里斯多德認為通則很重要，但若沒有考慮個別情況，往往會產生誤導。有些亞里斯多德主義者會自稱是「道德個別主義者」，就是基於這個原因。每種狀況和兩難困境都需要審慎地推敲箇中詳情，談到倫理學，魔鬼可能真的藏在細節裡。

亞里斯多德知道，有些人不能、或者還沒準備好依照這種靈活又不失原則的方式而活。這種人可能只是不成熟——他還慎重指出，成熟與年齡無關，畢竟有些年輕人在情感上十分成熟，反而是有些年紀更大的人，在心理或道德上從未長大。不過他也認為，過度壓抑情緒的人，無法過著順利追求美好目標的生活——就這一點而言，他聽起來很現代，也很佛洛伊德。不考量自身情緒反應和天性的人，和不發揮道德理性力量的人一樣，都無法達成美好的目標。在《尼各馬科倫理學》裡，亞里斯多德認為理性和情感的關係，並不是兩極對立，而是「像弧線的凸面與凹面」。

他也指出，有些人會誤以為某些好事——樂趣、財富或名聲——就是他確實提到的那些有建設性的好事。這種目標的問題就在於它會嚴重受到機運影響，但更具社會取向的建設性目標，則不會被不幸摧毀。如果你的目標是財富，而你一直很窮，或因為運氣不好突然失去你的錢，你就永遠無法達到 *eudaimonia* 境界的幸福。

然而，並不是每個人都會過著自覺的道德生活。亞里斯多德依照追求目標的不同，將人分成三類。第一種人只對與身體愉悅有關的「好事」感興趣，他把這種人跟牛相比，並且惋惜很多傑出人物唯一的目標就是身體的愉悅。他舉神話中的亞述王薩達那培拉斯（Sardanapalus）為例，他的座右銘就是「吃、喝、玩樂吧，因為沒有別的事情值得動一下手指」。亞里斯多德確實認為身體的愉悅很重要，是所有動物追求好事的指引，但對人類這種動物來說，身體的愉悅之所以是好事，是因為它可以引導人去追求幸福，但它本身並不等於幸福。第二種人是行動者，一生都投身於公眾或政治領域，他們的目標是名聲或榮耀，也就是認可。但問題是，比起真正當個好人，他們更熱衷於得到認可，對他們來說，重要的是榮譽，而不是取得榮譽的理由。至於第三種人，則是把瞭解世界、滿足心智當成目標。這種目標比較不會受到個人無法控制的因素破壞，例如運氣；它不需要得到他人的認可或讚美，而是你可以自己做到的事，本質上完全是自給自足。

自足自立是活得好的關鍵

在亞里斯多德的概念中，要活出美好、進而幸福的人生，自足或自立（*autarkeia*）是關鍵要素。這樣的詞語常見於經濟性質的文章，自足自立的人可能是財務獨立、不需要他人提供經濟援助。而經濟上的獨立，也使他在道德上獨立——他不必迎合他人的突發奇想，或是得聽令行事。這一點對亞里斯多德來說更為重要。要活得好，必須能以獨立道德主體的身分來行動，不要讓你對別人的義務限制了你深思熟慮的選擇。要擁有做個好人並追求幸福的自由，足夠的收入可能是重要因素。但這也讓想要活得好、得到幸福的人，有責任找到自身必要的人格資源。在《尼各馬科倫理學》一書的結尾，亞里斯多德指出，最自足自立的生活就是純粹哲學思考的生活，因為它不需要別人。但他同時也表示，雖然全職的哲學家可以獨自思索哲學，「如果有同僚可以一起思索，可能會做得更好」。如果你打算透過公平待人來達成幸福，那就需要有個讓你公平對待的對象。

有些古代哲學提倡獨居，如宗教隱士般隔絕人際關係與世間俗事，而上述的折衷作法，將亞里斯多德的思想與這類學派明顯區隔開來。對亞里斯多德來說，就連自足自立者的生活也會因為有朋友而更加提升。有些哲學家說，活得好的人不需要朋友，亞里斯多德完全反對這種論述。在人的「外在」生活中，有朋友永遠是好事，快樂的人怎麼會不想要？要是環境不得已，人或許沒有朋友也能過活，但為何要偏好這種狀態呢？

所以，你可以把朋友留在追求幸福的道路上。還有另一個好消息——你甚至不需要在活得好和實行美德這兩方面具備天生的才華，就有可能成為「最好的自己」。在《尼各馬科倫理學》第三卷，亞里斯多德駁斥了人性本善或本惡的說法。在你的道德生涯中，你可以隨時決定要活得好，為自己的幸福負責。此外，在本書的第九卷，他則強調想要活得好、且公平對待他人，必須不惜代價地愛自己。有些人在信仰嚴格的家庭裡長大，從小就被告知自己是犯了罪的罪人，需要祈求上帝原諒，他們往往會覺得這樣的說法耳目一新。

早在佛洛伊德精神分析學派鼓勵人們瞭解，自己的原始衝動是屬於自然天性，而不是道德上可鄙的行為之前，也早在俄亥俄州的精神科醫師米西迪（W. Hugh Missildine）寫出《探索你內心的往日幼童》（*Your Inner Child of the Past*, 1963），要求我們擁抱內在的小孩之前，亞里斯多德就已經強調，幸福與自我厭惡並不相容。不能尊重自己、不相信自己至少是正派明理的人，連自己都不可能喜歡了，更何況是喜歡別人。徹底墮落、犯罪的人，既討厭別人也討厭自己。亞里斯多德對於自我憎恨的分析非常深入。不像大多數宗教或其他倫理體系，亞里斯多德的道德觀並未特別批判不道德的人，因為他看出他們基本上都很可憐。不道德的人總是在情感上自相矛盾。他們會做些能帶來樂趣的事，但某種程度又明白，單純為了樂趣而追求樂趣，並無法帶來幸福。知道什麼是對的事，卻又因為懦弱或懶惰而不能貫徹到底，這種人也同樣矛盾。

亞里斯多德四十多歲時，跟獨裁的馬其頓皇室朝夕相處，看到冷酷的腓力二世及其工於心計的后妃、副手們，無一不在宮廷中爭權奪利，似乎細膩觀察了無德之人的可憐處境。他認識一錯再錯、最後自殺的人。他見到壞人「總是想跟他人往來、避免和自己相處，因為獨處時，他們就會想起過往的不快，並且預期未來也將如此；而跟別人在一起時，他們就能忘記這些事」。這些可憐的墮落者，受不了跟自己獨處，甚至無法充分體會「自己的歡樂與哀愁，因為他們的靈魂正在進行內戰」。他們感覺身體彷彿被撕裂了。他們喜歡短暫沉迷在欲望中，但「沒有多久就後悔，希望自己從未養成現在的習性，因為壞人總是三心二意，隨時改變」。

托爾斯泰熟讀古希臘文學與哲學，他在小說《安娜．卡列妮娜》（*Anna Karenina*, 1877）一開頭寫下的這句評論：「所有幸福的家庭都是相似的，每個不幸的家庭則各有各的不幸。」聽起來就像他也讀過亞里斯多德。因為亞里斯多德曾說：「善很單純，壞卻有各種樣貌；此外，好人總是很像，性格不會改變，而惡人和愚徒到了晚上，就跟早上很不一樣了。」無德之人因行為不一致而自己招致的各種心理痛苦，沒有人比亞里斯多德剖析得更為深刻。

亞里斯多德出生於斯塔基拉一個顯然充滿愛的富裕家庭，住在這個自由、自治城邦裡的一處依山傍海、風景優美之地。我想，他認為幸福是在繁榮的社會裡持續實踐有德的行動，這樣的觀念基本上是源自他的童年記憶。直到晚年，他仍然忠於兒時的家鄉。公元前三四八年，馬其頓的腓力二世征服斯塔基拉，毀了一些建築，將倖存的居民統統貶為奴隸，但在亞里斯多德求他重建市區並恢復市民的自由時，他心軟答應了。市中心有一處大理石柱廊的遺跡，其中有張內嵌的長椅，自由、自治的斯塔基拉市民就是聚在這裡辯論，而亞里斯多德的父親也在其中。

亞里斯多德或許有段快樂的童年回憶，不過他還是認為孩童不可能全然快樂，因為他們對自己的生活沒有多少掌控力，也很容易因短暫的欲望滿足而動搖，不太可能考慮長遠。我同意亞里斯多德的看法，也因此很同情剛成年的年輕人；他們不僅往往在財務和感情上缺乏安全感，也比中年人或老年人更有機會遭遇無法預測的嚴重不幸。我唯一的建議是，他們應該忠於自己。他們的心態就不會如亞里斯多德所說的，像是「變色龍或蓋在沙地上的房子」那麼容易完全改變或毀滅。

對於確保幸福來說，最嚴重的威脅是純然的厄運。亞里斯多德在《歐德謨倫理學》裡用了很多篇幅討論以下兩者的關係：你身為道德主體的內在自我——你決定自身行為及控制命運的能力，以及你可能遭遇、完全在你掌控之外的隨機厄運。在史詩級的不幸苦難中，亞里斯多德最喜歡舉的例子是普里阿摩斯（Priam）。這位國王統治著繁榮又幸福的特洛伊地區，育有五十個孩子，卻在希臘入侵時失去了王國和所有的兒子，最後在特洛伊城的祭壇上被辱殺，而他根本沒有做過任何應該承受這一切的事。

我個人想舉的例子則是索納莉・德拉尼亞加拉（Sonali Deraniyagala），她是倫敦大學的經濟學講師，在二〇〇四年的南亞大海嘯中失去雙親、丈夫及兩個孩子，之後經歷了難以言喻的痛苦。她說自己沒有宗教信仰，完全是依靠規律性地運用刻意回想（一種極具亞里斯多德精神的技巧），才能設法活下去，再加上超乎尋常的心理努力，她終於恢復了部分原有的「自我」。她在動人的回憶錄《浪》（*Wave*, 2013）裡寫下了這段經歷。這使人深刻感覺到自己的卑微渺小。就像亞里斯多德說的，因為好運帶來的小改變，「顯然不會改變人生的整體方向」；相反地，「重大、頻繁的逆境產生的痛苦，以及對諸多活動造成的阻礙，卻很可能因而粉碎、破壞了我們的幸福」。

但索納莉．德拉尼亞加拉還活著，會見見朋友、回到職場，有時也會笑。而亞里斯多德會表示，即使經歷了無法承受的災難，還是有可能努力活得好：「只要耐心忍受重複而嚴峻的不幸，即使在逆境中，良善也會發出亮光；這不是因為遲鈍，而是由於靈魂的寬容和偉大。」從此看來，不惜一切代價堅定追求幸福的亞里斯多德觀點，可說是非常樂觀的道德體系。

有句流傳恆久的希臘諺語說，人在死亡之前，都不能被稱為是幸福的。古希臘七賢之一的雅典領導者梭倫（Solon）很喜歡這句話。有一次，他去拜訪極其富裕的利底亞（Lydia）國王克羅伊斯（Croesus），克羅伊斯希望梭倫認同他是世界上最幸福的人，結果卻大為惱怒，因為梭倫選了一個平凡的雅典人，名叫特勒斯（Tellus）。特勒斯很長壽，最後為深愛的國家奮戰而死，死前並看見他所有的孫兒都還活著。梭倫的重點是，不幸可能在任何時候來襲，因此一個人獲得的所有幸福，只有在他死後才可能估算。後來這成了可怕的預言：克羅伊斯的兒子不久後就意外被殺，他的妻子自殺，他的王國也遭波斯人掠奪。亞里斯多德引用了梭倫的告誡，並且認同其中這一部分的概念：應該要考慮到未來，以及如何面對它所帶來的挑戰。

梭倫這項「看到盡頭」的忠告永恆常新。不管你是正開始規劃人生的少年，疲累不堪的中年專業人士，或是想充分利用僅存人生的退休族，我們都不想在臨終前滿懷愧疚，或者知道有某件事我們沒有達成，只因為太害怕嘗試。二〇一二年，照顧過許多臨終病患的安寧護士布朗妮・維爾（Bronnie Ware），曾出版一本感人的作品，把這些病人最常對她訴說的後悔之事記錄下來。⑦神奇的是，這些事幾乎就是亞里斯多德建議我們在人生中創造幸福時要避開的陷阱。

有人說「我希望曾讓自己更快樂」，這等於承認他們錯過了滿足自我、選擇創造幸福的機會。他們希望自己更努力經營友誼（這也是亞里斯多德最重視的原則之一）。不過最多人後悔的是這件事：「我希望我有勇氣過忠於自己的人生，而不是別人期待我過的人生。」

Chapter 2

Potential

潛能

你是否認出並實現了你的獨特潛能？
你是否渴望在這一生中做某件事，卻從未得到支持，以發展某項才能或特質？

亞里斯多德一直到五十多歲才真正開始做自己想做的事！
不過，無論是幾歲，長遠的思考都是關鍵，
找出你喜歡做、也有天分的事，然後堅持做下去。

潛能就是你存在的理由及目的

「忠於自己」到底是什麼意思？對亞里斯多德來說，這句話是指實現你的潛能，所以何時開始「忠於自己」，永遠都不會太遲。「realise」（實現）這個英文字有兩層意思——有所意識，以及化為真實——而亞里斯多德的概念也包含這兩者。

亞里斯多德成年人生的不同階段都曾遭遇許多問題與挫折，直到將近五十歲，才得以全心投入寫作與教授哲學，實現他自己的獨特潛能。但他之前必然就意識到，自己從出生到三十歲中期，都在接受持續的智性刺激。亞里斯多德的父親尼各馬科身為醫師，得以讓兒子接觸到希臘最先進的科學觀念和方法。在古代社會，醫療是世襲行業，亞里斯多德原可繼承父親的衣缽，也因此他一生都相信醫學和哲學密切相關。人類潛能的概念，很可能是尼各馬科和這個小兒子散步時討論的主題。在從斯塔基拉往內陸延伸到哈爾基季基（Chalkidiki）的山林裡，他們一邊採集藥草、一邊散步，尼各馬科此時就像普天下的父母一樣問著兒子：「你長大後想做什麼？」這個話題就開啟了。

亞里斯多德的祖先也留給他要維護的家族名聲。尼各馬科是醫師世家的一員，他們自稱是特洛伊傳奇名醫馬卡翁（Machaon）的後代，而馬卡翁正是醫神阿斯克勒庇厄斯（Asclepius）之子——原始的半人馬醫師凱隆（Cheiron），把特別的藥草給了阿斯克勒庇厄斯。亞里斯多德的父親也寫過六本醫學書、一本自然哲學書，為聰明的兒子立下典範。

亞里斯多德的過人天賦，顯然在還小的時候就被愛護他的大人們辨識出來，而得以培育發展。他成為他那一代——有人說是世界史上——最傑出哲學家及科學家的潛能，得以在這樣的環境裡發揮、實現。當時就跟現今一樣，很多人的潛能往往都被浪費了。所謂創造幸福，最重要的一點就是，付出我們的人生，讓我們可以做自己最擅長、也最喜歡的事。

亞里斯多德的所有主要概念，大部分都在他的哲學及科學作品裡提及，其中最具啟發性的就是「潛能」（potentiality）。在亞里斯多德看來，宇宙裡的每一個物體，都有其存在的目的。即使像桌子這樣的無生命物體也有它存在的目的：讓人有地方坐、可以放東西。但生物有另一種不同的潛能，稱為「*dynamis*」（潛在性），也就是要發展成本身的成熟狀態。種子或橡實可能發育成植物或樹木；雞蛋如果受精，就可能長成公雞或母雞。以動物（包括人類）而言，亞里斯多德的*dynamis*觀點詭異地預測了現代的基因編碼和DNA（去氧核醣核酸）概念，也獲得現代生物學家和遺傳學家的認可：動物身上的角，是由形態和物質的交互作用生成的，這兩者的原始設計中本來就包含製造角的潛能。而角有個特定的使命，也就是終極目標（*telos*）：讓動物自衛。

對亞里斯多德來說，潛能的概念與他最著名的學說之一有關：萬物都有四個基本成因。舉例來說，雕像有（一）質料因（用來做雕像的石頭）、（二）動力因（負責鑿刻的雕塑家）、（三）形式因（由雕刻家塑造的雕像設計及外形），以及（四）目的因，也就是雕像存在的理由與目的（立在聖殿裡接受奉獻）。而人的潛能，與目的因有密切關係，這也解釋了你存在的理由與目的。人的（一）質料因是構成你的有機物——血、肉、骨；你的（二）動力因是製造你的父母；你的（三）形式因是決定你的基因構造、外表和體質的DNA；而你唯一能控制的，是你的（四）目的因，也就是你存在的理由與目的。普天下的人們都全心投入，依照亞里斯多德的理念充分實現潛能，或許就能解決當今人類面臨的問題。

亞里斯多德用來代表潛能與潛在性的字是*dynamis*，現代英文中的「dynamic」（動力、活力）就是由此而來。阿爾弗雷德．諾貝爾（Alfred Nobel）原本將他的創新爆裂物取名為「諾貝爾的爆破粉」，但後來他想到這個希臘名詞，就改成了「火藥」（dynamite）。很遺憾地，這也是為什麼這個字多半讓人聯想到突然的破壞力，而非長期且具建設性的自我發展。從早期的希臘詩作開始，*dynamis* 一字就代表做某件事的力量或才能。醫師和科學家早就用這個字來解釋運動與變化，但直到亞里斯多德，才開始有系統地從人類及其生活經驗的角度，來討論*dynamis*。

亞里斯多德在他的《形上學》第九卷裡，說明了他對*dynamis*的解釋。人可能具有呼吸、成長、行走的潛能，而植物、動物和人類都可以無意識地實現這種潛能。不過有一種*dynamis*，比較特別、比較高階，他稱之為「理性的潛能」。只有人類具有這種潛能，而且少了有意識的思考，就不可能實現。一個人能成為優秀的醫師，是因為天生就具有學習醫學知識的潛能。一旦接受過訓練，醫師就有治好病人的潛能。但她可以決定不要醫治病人，或者以有害而非有益的方式醫治病人。唯有對醫治病人的目標刻意地執行理性活動，也就是思考，才會真正實現醫師治癒病人的潛能。醫師必須決定要幫助病人恢復健康，也必須審慎思考用哪種治療方法最可能達成這個目標。做個好醫師需要這四件事，缺一不可：潛能、訓練、意圖及理性思考。做個快樂的好人也一樣。

即使是無生命的物體，也需要多種要素的結合與不同活動的投入，才能達到它的終極目的。亞里斯多德舉興建神廟為例，神廟要達成適當的 *telos*（終極目的），成為充分裝飾、功能完整的宏偉建築，必須立下地基、準備好石塊並完成組構，石柱必須雕刻出凹槽與裝飾。但只憑這其中任何一道程序，都不可能單獨蓋出完整的神廟。把整個結構組合起來，地基、石塊、石柱和雕刻裝飾無一不缺，遠比單一項目來得重要。唯有每一項個別程序都具體執行，神廟才有可能完全實現。

認清自己的才華，以及什麼事會讓自己快樂

同樣地，一個人需要受孕、出生，得到滋養、保衛、安居、呵護、刺激與教育。如果她或他想充分發揮潛能，就必須先認清自己的才華，以及什麼事會讓自己快樂（亞里斯多德認為這是同一件事），然後透過專業訓練加以實現。海倫・凱勒（Helen Keller）實現了她傑出的潛能，成為替殘疾者發聲的鬥士，她覺得自己發現了真正幸

福的源頭：「幸福不是透過滿足自我欲望，而是透過忠於有意義的目的而實現。」但要是她的父母、醫師，尤其是她的老師安妮．蘇利文沒有這麼努力地幫助她，又聾又啞的海倫．凱勒就不可能讓世人認可並支持她的智識、熱情與活力。另一方面，要是沒有潛能，再多的訓練、意圖和理性思考都不可能導致成功。也因此，最重要的就是必須找到每個人潛在的專長。只是很遺憾地，需要理性來發揮的潛能，絕對有可能完全不曾實現。

在《論動物的生成》（*Generation of Animals*）裡，亞里斯多德試圖解釋，創造新生動物的原料是如何取得它的形式。他錯誤地以為質料是母親體內的女性經血，再由男性精子賦予潛在的形式。他並不清楚男性和女性在基因遺傳上扮演了等量齊觀的角色。但這不是重點。亞里斯多德瞭解，所有的生物都處於持續改變和發展的過程，即使有些改變在受孕時就無可避免，但還是要花上數月或數年。亞里斯多德覺得新生動物在孕育之初就接受了形式（form）或「符碼」（code），但也發現其影響會延後出現。就人類動物來說，亞里斯多德認為，從受孕到長成身體完全成熟的男性，這其中的時間間距至少是三十年；在智性上，他認為男人要到四十九歲（亞里斯多德精確的程度令人好奇），獲得許多經驗、學到各種教訓之後，才會完全實現潛能。

在倫理學、物理學、形上學、心理學和認知學各領域的作品裡，亞里斯多德都採用了「潛能」（*dynamis*）和「實際發揮這種潛能」（他用的詞是「*energeia*」）這兩個雙生概念。以你本身的狀況來說，*dynamis* 就是你天生具備的一組特質和才華。如果你是成熟的成年人，只有你才能評估這些東西到底是什麼，而評估的基礎是你個人的欲望和經驗，或許再加上與坦誠的朋友或諮商者討論。就算別人說太瘋狂了，你也要勇於說出並面對狂野的夢想與抱負，這一點非常重要——很少有人在臨終時後悔努力追求夢想，但確實有很多人會後悔連試都沒試。

我們每個人都有責任，幫助年輕人認清自己的潛能並加以實現，而這或許是父母和教育、照護專業工作者的全職任務。有些潛能必然會實現，完全無法被阻擋；有些則需要適當的條件。人類必須置身於「合宜的狀態」，容許外在環境及促成者提供支持、發揮作用，潛能才會得到配合而實現。如果幼兒沒有得到餵養、撫抱、接觸文字，他們就會營養不良、心理受創並變成文盲。我們現在知道，人類大腦的「理性」部分，亦即額葉皮質，要到二十幾歲才會充分「興奮起來」，這表示在年輕人成為法定成年人、結束正規教育之後好幾年，我們還是必須持續地支持他們。換句話說，人類可以得到適當的培育和照顧，被容許實現所有潛在的能力，但也可能讓潛能發展受挫或從未實現。

如果我們從亞里斯多德覺得最迷人的概念——智性潛能——來理解 *dynamis*，請記得，潛能實現與否，要看環境對不對。此外，每個人具有的潛能類型或多寡，不會一模一樣。人類這個物種擁有某些共同的潛能，但亞里斯多德也認為，不同類別的人會有不同種類、不同程度的潛能。舉例來說，兒童還沒有理性慎思的能力，但充分具備這樣的潛能。我們可以確定，亞里斯多德堅信個別的人類也各有不同的潛能——在《論動物的生成》裡，確實可以看到他試圖分析，一個父親究竟為胚胎貢獻了多少，使得這個潛在人類和其他人類有著個別化的差異。是什麼讓亞里斯多德更像他的父親尼各馬科，勝過同樣住在北希臘家鄉斯塔基拉的其他父親？他的潛能裡，又有多少是單憑「物種」符碼決定，使這個胚胎像其他胚胎一樣長成人類，也就是 *Homo sapiens*（智人）？

你是否認出並實現了你的獨特潛能？你是否渴望在這一生中做某件事，卻從未得到支持，以發展某項才能或特質？你想成為畫家、政治家或主廚嗎？亞里斯多德一直到五十多歲才真正開始做自己想做的事，所以你幾乎可以確定還有時間！不過，無論是幾歲，長遠的思考都是關鍵。在亞里斯多德的觀念裡，幸福是指決定你想做什麼、為什麼想做，然後實施計畫去達成。

畫出「好事」的輪廓

亞里斯多德在他探討道德的首要著作《尼各馬科倫理學》一開頭，就強調我們的一切作為都有個正面的目標，他稱之為「一件好事」（a good）。在醫學上，這件好事是健康；在造船上，是一艘船；在家庭預算上，就是財富。每個人都可以自行決定想要達成什麼好事，然後就積極投入，取得達成目標可能需要的技能、條件和夥伴。關於必須在人生中找到自己的目標，最簡潔的描述就出現在《歐德謨倫理學》裡：

> 每個能依照自己有目的性的選擇而活的人，都應該在良善的生活方式之下，為自己設定某個努力的目標（*skopos*）——這個目標可以是達成認可、卓越、財富，或是文化——不管做什麼事，他們都將目光鎖定於此。從追求終極目標（*telos*）的角度來看，不在生活中創造秩序，絕對是愚蠢的表現。

未經計畫的人生，確實比較不值得活。

在《尼各馬科倫理學》裡，亞里斯多德做了一個精彩的比較。在討論什麼才是好事時，亞里斯多德一如往常，從視覺藝術中舉例比喻。他認為在討論一開始時，可以先形容好事的「輪廓」，「描繪大略的草圖，之後再填滿。如果作品的輪廓畫得很完備，接下來應該任何人都有能力繼續完成細節」。有些細節只能隨著時間過去慢慢完成。我們也可以把這個意象套用在思考人生目標的過程中。對於真正想做的重要之事，我們只要在腦中有個大略的輪廓，細節可以在過程中逐漸加入，就跟一幅畫一樣。

以我自己為例，我想要一個愛我的伴侶，和他一起生養孩子。但我也希望自己在離開人世時，讓這個世界變成一個比我當初來到時更好的地方，而且不會過得無聊（我一直知道自己需要大量的腦部刺激）。這幅草圖的第一部分（配偶與孩子），一直到我三十歲中期才開始順利完成，主要是因為我不知道怎麼辨識和我有相似人生目標的伴侶，老是和長得帥的冷血動物和道德觀低落的傢伙交往。我也花了很長一段時間摸索，要如何填滿這幅草圖的第二部分（做有趣又有建設性的事）。不過將近三十歲時，我得到一位智慧的導師相助，這位名叫瑪格・海內曼（Margot Heinemann）的英國文學講師，在一次很正式的對話中幫了我此生最大的忙。她評估了我的潛能，指出我僅有的資產是一張無違規記錄的駕照、善於分析的大腦、溝通技巧，以及古典作品的學術資格。我必須想清楚，要怎麼善用這些資產對人類有所貢獻。於是，在三十一歲時——比大部分學者晚了許多——我終於拿到博士學位、第一份大學教職，以及一組合理且一致的未完成夢想。我決定竭盡所能，利用希臘人與羅馬人，推進關於集體啟蒙、娛樂與社會進步的「好事」。

最好的禮物就是幫助某人認清自己的潛能，提供它適當發展的環境。世界上有無數的孩童永遠無法實現潛能，因為他們貧窮、沒有受教育，又或者很小的時候就被迫要工作。但也有很多孩子即使生長在富裕的國家、接受了義務教育，也從來沒有實現自己的潛能。這是因為他們被過度呵護，太早承受壓力（記得額葉皮質要到二十五歲才發育完全嗎？），或者沒有人盡力幫助他們。每個孩子都有擅長的事，而且他們通常都喜歡做自己擅長的事。這樣的樂趣意味著，一旦確認了個人的才華，就能以它做為工作或職業選擇的有效指引。讓孩子接觸各種刺激與活動，同時觀察他是否熱情反應，這並不困難，但讓人訝異的是，很少有父母會幫助孩子辨識自己的天賦。

我周遭的朋友和同事多半都受過超高等教育，屬於好發議論的一群人，這其中有太多父母會把自己認定的理想職業和生活形態，強加在子女身上。有人在毫無證據的情況下，就想像他三歲大的兒子注定要成為世界級的鋼琴獨奏家（十年後，他兒子再也不肯練琴了）。在我看來，那個男孩真正喜歡做的，是烹飪、露營和定向運動。另一個我的熟人，則不理會她女兒對於工科的熱情，逼她在學校主修文科，她最後變得痛苦又挫折，不過至少她現在會修東西，成了水管工。

只有喜歡，才會得心應手

決定計畫時，最重要的原則是樂趣。亞里斯多德把樂趣視為各種科學、社會、心理分析的絕佳工具，因為他相信，大自然是用樂趣來幫助所有有感覺的動物，尋找需要充分發展的事物並加以執行。不同的動物各被賦予略有差異的感覺樂趣：驢喜歡吃糠，狗喜歡追捕小鳥和小型哺乳類。人類很了不起，表現出多采多姿的樂趣，散布在所有人口之中。「某人的肉是另一人的毒藥」，你可能喜歡吃魚，另一半則喜歡吃豬肉香腸。不過這種差異的廣泛程度，遠遠不只是飲食口味的區別而已。

亞里斯多德認為，能提供樂趣的職業，是我們所有人都應該追求的職業：

> 生命是一種活動，而每個人會以他最喜歡的能力，在某些事物上執行這項活動。舉例來說，音樂家把聽覺運用於音樂曲調，學生把智力運用於哲學問題。而這些活動的樂趣讓活動更完美，進一步讓人生更完美，這也是所有人追求的目標。因此，人們有很好的理由追求樂趣，因為樂趣讓每個人的人生更完美，這是一件令人嚮往的事。

亞里斯多德注意到，從工作中得到樂趣的人，幾乎都是最擅長此事的人。他說，只有喜歡幾何學的人，才會對這門學問得心應手，建築學和所有其他藝術也是一樣。

某些天生的才華比其他能力更需要訓練。沒有人天生就熟知幾何學、音樂或建築學。例如在《修辭學》（*Rhetoric*）裡，亞里斯多德說舞台表演主要是一種天分，不像某些其他專業那麼深受訓練影響。但如果是擅長引用以前的作者、俗諺或格言，使演講或寫作內容更鮮活，這種能力有可能出於天分，也可能來自努力研讀文學（或兩者都有）。最後這個例子，或許最能代表現在一般人從事的大部分工作。你可能天生擅長溝通和分析事實，但只有嚴格的訓練才會讓你成為優秀的律師。如果你希望有朝一日在特定領域（無論是多麼不起眼的領域）成為佼佼者——亞里斯多德稱之為「智者」（*sophos*）——就一定需要天分和勤奮學習。他舉了一個豎琴手的例子，要知道，在公元前四世紀，專業演奏家並不像現今受到尊重並享有優越的社會地位，不過他還是強調，豎琴手可以有意識地決定，要不要練習把豎琴彈得更好。

訣竅是找出你喜歡做、也有天分的事，然後堅持做下去。這一點可能說的比做的容易，但身為人類，比起一棵榆樹或一隻瞪羚，至少你可以做出理性的選擇。亞里斯多德也提到了波留克列特斯（Polycleitus）和菲迪亞斯（Pheidias），這兩位雕刻家完成了雅典衛城帕德嫩神廟著名的雅典娜雕像。他們靠著天分和持續的努力，在單一領域中出類拔萃。不過亞里斯多德承認，有些人多才多藝、天賦異稟，可以輕易精通許多不同的活動。（可悲的是，也有少數一些人，不是幾乎毫無天分，就是沒能找到適合自己的行業。他引用了一首喜劇史詩《馬爾吉特斯》（*Margites*）來說明他的觀點。詩人提到了一個可憐人，「神沒有讓他成為工人或農夫，他做其他事情也不精明」。任何選擇閱讀這本書的人，都不太可能像他那麼愚笨。）

有些職業難度很高、或競爭很激烈，還有些時候，你或許得為了生計去做不喜歡的事，因為有人要靠你撫養。不過一般的原則是，根據讓你感覺最快樂的活動，來選擇工作的類型及所需的訓練，絕對是正確無誤的。如果你被困在一個討厭的辛苦工作裡，就算家有幼兒嗷嗷待哺，你最好還是立刻檢視所有可能的其他選擇。大部分的孩子都寧願父母在住家附近的商店工作，常在家裡陪伴他們，而不是擁有中產階級的收入。我有個朋友是優秀的物理學家，卻拒絕了一份學術工作，因為他如果答應，就必須離開孩子，出國到另一塊大陸去。他後來找了一個在超市整理貨架的差事，還可以邊工作邊思考。他們一家人都很快樂，他也以獨立學者的身分出版研究報告。如果你的工作真的讓你痛苦，亞里斯多德允許你辭職：「如果有人覺得寫作或算術很煩、很討厭，那他就該停止寫作或算術，因為這項活動讓人痛苦。」

預言了現代世界的概念及問題

亞里斯多德的思想帶有烏托邦的傾向。為此，文藝復興時期作家湯瑪斯・摩爾曾寫道，亞里斯多德是「我很偏愛的」哲學家，在他的著作《烏托邦》（*Utopia*, 1516）裡，也描述激進的旅人拉斐爾・希適婁岱（Raphael Hythlodaeus）帶了好幾本亞里斯多德的書一起踏上探索的旅程〔編註①〕。亞里斯多德近來才被重新歸類為烏托邦思想家，因為他的倫理學及政治學作品認為，創造讓人類興盛發展、充分發揮潛能並達成幸福的環境，是人類生活的目標。他也設想了一個機器能取代大多數人工的世界，人類因此更能自由、全心地投入思想生活。今天，儘管有電腦、核能、蒸氣能源、內燃機、各種機械和機器人，人類利用自身智性潛能的程度還是極其有限。數十億人口未能處於經由教育實現心智 *dynamis*（潛在性）的環境；人類所面對的生態及政治挑戰，從未像現在這麼嚴峻，我們卻還是沒有積極培育自己天生擁有的整體智力。

亞里斯多德不像他更菁英主義的導師柏拉圖，懷疑窮人和勞工階級的智力，而是經常強調，任何領域最傑出的專家，有可能是在該領域具備常識、累積經驗的人，無論他們的社會地位有多低。在《尼各馬科倫理學》裡，他承認對某項活動有相當實務經驗的人，或許比研究該領域基本理論原則的人更有用處。他說，古希臘有飲食顧問從未上過市場、下過廚，「如果一個人知道淡色肉比較容易消化，所以有益身體，但不知道哪種肉是淡色肉，他就不太可能幫助你恢復健康。」應該是廚師，而不是研讀營養學的學生，更清楚豬五花肉和雞肉的差別。亞里斯多德在《動物志》（*History of Animals*）一書裡，曾描述「經驗老到的漁夫」看過、甚至捕過奇怪的生物——黑色棍子狀的，還有紅色像盾牌的——身為動物學家的他，會希望能夠加以分類。很遺憾他未如願，因為這種機會少之又少。

亞里斯多德對人性的普遍信任，甚至使他找到適當的說法，來描述現代概念中的「聰明行動族」（smart mob）原型——這群人表現的不是一般烏合之眾的粗野行為，而是借鑑廣泛分布的情報，以最高超的效率行動。這個概念最早出現於霍華德・瑞格德（Howard Rheingold）的著作《聰明行動族，下一場社會革命》（*Smart Mobs: The Next Social Revolution*, 2003），他觀察到現代群眾可以將集體智慧的潛能化為實際，藉此傳送及取得資訊。亞里斯多德也確實在《政治學》第三卷闡述了集體智慧這個概念的古老原型：

編①：在本書中，湯瑪斯・摩爾以柏拉圖的《理想國》為雛形，另外融合亞里斯多德頌揚的「公民道德」，構築了一個以理性為治國上綱的理想城邦，並藉由老水手拉斐爾・希適婁岱這個虛構人物的海外見聞，描述烏托邦的典章制度。

很多人雖然個別來看不是好人，但結合在一起時，有可能比較好。不是個人，而是整體來說，會比原本就是好人的人還要好。就像公共晚宴一樣，很多人一起準備供應，要比一個人打理更好；因為很多人——或許該說是每個人——都有一些美德和智慧，而當他們聚集起來，眾人就好像成為一個有很多腳、很多手、很多感官的人，在道德和智力上也構成了單一人格。也因此，對音樂作品和詩作來說，一般大眾是更好的評審，因為不同的人可以評判表演的不同部分，所有的人就能評判作品的全貌了。

簡單地說，我們的集體智慧，要比各部分的總和更為強大。

我們擁有理性思索世界的潛能

談到人類潛能，亞里斯多德最引人深思的論述出現在《形上學》裡。書的一開頭就寫著這句名言：「所有的人類天生就渴求知識。」接著他便定義哲學——對宇宙好奇、想問「為什麼？」——是獨屬於人類且非常令人興奮的事。之所以令人興奮，部分是因為哲學並非直接生產的活動——它不會導致任何一種物質的充實或增加。亞里斯多德說，他會有這種觀點，是「出自對早期哲學家的思考。透過好奇，人才會開始理性思考；起初是好奇明顯令人困惑的事物，然後慢慢進展到對更廣大的事物產生疑問，例如月亮和太陽的變化、星星及宇宙的起源。」他表示更早之前的人類用神話來解釋這些事（他想到的是赫西俄德在《神譜》〔*Theogony*〕裡所寫的創世神話），而某個意義上來說，這就是哲學家。他們好奇宇宙的神祕，感覺自己很無知，並試著得出答案。

亞里斯多德知道哲學和科學是在他出生前大約兩百年出現的，而且「納悶」令人費解之事起初是一種消遣。只有當人們足夠溫飽、有空想著玩樂，生活的實用所需都已供應無虞，才有餘裕真正開始這麼做。他認為，想問「為什麼？」是人類無可辯駁的天性，可是要讓這種天性超越生存壓力所製造的身體需求，則需要時間。

亞里斯多德用來代表對世界感到好奇的字是「*theoria*」，也就是現代英文中的「theory」（理論）。如果要從亞里斯多德的作品裡找出一句話刻在他的墓碑上，這句話應該是：「我們擁有 *dynamis theoretike*（理性思索世界的潛能）。」不過亞里斯多德對於人類智性潛能的看法，現在已經少見討論。人類的才華和潛能嚴重被浪費，這一點很少有人關注，更別說是惋惜懊悔了。相反地，亞里斯多德創新的潛能觀，被天主教道德哲學家長期壟斷，受困在一個狹隘的範疇——墮胎合法化的爭辯。

這類天主教思想家認為胚胎絕對不該被抑制，因為他們潛在地擁有日後發展完成將具備的特質。「潛能」一詞於是被永遠禁錮在一九七三年的墮胎戰爭裡，當年美國最高法院在「羅訴韋德案」（Roe v. Wade）的歷史性判決中，使某些墮胎合法化。不過該判決也強調，「保護懷孕第二十四週起的人類生命潛能」，對州政府「有重要且正當的利益」。最高法院的判決意味著，生物倫理學家、哲學家及神學家，會針對亞里斯多德的潛能論點，尤其是關於未出生孩子的道德狀態，繼續進行討論。反對墮胎的人最常引用亞里斯多德的論點，但持相反意見的另一方，尤其是積極的女權主義者，在強調女性有權利選擇是否生育時，也會把相關論點納入辯論錦囊。關於潛能的爭議，於是演變成一個潛在人類和一個確實存在且懷孕的人類，在權利上無法兩全的衝突競逐。

潛能其實是政治議題

潛能當然不只跟胚胎學有關。潛能其實是政治議題，因為它可以幫助我們思考未來，不論是個人或社會的未來。潛能可以幫助我們想像未來，並試著將想像的未來化為實際（亞里斯多德會說，這就是實現潛能），或是對抗不想要的未來——環境污染、全球暖化，或稀有物種滅絕。已經成年的人類也擁有潛能，而且在發展的道路上要比不到三個月的胚胎走得遠多了。

亞里斯多德本身在孩提時期和長大成人後都持續得到幫助，使他的潛能得以實現。他長期與馬其頓皇室往來，富裕的國王們會邀請世界上已知最創新的發明家、科學家、造船家和藝術家來到宮廷。他在雅典的柏拉圖學院和當時最傑出的哲學家一起學習。三十幾歲時，他到列斯伏斯島住了兩年，在那裡的一個大潟湖研究海洋生物學，還經常跟他的朋友泰奧弗拉斯托斯（Theophrastus）談話交流。泰奧弗拉斯托斯也是自然科學家，身為列斯伏斯島本地人，他對當地的一切知之甚詳。後來，亞歷山大大帝的軍隊東征時，亞里斯多德也一直與其保持聯絡，也許跟隨國王越過赫蕾海（Hellespont，即現今的達達尼爾海峽）的甥孫卡利斯提尼（Callisthenes），會定期向他報告各地的自然與社會現象。亞里斯多德也可以從親身體驗中比較政治體系：他經歷過民主制、君主制，還有赫米亞斯的專制，以及列斯伏斯島的寡頭政治。在亞歷山大東征成功後，他還見到了有史以來一人獨掌的最大政體。

亞里斯多德在《政治學》第八卷以這句名言開場：「沒有人會懷疑，立法者應該優先關注青年的教育，因為忽視教育確實會傷害體制。」他的意思是，在任何形式的體制下，所有階段的教育，從兒童到青年，都對社會的繁榮發展有著根本重要性，必須讓公眾來決定，不可能交由父母各自決定。既然任何城邦的目標都是要確保公民過著美好的生活，「教育顯然應該對所有人一視同仁，並由政府辦學，而不是私人。」他不相信讓父母私自安排教育對社會有益。對於所有他認為「攸關共同利益」的事，讓所有公民接受同樣的教育來加以理解，會更為理想。

亞里斯多德並未堅持教學課程應該「一體適用」。他看過運動教練針對個別運動員調整訓練技巧。他以醫藥來比喻，指出休息和禁食雖然對治療發燒有幫助，「但在特殊狀況下可能不是最好的做法」。以實務經驗仔細研究特定患者，甚至可能意味著某個不是醫師的人——也許是近親——最清楚哪種療法有效。亞里斯多德深思著，我們都知道有些善於自我治療的人，「雖然對別人無益，卻似乎是自己最好的醫師。」有些學生即使處於統一的教育體制，也需要為其細心制訂特殊的待遇。亞里斯多德以此總結：「拳擊教練想必也不會要所有弟子都採用一樣的對戰風格。」但他還是相信，應該要有適當的公共教育體系。不過他也說：「當政府疏忽此事時，個人似乎就要負起責任，幫助自己的孩子和朋友過著美好的生活；就算無法順利辦到，也務必把它當成目標。」當今因為不滿意國家提供的教育而不得不求助私校的父母，應該會對亞里斯多德的這一點讓步感到安慰。

但是政府為了訓練所有公民理解「攸關共同利益之事」，應該要建構的理想教育體系是什麼呢？唯一依法實施公共教育的城邦，也就是好戰的斯巴達，亞里斯多德並不欣賞：當地年輕而自由的孩童，不論貧富，都受到一模一樣的訓練。（在《政治學》裡，他說這是極端的斯巴達寡頭政治中一項看似民主實則不然的特徵。）那裡沒有多少空間容納亞里斯多德建議的個別調整。

在另一個極端，他則以神話中的獨眼巨人舉例。名叫波利菲莫斯（Polyphemus）的獨眼巨人，是《奧德賽》第九章中的「明星」，他是典型的原始人，獨自生活，連妻子這種最基本的夥伴關係都沒有。然而，深具社會意識的亞里斯多德注意到，還有別的獨眼巨人住在同一座島上，他們有老婆、小孩，但各個家庭之間並未形成夥伴關係，因此也無法構成社群，並促成政府投入教育。獨眼巨人沒有議會，也沒有共同立法，每個雄性巨人都在自己的山洞裡稱王，為自己的妻兒制訂法律，完全不顧別人。

在我們自己的社會裡，什麼又是所有年輕人應該理解的「攸關共同利益之事」？當然是急迫的社會政治與環境問題。亞里斯多德會堅持，教育應該一視同仁，這樣社會裡的每個人都可以瞭解問題，並與其他公民進行富有效益的對話。因此，普及教育意味著，要竭盡可能讓具有相關 *dynamis*（潛在性）的個人，找出方法解決當今人們面臨的問題。任何群體、任何時間都可能出現真正有能力的人。智慧確實是隨機分布。未能辨識人類的智性潛能並化為實際，我們等於是在人類與時間競賽的起跑線上，用腳鐐銬住了自己的腳踝。在二〇一五年，我痛苦地體認到，有多少心理潛能被浪費。政府編纂的一份報告顯示了驚人的數字，英國有三成七的在職成人認為，自己的工作一無是處，他們對世界沒有做出有意義的貢獻。

當然，身為地球村的負責公民，必須主動為其他公民爭取傳授「攸關共同利益之事」的教育。亞里斯多德一定會贊同小馬丁．路德．金恩博士（Dr. Martin Luther King Jr.）所說的話——一九六八年一月七日，金恩博士在遇害前幾星期，於亞特蘭大市以便以謝浸信會教堂（Ebenezer Baptist Church）以「你的新年志願是什麼？」為題進行講道，他提到了一件事：

> 我對我的孩子說：「我要努力盡我所能，看見你們受到良好的教育。我希望你們永遠不要忘記，有千百萬神的孩子不會也無法受到良好的教育，我希望你們不要覺得自己比他們優秀。因為直到他們成為他們應該成為的人，你們才能成為你們應該成為的人。」⑧

身為二十一世紀的公民，除非我們善盡己力，確保地球上的其他人也一樣得到教育與支持，而得以實現潛能，否則我們便無法充分實現自己的亞里斯多德式潛能。因為唯有人類全體都實現了自身的潛能，我們才能完全成為我們應該成為的人。

Chapter 3

Decisions

決定

我們是看某人有目的性的選擇，來判斷他的人格——
也就是說，不是看他做什麼，而是看他為了什麼而做。

如果你想要得到幸福，
就必須為自己的行動和沒有行動負起責任。

審慎地考慮並做出決定

近來有很多與決定相關的研究，研究者多半為心理學家和神經科學家，都是強調我們每天做的選擇數量——有些人估計達到數千次——而不是這些選擇的相對分量。在富裕的社會裡，我們確實每天要持續被數百種的選擇轟炸，要吃什麼、穿什麼、買什麼、看什麼電視節目等等。這些選擇不太需要思考，因為後果很短暫。但有些選擇對我們的生活有重大影響，有時還會影響到別人的人生，就值得花費時間認真思考。

要不要跟某個男人或女人定下來，要不要結婚，要不要生小孩、何時生，要住哪裡，要不要外遇或離婚，或者要在遺囑裡把錢留給誰。我們的決定可能關係到我們要負責的對象。我們得決定要為孩子取什麼名字，要設下什麼行為規範，要怎麼安排照顧孩子，他們應該上哪所學校。

有些職業的本質就是要一再地做出決定。醫師、法官、政治人物，甚至是股票經紀人，都必須每天做出影響重大的決定，而他們也透過該專業領域的特有決策訓練，具備了這樣的能力。但是大部分的人，都完全沒有學習過基本的決策技巧。

大家都希望在做決定時得到幫助，這個渴望在心理學家、諾貝爾獎得主丹尼爾·康納曼（Daniel Kahneman）的全球暢銷書《快思慢想》（*Thinking, Fast and Slow*, 2011）裡表露無遺。康納曼強調兩種決定方式的差別，一是我們隨時在做的快速、直覺式的決定（他所謂的「系統一」），二是較慢的邏輯慎思（logical deliberation）過程（系統二），同時也強調這兩者往往緊密合作。在兩千三百多年前，亞里斯多德也提供了幾乎一模一樣的建議，只不過他對運氣破壞最佳計畫的能耐更感興趣（他在十幾歲時就失去雙親，所以這是經驗之談）。他也進一步提供了一個不可或缺的準則，而這是連康納曼都疏忽的：檢視先例的重要性。

亞里斯多德在人生中的重大決定，其中之一是發生在他的青少年時期。父母死後，他由姊夫普羅贊諾斯收養，而兩人在商量後決定，對這個特別聰穎的年輕人來說，最理想的地方就是世界上最好的大學——雅典的柏拉圖學院。亞里斯多德是柏拉圖教過最出色的學生，他也因此得以投入當時能接觸到的各種研究，有一些還是柏拉圖本身興趣缺缺的——譬如自然科學。亞里斯多德後來成為第一個以實用語彙說明如何做出最佳決策的哲學家，避開複雜的術語，以生動、實事求是的方式書寫。他建議的方法是，審慎地考慮所有可能會、也可能不會協助目標達成的行動方案，試著預測每個方案的結果，然後選擇其中一個並堅持到底。

代表「審慎考慮並做出決定」這整個過程的希臘字是「*euboulia*」，而「慎思」（to deliberate）的動詞「*bouleuesthai*」和拉丁文的「volition」、英文的動詞「to will」（立志）有關。*Euboulia* 是指為個人審慎考慮的能力，也代表能夠辨識他人做出的慎重而合理的決定。因此，這其中也包括向精心挑選的顧問徵求建議。希臘人對慎思的認知，與深刻瞭解政府密切相關：如果連一般平民都要行使行政權，那他們就必須是「有能力慎思的人」。因此希臘文的「*deliberate*」和雅典人的民主議會，有著同一個字根。雅典的議會由五百名來自各階級的公民組成，在開會投票之前，會廣納各方意見，仔細考慮政策和立法方式。喬治．華盛頓在一七八九年四月三十日發表的就職演說結尾，簡要提及亞里斯多德理想中的政府使命時，想到的就是雅典的審議式議會。神給了美國人民恩典，讓他們享有「在極其平靜中審慎考慮的機會」；他們可以同心協力，透過「溫和的協商，再加上這個政府要成功就必須仰賴的睿智手段，促成眾人的幸福」。

亞里斯多德相信，不管是政府該花多少錢在國防上這種大事，或是要怎麼處理叛逆青少年這樣的家庭小事，決策過程都一樣重要。

無論何時，當我們必須做出大大小小的決定時，都可以從亞里斯多德的所有作品裡，尤其是《尼各馬科倫理學》和《歐德謨倫理學》，找到最佳考慮過程的某種「方案」，或是一套可依循的指示或「規則」。我去過很多中學跟青少年談論亞里斯多德式慎思的「規則」，總是發現他們對這類道德哲學反應熱切。慎思的技巧需要時間改善；剛開始是自覺地應用常識，但如果每天運用於真實情境，就會精進成亞里斯多德所謂的「實踐智慧」（*phronesis*）。值得注意的是，在歷史人物中，亞里斯多德特別點名讚賞的，是伯里克里斯（Pericles）的實踐智慧。這位近乎傳奇的雅典政治家，一次又一次當選，在公元前五世紀中葉領導了雅典數十年。伯里克里斯自始至終都做出好決定，雅典人得以安居樂業，有餘裕創作出偉大的藝術，包括衛城的建築，以及索福克勒斯、尤里庇狄斯的悲劇。在精進實踐智慧的同時，伯里克里斯作為政治家的進化也不見減緩——他的職涯最後是因為死於瘟疫才縮短，這正是隨機厄運的典型例子。就如英國哲學家伯納德·威廉斯（Bernard Williams）在其傑作《道德運氣》（*Moral Luck*, 1981）中所呈現的，亞里斯多德很清楚，再怎麼慎思，也無力對抗這種厄運。

學會慎思，可以彌補天生的不公平

亞里斯多德比大多數的現代專家更常思考厄運。厄運的問題在於完全隨機，這意味著人生並不公平，而命運也並非天意。壞人和思慮不周的人常常成功，而小心翼翼做決定的好人往往受苦。艾蘇克拉底（Isocrates）是亞里斯多德初抵雅典時當地傑出的知識分子，對於機會和慎思相互競爭的影響力，他表現出標準的希臘式理解，主張要考驗真正的勇氣，是在議會上深思熟慮，而不是面對險惡的戰爭，因為「戰場上發生的事是靠運氣，但在這裡決定的事，代表了我們的知性力量」。亞里斯多德應該會同意這樣的區別（只不過他的分析模型更加精細，他會強調要在戰場上成功，技巧和運氣一樣重要）。不過，他應該最能理解歷史學家希羅多德（Herodotus）筆下喜愛哲學的波斯人阿爾達班（Artabanus），後者堅信永遠都值得審慎考慮。就算經過深思熟慮的計畫失敗了，事後檢討敗因時，也應該體認到那是因為運氣不好，而不是不夠努力。

在《歐德謨倫理學》第八卷，亞里斯多德指出，有些人非常幸運。在某些領域的活動中，運氣對成功至關重要（擲骰子即是一例），連實在愚笨的人都可能獲勝。還有一些事若要成功，雖然少不了技術，很大程度還是要仰賴運氣（亞里斯多德舉的例子是軍事策略和航海）。

我們要怎麼解釋運氣這件事呢？亞里斯多德是史上第一個仔細分析運氣的哲學家，他說大部分的人認為運氣是天生的，就像生來是藍眼睛或黑眼睛。其他人則說運氣並不是遺傳的特質，不過運氣好的人，無論在道德和智性上有多麼不足，都還是會被上帝鍾愛。這種人就像「一艘造得不好的船，卻經常航行得更順利，但這不是因為船本身，而是有個好人（也就是神）在掌舵。這也顯示運氣好的人會有神靈當舵手。」

亞里斯多德並不滿意這種流行的解釋，並且認真思考，是否有可能某些人就是比其他人更會利用這種隨機的好運，並因此發揮他們擁有的任何天分，將隨機的偶發事件——機緣——轉化為人生的成功與幸福。有些人贏得全國樂透彩的鉅額獎金時，會大肆揮霍，在社交上變得不可一世而失去朋友，接著婚姻失敗、家庭破裂，最後落得比發橫財之前還要窮。絕佳的好運變成了不幸。有些人會把獎金投資在子女的教育上，回饋忠實的朋友和家人，為他們買合適的住居，甚至設立慈善基金。

藉由慎思和理性，他們成功地把隨機的好運轉變成另一種處境，真正有利於非隨機、但妥善規劃與實行的 *eudaimonia*（幸福）。

或許，就像亞里斯多德說的，在很多情況中，好運並不是如此難以預測。他為我們做了生動細膩的描述，說明有的人確實天生具有某些特質——強烈地想在生活中得到美好的事物、或者渴望自我提升，同時也有追求這些目標的精力與決心（就算是靠「自動駕駛」，而非自覺）。今天我們可能會說這樣的人是自動自發、樂觀主義、充滿抱負。這些特質對他們來說很自然，也驅策他們不假思索地選擇更可能遇上好運的人生道路。他們不見得需要培養慎思這種智性技巧。亞里斯多德在這裡舉的例子是「沒有學過唱歌、但天生懂得怎麼唱歌的音樂人」。有些人完全沒有受過追求幸福或成功的訓練，也因此無法教授倫理學，但他們本能表現的行為，就像充分自覺的德行倫理學家。想想從未受過訓練的優秀歌手，他表演的時候還是讓聽眾非常享受。我們可以這麼看——有些人天生就更有可能做出創造幸福的行為，這是一種不公平；而學會德行倫理學和慎思等技巧，可以彌補這種不公平。

我們是為了行動而慎思

不過，實踐智慧是可以累積的：實務經驗會讓慎思的技巧更加完美。在成為稱職的慎思者、甚至是專家之前，你必須一再實踐慎思並評估結果。亞里斯多德說這不像數學，可以不必實際應用，只靠第一原理就學會。年輕人越快開始試著用理性慎思越好。提供道德決策程序的教育，會讓世界變得更美好。

年輕人迫切需要教育，因為正如亞里斯多德警告的，慎思可能是極為困難的事。有些情況很容易判斷對錯；本質正直的人，憑直覺就知道該如何將金錢、食物或機會公平分配給眾人。不過，亞里斯多德也說，確切地執行正當作為要比「知道哪種療法能帶來健康困難多了」。倫理學甚至比人類生理學更有彈性、更加複雜。身為醫師之子，亞里斯多德還補充說，就連醫學也一樣，實際施行治療，要比只知道「蜂蜜、酒和藜蘆、燒烙與手術」更為棘手。

不過，首先我們必須定義什麼是「慎思」（deliberation）。亞里斯多德的慎思有很明確的意義。重點不在於最後目標——醫師不會審慎思考她的意圖，因為這很明顯是要讓病人健康。重點在於選擇最好的方法來達成目標。醫師要慎思的，是什麼樣的行動和治療會讓病人恢復健康。同樣地，我們知道幸福是我們的目標，但要慎思達成這個目標的手段——什麼樣的行動，最有可能確保我們自己、我們愛的人，以及其他公民的幸福。

對亞里斯多德來說，慎思是一項獨特的活動；有很多事我們不會慎思，像是自然法則或已驗證的事實，例如某個特定物體是不是一塊麵包。我們只會慎思不確定的事，這甚至不包括我們無法控制的不確定現象，像是天氣或偶然發現的寶藏。我們只慎思「在我們掌握之中，並能以行動實現」的事。我們是為了行動而慎思，這也是慎思在道德和政治領域中至關緊要的原因，因為這兩種領域都和「做」事有關。

慎思也跟我們未來要做的事有關，不是昨天發生的事，甚至也不是我們昨天做的事。我們可能後悔昨天做的決定，正如某種療法若產生反效果，醫師也可能後悔當初做了這個決定。亞里斯多德舉了他所能想像的最嚴重事件為例：「沒有人會選擇奪取特洛伊」，並因此殺害了成千上萬人，毀掉一整個文明。沒有人能讓特洛伊圍城不曾發生，覆水難收，連神也無能為力。「已經發生的事，就無法讓它不曾發生了。」亞里斯多德引用詩人阿伽頌（Agathon）的話表示認同，「唯一連神都不具備的力量，就是讓已經做了的事恢復原狀。」

重點是為你自己的人生負責，不期待幸福憑空而降（就像女人從遠古時代就被調教成期待「白馬王子」奇蹟似地出現，賦予她們生命的意義，而自己都不需要努力）。為了說明這一點，亞里斯多德舉了這樣的男人為例——他們「渴望明知不可能的事，例如稱王天下、長生不死」。慎思是亞里斯多德所謂「有目的性的選擇」，一切「要由你自負全責」，這當然不包括成為世界之王，或者變成神。也許是想到亞歷山大大帝的軍隊曾經東征越過阿富汗，亞里斯多德告訴他在希臘的聽眾，沒有必要去慎思「印度的事」，因為「那不是我們的責任」，就像「把圓形變成方形」，並不是我們的權責範圍。

為什麼做，比做了什麼更重要

亞里斯多德明白，有些人太軟弱，無法為自己必須負責的事承擔完全的責任。他們不太可能學會充分慎思，或者執行深思熟慮的方案。不過底線在此：如果你想要得到幸福，就必須為自己的行動和沒有行動負起責任。亞里斯多德寫道，「對於仰賴某人做或不做來取決的事情，他本人就是因，至於他是什麼因，就要看他自己了。」這句話明確表示，我們都有當好人或當壞人的自由意志。同一個人「顯然是自願做了所有他刻意要做的事。所以，為善與為惡都是自願的，這一點再清楚不過。」

這就是人類道德的基礎。亞里斯多德甚至說，「我們是看某人有目的性的選擇，來判斷他的人格——也就是說，不是看他做什麼，而是看他為了什麼而做。」珀利阿斯（Pelias）被兩個女兒殺死的悲劇，曾讓亞里斯多德深感震撼。這名神話中的希臘王年老體弱，女巫美蒂亞（Medea）欺騙他的兩個女兒，說她魔法鍋裡的液體能讓國王恢復青春，她甚至拿山羊做實驗來證明。珀利阿得斯（Peliades）姊妹仔細考慮後，為了表達孝心，又有明顯的科學證據支持，於是決定把珀利阿斯大卸八塊，丟進鍋子裡。最後，他難逃一死。然而要是真的經過慎思，珀利阿斯的女兒應該會想到美蒂亞可能藏有什麼私心（她想把珀利阿斯的王位搶來給她的丈夫），就絕對不會聽從她的建議。

亞里斯多德的建議是，找到你的目標，這些目標應該不簡單，但是可以實現，與你自身的能力和資源相稱，並且立意良善。有條理地慎思，要採取什麼確切的行動方案才會達成這些目標。比較不同的方案，選擇其中一個（亞里斯多德提到這項選擇時所用的字是「*probairesis*」，意思更接近「偏好」），然後就一心一意將它落實。這種作法蘊含的概念，正是亞里斯多德所謂真實、深刻、滿足且持久的幸福。因為這是自己努力來的，除非是染上雅典大瘟疫這種隨機的厄運，誰也無法將它奪走。即使遇上瘟疫，你在之前締造的成果，還是可能獲得認同，這也代表你就算死了，還是比一輩子過得毫無目標又不假思索更幸福。

亞里斯多德認為慎思和因果之間有密切的關連。仔細考慮過要如何行動後，我們就會更有意識地去實現目標。亞里斯多德注意到，最欠缺慎思的人，容易興奮、衝動，沒有什麼人生目標。還有一大群人，想得雖夠透徹，卻缺乏貫徹到底的紀律，只能短暫執行他們在慎思後採取的決策。

我們當然都做過這種事：有多少人為了更健康，每年一月都認真想著要少吃一點、酒少喝一點，還要上健身房，可是二月還沒過完就放棄了？有時候，我們就因此成了亞里斯多德所說的「缺乏自制力的人，不能堅持自己經過慎思下定的決心」。這意味著，至少在吃東西這方面，我們有很多人就像「一個通過各種適宜規定、具備優良法律，卻從來不加以遵守的國家」。

在開始慎思之前，還有一個準備步驟。你必須決定你是不是真的有選擇。深受亞里斯多德影響的教育家約翰．杜威（John Dewey）說，「把問題定義清楚，就等於解決一半了。」舉例來說，如果你被俘虜，就沒有謀略用計的空間。還有些情況，你看似有選擇，但如果沒弄錯優先順序，你其實沒有選擇。對此，亞里斯多德引用了一個例子，讓人好奇他在專制國王統治的馬其頓宮廷，到底看到了什麼：如果暴君把你的父母和子女抓起來，威脅你如果不替他做一些會受譴責的事，就要殺了他們，這時你可能別無選擇。所以亞里斯多德相信，與親人的關係比道德顧慮更重要。

我發現這種觀點令人耳目一新——我通常認為插隊是完全脫序的事，但有次我在醫院這麼做了，是因為我的一個孩子病得很嚴重，而她當時只有十八個月大。我不會把我平時講究的道德公平——尊重排在我前面的人——擺在她的健康之上。我對插隊感到很不好意思，但是亞里斯多德把為了孩子的性命所做的錯誤行為，明確排除在「常態的」道德評價之外。他認為失去子女是「對人性施加了太高強度的懲罰，沒有人可以承受」。

說到把性命放在財產之前，有時思慮理智的人也會做出異常的選擇。舉例來說，如果你在航行中遇上暴風雨，威脅到自己和船員的性命，你會把所有財物丟下船，救大家一命嗎？亞里斯多德在《尼各馬科倫理學》第三卷強調，「任何神智清楚的人都會這麼做。」他應該不會欣賞二〇一五年九月八日，一架英國航空的飛機在拉斯維加斯機場跑道上起火時發生的事。當航空公司為了安全，要求乘客不帶任何行李盡快撤離飛機時，很多乘客還在浪費時間找自己的手提行李，把它從頭頂上的置物櫃裡拿出來。

亞里斯多德和他的學生討論慎思時，是以希臘智慧文學悠久豐富的傳統為基礎。這種傳統是由以下信念發展出來的：因為有你難以控制的任意因素在作用——也就是運氣——你永遠無法保證自己做的是正確的決定。但是你可以保證，你為了這個決定所做的準備，可以最大化成功和快樂的機會。

有一篇真的就稱為「論慎思」的文章，曾經由「工作檯哲學家」、也是蘇格拉底和伯里克里斯的朋友鞋匠西蒙在散發流通（他的鞋店真的在雅典市集裡被找到，還有一些鞋釘和刻著「西蒙鞋店」的花盆碎片）。亞里斯多德自己則寫了一本書《*Peri Symboulias*》（「論慎思」，或「提供及接受建議」），應該可以充實他在現存作品中關於做決定的說法。西方文學中最早提出慎思概念的是史詩《伊里亞德》（*Iliad*），主角阿基里斯（Achilles）談到了要在兩種命運之間做選擇——短暫但光榮的人生，或是在家裡安享天年（9.410-29）〔譯註①〕。

亞里斯多德的慎思「規則」

那麼，亞里斯多德的慎思「規則」是什麼呢？——除了他明白討論到的那些，還有他認為理應屬於希臘智慧的部分。假設你正要決定，是否該離開另一半。也許

譯①：應該是指 book 9, line 410-429

你聽到傳聞，說對方有了外遇。根據古希臘人的意見，**稱職的慎思者應該遵循的第一條規則是，「不要急著考慮」**。慎思沒有衝動的容身之處。大吵一架後你可能會想離開另一半，但到了下週，往往事情看起來就不一樣了。確實有句希臘諺語是這麼說的：「在晚上慎思。」（我們會說「睡一覺起來再說」。）在電子郵件出現之前，我們會在生氣時寫實體信，放在大門邊，打算早上拿去寄。等隔天醒來，明亮的陽光一照，我們就明白自己並不是真的想立刻離婚、辭職或移民，信就被撕掉了。網路讓倉卒通訊變得更加危險，在情緒激動時，最好完全避開電子郵件和社群媒體。亞里斯多德說，進行認真、慎重的考慮時，速度本身並不重要——他知道有些人可以很快想清楚，但有些人，縱使需要更多時間，也仍然是非常傑出的決策者。

第二條規則是確認所有資訊。不正確的知識永遠不可能產生正確的決定。奧賽羅（Othello）在決定殺掉妻子苔絲狄蒙娜（Desdemona）之前，應該先問清楚手帕一事的原委〔編註①〕。亞里斯多德上過柏拉圖學院，那裡經常討論的中心主題，就是真正的知識與意見、謠言之間有何不同。說你的另一半有外遇的傳聞，不等於事實。這可能不容易辦到：我有個朋友也是學者，她的丈夫深信她有了外遇，於是雇用私家偵探要拍到可以證實的照片或影片。結果他只發現她跟一部很原始的雅達利（Atari）電腦難分難捨，因為她正在編寫授課講義。雇用偵探是極端手段，不過還有別的方法可以確認，包括直接去問另一半，看他們對這則惡質的傳聞有什麼反應，觀察他們的呼吸有沒有改變。

在國際政治的層級上，未能確認情報可能帶來毀滅性的後果。二〇一六年七月六日，約翰．奇考特爵士（Sir John Chilcot）出版了一份報告，探討二〇〇一年到二〇〇九年英國對伊拉克的政策，而結論是：「對於伊拉克大規模殺傷性武器的威脅嚴重性，布萊爾政府提出的判斷並未經過證實。」更糟的是，奇考特認為，很顯然「對伊拉克的政策是基於錯誤情報和評估而制訂的，這些資訊應該要被質疑，卻沒有人這麼做。」無數的英國人和伊拉克人死去，都是誇張和錯誤的資訊所導致。亞里斯多德對這樣的結果應該不會太意外。

確認資訊跟第三個規則密切相關，那就是請教並傾聽專業顧問的意見。雅典人不辭辛勞，去請教專業水手關於海軍的建議，也只請最頂尖的建築師設計宏偉的神廟。這些專家不必是雅典人，專業就是專業。二〇一六年五月，美國總統巴拉克．歐巴馬（Barack Obama）在羅格斯大學演講時指出，永遠不會有人想搭乘未受飛行

編①：《奧塞羅》是英國劇作家莎士比亞於一六〇三年左右所寫的悲劇。主角奧賽羅的部屬伊阿果因不滿奧賽羅重用副將凱西奧，於是挑撥奧賽羅與妻子的關係，暗示苔絲狄蒙娜與凱西奧有曖昧之情。最後奧賽羅被嫉妒心蒙蔽，在發現他送給妻子定情的手帕，因遭人設計在凱西奧房裡被拾獲後，便不問原委怒殺了妻子，直到真相大白，他也悲憤自刎。

訓練的人所駕駛的飛機，雅典人應該會為他這番話鼓掌贊同。亞里斯多德說，如果你不是某件事的專家，就去請教專家。他引用古代的智慧詩人赫西俄德來附和他的觀點：

最好的人是考慮過一切、未來以及他的目標後，能給自己好建議的人。遵從好建議的人也很好。但是不為自己思考，也不把別人的建議放在心上的人，就是毫無助益的人。

提供建議者必須是沒有利害關係的人（不是不感興趣），不會因為你的決定獲益或受損。奧賽羅不該相信伊阿果（Iago）會給他無關利害的建議，從定義上來看，你的雇員絕對有利害關係。你最好的朋友——大部分的人在有感情困擾或疑惑時本能會求助的對象——甚至更糟糕。正因為你對他們很重要，他們更可能有私心。所以，與其照朋友的說長道短來行動，不如去請教感情指導顧問。

第四個必要步驟是向所有會受到影響的人徵詢意見，或至少從他們的立場來考量當前狀況。如果你們分開，不是只有你和另一半會被影響，你們的家人、朋友、同事、鄰居，尤其是如果有孩子，都會受到牽連。你是同時處於各種不同的夥伴關係，改變其中一段關係而導致的骨牌效應，可能會引發惱人的意外。

規則五是檢驗所有已知的先例，包括你個人過往的經驗，以及歷史上的事例。

當你要做的決定屬於小事時，這部分的考慮可能會很好笑。如果你想決定送某人什麼生日禮物，記得你去年送了什麼就很有意義。為晚宴安排座位時，你不會讓你知道互相厭惡的兩個人坐在一起。但在面對比較嚴肅的問題時，過去就有更多值得學習。人們在關係破裂時會如何？你個人在感情受創時會如何？你的另一半承受壓力時會做出什麼行為？

規則六：評估不同結果的可能性，並為你覺得可能發生的每一種結果做好準備。

「奇考特調查」（Chilcot Inquiry）冰冷地揭露了布萊爾政府決定與伊拉克開戰時，是如何忽略這條規則：「儘管有明確的警告，但入侵伊拉克的後果遭到低估。對於薩達姆．海珊之後的伊拉克，政府所做的計畫與準備完全不足。」你自己的決定或許永遠不會造成這麼嚴重的影響，但也需要針對可能的結果進行相等的衡量。如果離開另一半，你百分之九十九確定他或她會表現得像個正人君子，不會打你、狠狠敲你一筆，或者綁架孩子？如果你沒有至少百分之九十九的把握，就得想到先發制人，去找律師或採取必要的預防措施。你必須計畫好應付任何後果，不管那些後果的可能性是高是低。在緊張情勢下，有準備周全的策略來因應即時狀況，會是很寶貴的資產。

除了可能及可預知的結果外，**規則七要求你也得想到運氣這個隨機因素。將所有你能想像到的偶發狀況列入考慮。**哪些無法預期的事件可能嚴重影響事態的發展？如果你突然生了重病，無法照顧那些得靠你撫養的人呢？壞運永遠不可能完全預防，但意識到它可能帶來災難，必須是慎思過程的一部分。

另一條沒那麼嚴肅的規則是「慎思時不喝酒」。大部分談論慎思的古希臘文稿，都會納入這則訓示。亞里斯多德一定會同意這一點，因為在他的作品裡，往往會以酒後失去自制力而發怒的人，作為無能實踐德行倫理的例子。這並不是說亞里斯多德不贊成喝酒；剛好相反，他認為應該適度享受這種樂趣。他當然讀過希羅多德，而有時我會好奇，對於這名歷史學家所記錄的波斯人共同決定國家大事的方法，他會有什麼意見。希羅多德說，波斯人在一起喝醉時投票，不過很重要的是，他們會在酒醒後檢驗決議。只有兩次決議結果一致時，他們才會採取行動——這代表心與腦完全和諧，也是康納曼的快思慢想典型的結合。我多半會堅守亞里斯多德式的中庸之道，但我承認自己偶爾也會背叛這個原則，在做重要的家庭決定時，跟丈夫一起模仿波斯人。以我自己的經驗來說，這個辦法挺有用的。不過在投票之前，我們始終都會確定，自己將嚴格遵循亞里斯多德的慎思規則。

就是這些規則了。我刪除了不合時宜的規則九，內容是說奴隸不能慎思；還有規則十，說「女人和慎思不相容」。很遺憾地，亞里斯多德相信女人心智的慎思部分「不起作用」，或需要由男人「掌舵」，至於是哪一種，就看你如何翻譯他所用的 *akuron* 這個形容詞了。不過，即使在他那個時代，也有人向他提出反證。有些古希臘人一向認同，某些女人的慎思能力無庸置疑。尤里庇狄斯寫過一齣悲劇《祈願女》（*Suppliant Women*），故事描述雅典國王忒修斯（Theseus）的母親埃特拉（Aethra），以她明智的建議讓忒修斯做出在當時處境下唯一合乎道德的決定。在埃斯庫羅斯（Aeschylus）的悲劇《阿伽門農》（*Agamemnon*）裡，據說阿果斯（Argos）的皇后克呂泰涅斯特拉（Clytemnestra）思慮深刻、善於表達，「有著像男人一樣慎思的心智」。

亞里斯多德談論慎思的作品影響深遠。在文藝復興時期的暢銷書《格言集》（*Adagia*, 1500）裡，伊拉斯謨（Erasmus）選擇了慎思作為其中一個主題。數十年後，英國女王的個人顧問法蘭西斯．培根出版了論文集《論諍諫》（*Of Counsel*, 1597）。亞里斯多德對於做決定的觀點，又重新在現代哲學界流行。政治理論家用它來探討民主體制集體決策的優缺點，以及個別道德主體的主觀性運作（與認知心理學重疊的部分）。大量精彩的當代哲學研究試圖定義理想的慎思者，但就像心理學家康納曼一樣，這些論點都會追溯到亞里斯多德，強調那些他已深思熟慮過的特質或程序。

舉例來說，近來有學者定義，理想的慎思是以完整而正確的資訊（可能需要向無關利害的一方尋求專家建議）為基礎，對目的進行評估；有時這意味著以先例和經驗來衡量可能產生的結果。另一個理論模型，則強調慎思者的直覺及判斷具有的穩定性。

最後，雖然思考並應用慎思的規則很花時間，但你將會因為不那麼擔心而更享受生命。當你什麼都不能改變時，就沒有必要非慎思不可。如果病人已經回天乏術，醫師就無需審慎考慮該怎麼治療——只要考慮怎麼讓病人舒服一點。這個簡單明瞭的事實不好消化，但可以讓責任感太重的人大為釋懷。把時間用來擔心無法改變的事情，等於是在浪費時間。

我的學生去考試時，我自己總是到了最後一刻還非常擔心他們的臨場表現，但在這之前的數年、數月、數週裡，我其實已經竭盡全力，確保他們知識充足、動機強烈、準備周全。我應該把擔心他們考試的時間，拿來思考要怎麼利用教導他們的經驗，幫助我在教導下一屆學生時做得更好。我也曾經浪費了人生中的好幾個月，煩惱該怎麼處理一個我很喜歡的人酗酒的問題。直到很久以後我才瞭解，我完全無能為力：那是他們的問題。

沒有必要試圖改變不在你控制範圍內的事。舉例來說，你安排要舉辦婚禮的那天，很可能會下雨，而你可以運用道德推理的方法，來決定萬一真的下雨了要怎麼做。亞里斯多德應該會提供備用的室內場地來拍照，再準備一個裝滿婚禮主題雨傘的傘架，並且為新娘多上一點髮膠。

Chapter 4

Communication

溝通

修辭術首重的是情感交易：
你想讓對方自我感覺愉快、渴望認識你或再見到你。
訣竅則是你在這麼做時，不會假意奉承而貶低自己。

要使聽者信服，講者必須為做決定的聽者建立合宜的心態，
讓聽者覺得他具備良好的判斷力、道德感及善意。

如何讓言語發揮作用

亞里斯多德史無前例地強調，修辭術（rhetoric）和邏輯一樣，是中性的技能，可以用來行善，也可以用來行惡。事實上，對任何追求幸福的個人來說，修辭術都是必要的：「人無法用四肢來保護自己該覺得慚愧，無法用言詞和理性來保護自己卻不覺得慚愧，這是很荒謬的事。因為使用理性言詞，要比使用四肢更具有人類的特性。」他將受過修辭術訓練的人與他最喜歡的醫師角色做比較。縱使不能醫好每一個病人，優秀的醫師還是會竭盡所能進行治療。同樣地，善於修辭者也必須全面瞭解可用的技巧，以及如何執行這些技巧——就算他不是永遠都能成功說服每一個人。

這是亞里斯多德從過去的痛苦經驗中學到的教訓。在接近人生的盡頭時，他在亞略巴古（Areopagus）法院前被雅典神職人員歐律墨冬（Eurymedon）譴責對神不敬，主要的罪名是他持有的信仰與雅典人的宗教相悖。他似乎曾為此出庭，因為有些古文獻提到他自己寫了辯辭在法庭上陳述，以實際行動展現他紙上談兵時寫得慷慨激昂的雄辯技巧。但因為反對者的偏見，不論他的辯述多麼精彩，都沒能讓自己被無罪開釋。

然而亞里斯多德的《修辭學》還是讓口頭說服的研究有了革命性的進展，因為它強調的是如何讓言語發揮作用，探討論辯技巧的實質內容，而不是藉由伶牙俐齒在城邦中取得權力。這本論著一起始的開場白，儼然就嚴重威脅到許多當時的知識分子：修辭術是可教授的技巧，也絕對是人人都可學習的技巧。所有人「都試圖批評或支持某些論點，為自己辯護或指控別人」。不管置身家庭或職場，大部分的人一直不自覺地在這麼做，並且藉由養成習慣或者傾聽他人論辯，漸漸熟悉箇中技巧。不過這既然很明顯是一種學習過程，「自然就能簡化為某種系統」。

亞里斯多德認為，研究修辭術時，不該當成是為了政治生涯做準備，而是要將它視為在任何社交領域論辯的能力，無論是政治或其他層面。他的學生學習修辭術，是為了要在各種智識領域更明確地表達自己的意見。他問，在教授幾何學時，為什麼沒有人想到要取悅聽眾？這真是讓人茅塞頓開。為什麼不呢？任何科目的教師，就算教的是完全客觀的事實，如果能學習修辭術，應該會使教學更有效率。就這一點來看，任何人都適用修辭術。

如果把亞里斯多德在《修辭學》中提到的基本規則應用於任何情況，不管是求職或協調家事分工，都能助人成功。多少個世紀以來，我們彼此爭辯的方式，早在亞里斯多德的《修辭學》裡都已大致提及。不只是眾人仔細研究他的著作，其他古代的修辭學家，例如西塞羅和坤體良（Quintilian），也都吸收了他的觀點，進而以自己的作品影響了演說撰稿人和教育工作者。

另一個理由是，亞里斯多德的說服理論，也與他的其他作品整合發展。情感與思想是亞里斯多德的德行倫理學基礎，但也是他的說服建議中不可或缺的要素。對於言語所形成的認知——人如何透過言語吸收資訊，他最有趣的一些實務觀察也出現在《修辭學》裡。他的整個理論是建立於溝通者與受眾之間的關係，以及情感和語言如何創造這種關係。

在亞里斯多德寫作《修辭學》時，希臘人已經研究演說好幾個世紀，也有人寫過介紹相關技巧的手冊。然而修辭術總是給人不好的印象，被視為不值得信任的花招，不擇手段的政客會藉此把負面陳述說成像是好事，在毫無證據下說服公民做出不道德或自毀的集體決議。在柏拉圖的對話錄中，哲學家和善於狡辯的修辭學家有著重大的結構性差異，前者是要尋找真理，而後者只在意觀點能否左右眾人。

亞里斯多德並沒有被修辭花招所蒙蔽。他舉了幾個例子，說明講者如何左右事情的好壞——某人眼中的恐怖分子，是另一個人眼中的自由鬥士。亞里斯多德的例子是，你可以說殺了母親克呂泰涅斯特拉的俄瑞斯忒斯（Orestes）是「弒母者」，也可以說他是「報父仇者」，因為他之所以殺了母親，是由於她殺了他的父親。至於要怎麼說，就看你是要聽眾同情他還是厭惡他。亞里斯多德也論及，當時的「搶匪」已經開始形容自己是「供應商」，「藉由言詞抬高自己的身價」。他還提到了詩人西莫尼德斯（Simonides）的例子。在一場驢子的競速比賽中，有人請求西莫尼德斯寫一首頌歌慶賀參賽者的勝利，他拒絕了，因為他覺得不可能為這麼不體面的動物寫出頌歌這種本質高尚的作品。但是當委託人願意給他夠多的錢時，他決定「吹捧」驢子，寫出了「萬歲！疾蹄駿馬的女兒們！」這樣的詩句。西莫尼德斯應該會是傑出的政治化妝師。

說服可以用於值得讚許的目的。將近四十歲時，亞里斯多德去了小亞細亞位於高聳懸崖上的阿索斯和阿塔內斯王國，教導統治者赫米亞斯哲學。他似乎被任命為某種官方助理，並且使赫米亞斯信服，必須讓國家體制更民主。不過那時亞里斯多德已在民主雅典住了二十年，他也很清楚律師和政治人物的言語和演說風格，往往會吸引善變、有成見或資訊不足的群眾。

亞里斯多德批評以前的修辭術手冊（無一留存至今），因為它們更重視與真實主題無關的演說手段，建議如何將聽眾的注意力從重要證據上移開，如何毀謗及貶低對手，以及用詭計激發情緒，譬如讓年幼的子女在法庭上哭泣而博取同情。這類修辭術之所以成功，不是因為講者更言之有理，而是他們更會迎合觀眾偏好激情和戲劇化的口味。

永遠以證據為中心的「修辭推理」

亞里斯多德認為，放棄研究修辭術，等於是因噎廢食，為了嘩眾取寵的可能性而捨棄雄辯的力量。修辭術在他眼裡，只是單純的工具，讓人以最有說服力的方式辯證與主題相關的事實，幫助聽眾做出理性的判斷。最令人信服的辯證，永遠是以證據為中心，亞里斯多德稱之為「修辭推理」（*enthymeme*）。

成功的修辭推理，多半都是從受眾已經相信的事物開始。在求職面試中，這些事就是指面試官想選出最合格的應徵者，而雙方也都認同這些資格。以計程車司機的求職面試為例，修辭推理會假設，合格的條件包括擁有無違規記錄的駕照、沒有犯罪前科，曾在其他車行工作數年、沒有惹過麻煩且得到證實。一切都歸諸於證據，並根據普遍認可的信念（*endoxa*）來判斷。可記錄的證據被認為是說服過程中最有力的要素。

亞里斯多德的《修辭學》通常會和《詩學》一起被討論，但其實《修辭學》跟他寫的六篇邏輯著作更為相關——後來的古代哲學家把它們合編為《工具論》（*Organon*）。《工具論》在哲學、科學和數學的歷史演進中，始終有著深遠影響。亞里斯多德並不滿足於只是運用論證。他認為我們用以支持或駁斥理論的理由十分複雜，本身就值得分析。他認為需要有一門學科，不是研究「內容」——像是植物學研究植物、倫理學研究人類行為——而是研究我們運用理性論證時所採取的形式。在這方面他是先驅，就如他十分清楚：「在修辭術方面，有很多舊作可供參考；但就邏輯而言，在花費大量時間辛勤鑽研之前，我們真的無話可說。」

最簡單但最重要的論證形式，就是陳述或「前提」。把這兩句話放在一起，我們就可以演繹或推論出第三句話，而這第三句話就構成結論或事實。這跟修辭推理很類似，但被稱為直言三段論（*syllogism*，簡稱「三段論」，希臘文原意為「彙整論證的過程」）。以下就是一則成功的三段論：

前提一：所有的哲學家都是人。
前提二：亞里斯多德是哲學家。
結　論：因此亞里斯多德是人。

亞里斯多德是第一個發現這可以寫成通則的哲學家：所有的哲學家（x）都是人（y）。亞里斯多德（z）是哲學家（x）。因此，亞里斯多德（z）是人（y）。

亞里斯多德為三段論的概念做出定義後，就發現大部分的三段論都可以依照前提和修飾形容詞的形式來分類——像是「所有的哲學家」或「有些哲學家」。修飾詞也可以是否定的——「沒有哲學家」——因為亞里斯多德明白，稍微複雜一點的三段論會使用否定的敘述：

前提一：今天亞里斯多德和泰奧弗拉斯托斯並非兩人都在呂克昂。
前提二：泰奧弗拉斯托斯今天在呂克昂。
結　論：因此亞里斯多德今天不在呂克昂。

如果兩個前提皆為真，那麼結論當然是真的。如果前提正確，就可以得出確實、有用的結論。

然而，形式邏輯（formal logic）的魔鬼藏在細節裡。到了七歲，大部分的孩子都能看出這種不合邏輯的錯誤結論：

前提一：所有的英國人都是人。
前提二：有些人喜歡香蕉。
結　論：因此所有的英國人都喜歡香蕉。

如果只是有些人喜歡香蕉，我們就不能推論所有的英國人都喜歡香蕉。這個結論沒有照著前提走，是不當結論（non sequitur）。我們需要更多資訊才能得出這個結論。不過大部分的孩童都需要更長的時間去學會質疑前提：

前提一：亞里斯多德是哲學家。
前提二：所有的哲學家都是迂腐的學究。
結　論：因此亞里斯多德是迂腐的學究。

此處的第一個前提不容置疑，連結論都是根據前提合乎邏輯地推論出來的——如果你接受這些前提的話。問題在於第二個前提。經驗豐富的哲學家、政治家和律師都很清楚，要隱藏邏輯問題或立場鮮明的觀點，最巧妙的地方就是第二個前提。最容易突破的點永遠都在三段論的中間，因為聽眾如果接受了你的第一個前提，他們就會被引導而覺得你說的好像很有道理，於是更願意接受你的第二個前提。大部分利用種族歧視或其他偏見的論證，都會把不正確的陳述——通常是概括性的——放在第二個前提：愛爾蘭人都很懶；紅頭髮的人脾氣都不好；女人都不會停車。

我的同事蘇珊是考古學家，經常跟她的哲學家丈夫吵架。他就跟《星艦迷航記》影集裡的科學家史巴克一樣，總是能在她的結論裡挑出漏洞，說她毫無邏輯。他宣稱她的推論都是不當結論。但當時她並不明白，丈夫就是把他自己的邏輯問題——錯誤的概括陳述——藏在第二個前提裡：

他的前提一：蘇珊正在接受心理治療。
他的前提二：人們會去做心理治療，是因為心理智能有問題。
他的結論：所以蘇珊的心理智能有問題。

一旦蘇珊把哲學百科全書上所有亞里斯多德的邏輯作品精華全都讀過、標記並充分吸收完畢後，她丈夫想要偷渡錯誤的第二個前提的詭計，就再也無法得逞了。她之前一直在浪費時間努力要證明，她是丈夫這個第二前提的例外，而不是完全推翻它。一旦理解合乎邏輯的前提有何規則，她就有能力把丈夫的三段論改成這樣：

前提一：蘇珊正在接受心理治療。
前提二：主動接受心理治療的人，可以證明他們的心理智能沒問題。
結　論：因此蘇珊的心理智能沒問題。

這對夫妻如今還在一起，而且比先前更幸福了！訓練年輕人養成基本的邏輯能力，尤其是懂得質疑前提，而非只是強調得出合乎邏輯的結論，會使他們擁有無與倫比的武器。他們不僅能在重要關係中保護自己，也可以對抗心術不正之人，尤其是想利用年輕人的天真單純的偏激政客。

有一個錯誤前提的例子，是由美國的小布希總統在鼓吹教育改革時所使用的。當時的改革是要根據「有教無類法案」（No Child Left Behind Act 2001），大量增加三到八年級學生的考試。他表示：

前提一：孩童在學校養成的基本讀寫和算術能力往往都不合格。

前提二：反對大量增加考試的人，都無意要學校對學生讀寫和算術能力的不合格負責。

結　論：只有大量增加考試，才能改善學生在學校養成的讀寫和算術能力。

第一個前提表達了事實，而且是普遍被接受的事實，但第二個前提就不是真的。小布希的對手確實很希望學校能對本身的教學績效更加負責，也提出了好幾項改革提案，但其中並不包括增加考試。這表示小布希得出的結論是錯誤的。他完全沒有提出證據說明，要提升讀寫和算術能力，增加考試是唯一的方法。小布希在向民眾舉例解說自己的提案時，經常用這種方法在第二個前提裡扭曲對手的論點。

另一個錯誤三段論的例子，是小布希和英國首相布萊爾為了支持二〇〇三年入侵伊拉克的行動而提出的：

前提一：情報顯示伊拉克擁有大規模殺傷性武器。
前提二：我們不會欺騙你們，不會扭曲或誇大證據。
結　論：所以我們必須入侵伊拉克，解除薩達姆．海珊的武裝。

這個例子使用了情緒性的語言，把聽眾的注意力從前提一缺乏詳盡證據的模糊說法引開，然後在前提二訴諸自己的道德操守。布萊爾堅稱伊拉克的大規模殺傷性武器「活躍、精密且不斷發展」，布希則說在海珊「威脅文明」之前，入侵伊拉克有其必要。歷史上有很多悲劇事件，都是因為選民沒有認清這種三段論的邏輯謬誤而導致的。

有效溝通的「ABC」

但你想靠修辭術達成什麼呢？這個過程中有三個要素：身為溝通者的你；你的受眾；你的「腳本」，也就是你藉由信件、電郵、演說或講課傳達給受眾的言語。

亞里斯多德把「腳本」分成三種基本類型。第一種言論是陳述已經發生的事，例如在法庭上的發言，所以用「過去式」來表達——蘇格拉底的反對者在控訴中陳述，蘇格拉底引介了新神明。其次是以現在式表達的言論，探討或讚揚當下的人物或機構，在婚禮上讚美新婚夫妻的致詞就是個好例子——亞里斯多德和妻子皮西厄斯都很喜愛動物學，所以是天作之合。至於第三種，有些言論是關於未來的行動，人們想要決定未來應該怎麼做。這種言論的目的在於說服對方選擇特定的行動，表達時是用未來式加上條件句或假設語氣——「腓力陛下，如果你重建我摯愛的家鄉斯塔基拉，我將再度與你為友。」這種修辭術跟亞里斯多德的慎思概念有關。他對這種「慎思」式的修辭術更有興趣，因為它具有改變歷史發展的潛力，即使程度比較有限。它能有效地影響感情、職涯和政治的發展。「慎思」、有說服力的修辭術，會為擁有這種技巧的人帶來力量。而美妙之處就在於，這是可以學會的。

亞里斯多德的《修辭學》總共有三卷，內容非常精彩。我試著在此把他最重要的有效溝通「規則」濃縮成數頁。身為學術人，就我自己的經驗來說，有效溝通對人生影響最大的情境，是在求職應徵時。在現今的大學裡，即使是待遇較差的約聘教職，通常也會有兩百人來應徵。要進入決選名單幾乎是不可能的事，要在二十五分鐘內說服任用委員，你比他們面試的其他五人還要優秀，更是難上加難。在學術界求職，除了內容細節不同之外，跟應徵其他工作沒什麼差別，所以接下來的說明應該適用於任何一種求職。

假設我們問亞里斯多德，求職信要怎麼寫、要怎麼準備面試，根據他的觀點，有效溝通的「ABC」是：受眾（audience）、簡扼（brevity）和清楚（clarity）。

下筆之前，盡可能瞭解你的受眾

下筆之前，盡可能瞭解你的受眾——可能讀到你這封求職信的任用委員會成員及其他任何人（例如人事部或人力資源部的主管）。要找出誰可能參與這項任用，通常並不難；很多公職招募都有義務要公布任用者姓名，而在大部分的業界，總是會有消息傳開來。一定要讓你的受眾，也就是決定最後決選名單的人，感覺你做過研究、認真瞭解過他們是誰，你尊重、欣賞他們，對於和他們共事會如何也有一些概念。對亞里斯多德來說，修辭術首重的是情感交易：你想讓對方自我感覺愉快、渴望認識你或再見到你。訣竅則是你在這麼做時，不會假意奉承而貶低自己。避免任何負面的語氣當然是明智之舉：應徵者要是在求職信裡寫到自己討厭目前的工作、跟主管不合，這封信就會直接進到垃圾桶去了。這些陳述可能屬實，甚至很有道理，但把自己塑造成易起衝突又愁眉苦臉的人，實在很荒謬。

所以，無論是寫求職信，或一旦取得面試的機會，「受眾研究」都很重要。我有個朋友，應徵並得到了一份競爭激烈的商界工作，因為在所有面試者裡，只有他發現任用委員會中幾個最有權力的人物有政治偏見，而其中一人很喜歡華格納。在學術界，瞭解每一位面試官的出版著作非常重要，你會得以將對話引導至你知道他們會感興趣的方向。你也會因此知道，現有的師資陣容最缺少哪方面的授課人才，進而具體說明你能如何彌補這個空缺，並保證要減輕他們的工作量。就連在求職信裡，也要用一、兩個句子表達，你曾思考過新人可以如何補足現有員工的技術。

考慮受眾，並且調整求職信去創造適當的情緒反應，這些都需要努力和時間。用完美配合受眾的語調說話也是一樣。我看過正經八百又矯揉造作到好笑程度的求職信，一開頭就寫著「我尊崇的先生們」，也讀過吊兒郎噹到幾乎侮辱人的求職信（嗨，老夫子！）。在這兩個極端之間，有一種既不造作又顯莊重的亞里斯多德式中庸表達法（「致諸位任用委員」），不過每封信都要根據個別收件者加以修整。列印一模一樣的求職信寄給你要應徵的每一家公司，當然要簡單快速得多，卻不容易讓你進入決選名單。

要說服別人，少永遠是多

亞里斯多德的第二個主要修辭規則是簡扼。要說服別人，少永遠是多。只有跟未來行動無關的言論，長度本身才有價值，它們是為了其他目的而生。需要把時間拉長的發言，應該是為了提供娛樂（如果你受雇在晚餐後演說半小時，卻只講了十分鐘，你的客戶就有權利抱怨）。另一種是在葬禮上發表的悼詞，這種發言是描述已經發生的事，也就是死者的生平，如果太短，就很有理由被視為不敬。然而，如果你是要努力說服某人在未來做某事，不管是多近或多遠的未來——像是給你一份工作——簡明扼要就是關鍵。由於細節都列在履歷表上了，我甚至會說，你的求職信如果以十二點的字級印在A4紙上，最好只有一頁、或者頂多兩頁，否則你就要重新考量你的論述內容。

根據亞里斯多德的意見，對於未來行動的有效說服，只有兩個要素。其他一切都是多餘，會分散注意力，模糊了重點。第一個要素是敘述你期望發生的事（例如，你得到此次應徵的工作）；第二個要素是證明你是最理想的候選人。比應徵求職還要長一點的說服言論，譬如在國會提議訂立新法，可能有必要在最後總結你之前的發言。亞里斯多德發現，如果整個修辭表現內容——不管是被聽到或讀到——持續超過五分鐘，人類能夠吸收並保留的資訊量就會有所限制。但聽到或讀到的訊息若少於五分鐘，總結則可有可無。而在只有一頁的應徵信裡，總結就是多餘的。

在求職信裡，敘述你期望發生的事並說明原因，只需要兩個句子。「我想應徵二〇一六年四月十六日聖溫塞斯拉斯學院（St Wenceslas College）音樂系在《教育家日報》（*Daily Educator*）刊登廣告徵求的動態頻譜學講師職位。我目前是普斯特李威大學的約聘教師，工作愉快，不過未來我想要在一所規模更大、更具國際影響力的大學取得永久的職位。」在信件的其餘部分，則簡扼說明你是理想候選人的支持證據。這些證據只能以數量有限的幾個標題列出，有些與過去和現在的你有關，有些則與未來的你有關。你已經具備適合的資格、過往的成就、經驗與態度，你相信你和雇主未來一定會合作愉快。在每個類別裡標明最重要的證據，這樣你就能寫出一封比七成五的競爭對手都還要出色的求職信了。

如果別人不懂你的重點，你就無法說服他們

修辭表現的第三個重要特質是清楚。如果別人不懂你的重點，你就無法成功說服他們。令人驚訝的是，有很多充滿抱負的講師，沒有在個人檔案裡說明他們之前在何時、何處參加最終考試或攻讀博士，結果又是如何，也沒有確切說明他們目前

在做什麼，更別說是未來能為系上帶來哪些貢獻。如果你有兩百封應徵信要看，還得花上一分鐘找這類資訊，這就是立刻把這封信丟掉的充足理由了。

別人不是笨蛋，無論是模稜兩可或語焉不詳，任用委員都看得出來。這兩種狀況都會讓講者或作者顯得避重就輕，讓聽者或讀者不耐或緊張。所以亞里斯多德的建議很明確：在求職信裡，不要寫著「數月後，我會以希臘眾神的研究計畫申請補助」，而是要寫「任職第一年結束時，我會以基克拉澤斯群島上的阿波羅膜拜中心研究計畫申請補助」，或是「明年九月，我會利用樸茨茅斯暢貨中心的預計利潤，在大曼徹斯特郡東郊設立彼得普林索零售商行的新分店。」同時準備好在面試時說明計畫的確切內容，以及你打算如何籌措資金。

晦澀、故作神祕的表達方式會讓觀眾有疏離感，亞里斯多德對此也有啟發性的見解。他特別舉赫拉克利特（Heraclitus）為例，這大概是所有古希臘哲學家中最讓人捉摸不透的一位了。亞里斯多德引用了赫拉克利特的一句話，其中的字詞順序讓人實在難以確定它真正的含意：「Although this reason exists forever men are in a state of doubt.」到底是理由（reason）會永遠存在，還是人（men）會永遠處於懷疑的狀態？這個句子很需要加上標點，不然就是改變字詞順序，以表明「永遠」（forever）這個副詞是修飾句子的哪個部分。

假設這封完美無缺的求職信，再加上條理分明的履歷表，讓你得到了面試機會，這時的重點就變成了你要如何透過肢體來呈現自己。對亞里斯多德來說，這也是成功修辭術的第四個要素——表達（delivery）。

亞里斯多德的好友泰奧弗拉斯托斯曾寫過關於表達的論著，現存的片段顯示他們兩人都對這個主題深感興趣，會討論雅典那些公眾演說家的表達風格。古希臘文對此的用字其實是「*hypokrisis*」，意指舞台演員在表演時所做的事；但在英文中，同一個字就被扭曲成了「hypocrisy」（偽善），代表偽裝的道德情感。不過扮演某個角色的概念，在準備修辭表現時不無助益。我有個很有魅力的朋友，曾因為被控未申請執照就使用黑白電視〔編註①〕而出庭。當時她穿了一件老土的連身裙，腳踩平底鞋，把頭髮挽成凌亂的髮髻，然後小聲地向法官說，她是植物學家和教師，不了解電視設備必須取得執照的法律。她誠心地道歉，最後被判處最低罰款而順利脫身。

你希望傳達出自己是什麼樣的人？

在工作面試中，你希望傳達出自己是什麼樣的人？你也許是個好吃懶做、不負責任的人，要是任職了，一定會剝削同事，但你不會想給可能的雇主這種印象。亞里斯多德在《修辭學》第二卷第一章一針見血地指出：要使聽者信服，講者必須「（一），讓自己的性格看起來合宜；（二）要為做決定的聽者建立合宜的心態。至於講者的性格，他應該讓聽眾覺得他具備良好的判斷力、道德感及善意。」如果你是亞里斯多德主義的實踐者，當然一直在努力培養這些特質以成為根深柢固的習慣，此時要把它們傳達給面試官，應該不會有什麼問題。

不過，亞里斯多德又進一步描繪了廣受喜愛的人有何形象。這種人不依賴別人生活，努力工作賺錢維生。即使你過去的成功是不擇手段的結果，譬如跟主管調情或考試作弊，但表明自己過去辛勤的工作經驗，永遠會讓工作負擔已經太重而吃不消的潛在同事們感到欣喜。

編①：英國設有電視執照規定，民眾只要透過電視、手機、電腦等硬體終端接收方式收看電視節目，都必須申請執照並支付費用，黑白和彩色電視的費用也不相同。

亞里斯多德繼續補充廣受喜愛的人還有哪些特點。「跟他一起生活或相處很愉快的人，例如脾氣好、不會老愛挑剔我們的錯誤，也不會動輒吵架、引發爭端。」愉快、開朗、有親和力是很大的優點。適當的幽默感也很重要，你會開別人的玩笑，也必須能夠接受別人開你的玩笑，而且你的玩笑要開得有品味：「我們喜歡很會開玩笑或接受玩笑的人。」話雖如此，但即使某個面試官很不專業地拿你尋開心，面試當下也不是回擊的時機，再怎麼高明的回擊都不行。符合亞里斯多德精神的實用建議是，嚴肅而誠摯地回應激進的玩笑。面對真心說出的感覺和意見，嘲笑和譏諷都會衰滅。亞里斯多德知道，諷刺往往隱藏了藐視，而你可以把對你的諷刺攻擊轉化成利於自己的優勢。

並不是所有的面試官，都會在面試頭兩分鐘就決定要不要錄用你。經驗老到的面試官知道，大約第十七分鐘左右，有些應徵者就會忘記自己正在扮演的角色，尤其是過度自信的人，開始覺得自在了，語氣就會誇張、自我吹捧起來。不過還有更多表面的因素，會影響面試官對你的反應。第一印象很重要，這一點亞里斯多德也很清楚。他曾在倫理學著作裡討論到衣著和個人裝扮的問題。靈魂高貴的人，必須在穿著打扮浮誇到令人反胃，以及看似完全不在乎外表這兩個極端之間，取得平衡。亞里斯多德語帶機鋒地說，衣衫過度破舊邋遢，本身就是一種誇耀。

在我這一行，很多同事習慣裝作完全不在意外表，以暗示他們把心思都放在更重要的事情上。這不只是表現於衣著，更延伸到不用芳香劑、不擦鞋，更別提去洗牙、做頭髮，或是把衣服拿去乾洗。幸好，年輕一代已經有所改進了。針對這一點，不論男女，最好的建議永遠都是一樣：沒有人會因為這樣的打扮而找不到工作——一套素淨但剪裁合宜的深色套裝，搭配清爽的白襯衫；或是一件俐落的洋裝，再加上一雙細心保養、素雅簡單的深色鞋子。把錢投資在剪裁優良的服裝上是值得的。如果你買不起，可以用租的。

第一印象的形成不只跟外表有關。依序與室內的所有人進行眼神接觸，並且持續這樣的視覺交流，尤其是在對方發問時，會很有幫助。亞里斯多德的同僚泰奧弗拉斯托斯在他的著作《論表達》（*On Delivery*）裡提到，講者不看觀眾的眼睛，給人的印象就像演員背對觀眾一樣糟。此外，你的初始反應也很重要：任何修辭表現在一開始，不論是要讓對方讀或聽，都像亞里斯多德強調的，提供了一個無與倫比的機會，去吸引或驅除對方的注意力和興趣。亞里斯多德告訴我們，他那個時代最有名的悲劇演員西奧多羅斯（Theodorus），堅持要重寫所有的古典戲劇，以確定他所扮演的角色負責開場白，就是因為那是一齣戲裡與觀眾建立連結的最佳時刻。

亞里斯多德還有其他幾個關於說服言論的有用建議。首先，面試或演說的一開頭，是你最可能吸引所有人注意的時刻，接下來他們的心思很快就會開始漫遊。身為表演者，你必須保持專注，但更重要的是留住聽眾最初的注意力，因為「注意力會漸漸鬆懈、分散」。認知科學家在教學情境中做了無數次實驗，都證明了亞里斯多德的觀點。針對人類專心聽講的能力反覆進行的研究也顯示，幾乎所有人都是在五到二十五分鐘內就會開始分心了。也因此，首要規則就是在大約第十七分鐘時改變策略，或介紹完全不同類型的資訊；如果是五十分鐘的講課，第三十五分鐘左右還要再調整一次，同時要明確指出這項改變。亞里斯多德舉了哲學家普羅迪科斯（Prodicus）為例。每當他的聽眾「開始點頭」時，普羅迪科斯就會說，「我要告訴你們一件更奇怪、更神奇的事，你們一定沒聽過！」然後他會從他最知名的演說表演中摘出一個特別片段，免費招待觀眾。他在其他場合表演整套演說時，收費可是高達五十德拉克馬幣。

精巧的比喻最有說服力

最後，亞里斯多德認為要說服聽眾，比喻非常好用。精心挑選的比喻，遠比任何其他修辭技巧，像是穿插不常見的字詞，更能讓聽眾信服：「最厲害的就是成為暗喻高手。這是沒辦法跟別人學會的事，所以也算是天分的展現，因為好的暗喻，代表能夠直覺地在不同事物裡感知到類似的特點。」

亞里斯多德在此處是特指暗喻（metaphor），而我用的字是「比喻」（analogy），因為亞里斯多德不認為明喻（simile，破曉的陽光宛如玫瑰色的手指）和暗喻（玫瑰色手指的太陽升起了）在功能上有任何差異：兩者都會讓聽者想像清晨太陽升起的模樣，而太陽的光芒就像一隻手，有著粉紅色的手指。亞里斯多德在意的主要是這種比較的認知作用。他正確無誤地相信，比喻可以加速學習。因為聽者必須思索這兩樣被比較的東西在哪方面相似（太陽的光芒為什麼像手指？），也就積極投入了理解太陽和雙手的過程。

能夠得出有創意又有意義的比喻，而不是重複使用了無新意的類比，是少數幾項亞里斯多德認為屬於天分、無法學習而來的能力之一。有些人的確因為善用比喻而贏得讚譽，前英國首相溫斯頓．邱吉爾（Winston Churchill）就是其中一位。他運用意象加深聽眾對敵人的厭惡：「墨索里尼這頭被鞭打的豺狼，為了不受皮肉之苦，甘願讓整個義大利成為希特勒帝國的附庸，來到德國猛虎的身邊活蹦亂跳，不僅發出飢渴的嚎叫——這可以理解——甚至發出勝利的嚎叫。」作家桃樂西．派克（Dorothy Parker）也以辛辣、趣味的比喻聞名：「一點壞品味就像一小撮辣椒粉」、

「他的聲音就像床單的沙沙聲一樣親密」。而她致贈遺產的對象，小馬丁·路德·金恩博士所引用的意象，則有助於修辭術做出了最大的貢獻，讓歷史變得更好。

金恩博士的劃時代演說「我有一個夢」，充滿了暗喻和明喻的視覺意象，其中有許多都召喚著對於美國壯麗景致的情感：「憑著這份信念，我們將能從絕望之山中鑿出希望之石。」但有些意象則是透過引用傳達的：「只要密西西比州的黑人還不能投票，紐約州的黑人還相信自己沒有理由投票，我們就不能滿足。不，不，我們現在不滿足，以後也不會滿足，除非公平如大水滾滾，公義如江河滔滔。」許多熟知聖經的金恩追隨者應該都知道，他在此處指的是舊約先知阿摩司在《阿摩司書》第五章二十四節（Amos 5:24）所說：「惟願公平如大水滾滾、使公義如江河滔滔。」這幅對未來的願景已在歷史上多次帶給非裔美國人莫大的安慰。

二〇〇七年宣布競選美國總統時，歐巴馬巧妙地引用了這句金恩引用自阿摩司的話：「我們歡迎移民來到美國海岸。我們建設鐵路深入西部。我們讓人類登陸月球。我們還聽到金恩的呼喊，讓『公平如大水滾滾，公義如江河滔滔』。我們曾經做到。」他因此讓種族正義基本而必然的推動力發揮了雙重作用。這番話讓「公平正義」這種抽象概念感覺有血有肉，也邀請聽眾在腦海裡重現金恩在林肯紀念堂前演說的情景，並將一九六〇年代的民權運動帶來的改變，跟歐巴馬此刻宣布要監督的改變兩相比較。

亞里斯多德似乎對於他令人眼花撩亂的比喻感到自豪。他知道自己天生具有我們所說的「橫向思考」或「創意思考」的能力。他一次又一次利用完全不同經驗範疇的比喻，把深奧的概念說得清清楚楚。他在公開出版的《勸習哲學》裡，將對於宇宙本質的思索，比喻成戲院或運動比賽裡的觀眾所做的事。為了解釋悲劇潛在的教育性，他說藉由觀看受苦的表演來學習，就像藉由觀看某個醜陋而原始的生命形式圖來學習。他在列斯伏斯島看過建築工人使用靈活的量尺，就拿它來和正義問題中的公正相比。配合每個學生調整課程的好老師就像「拳擊教練」，指導他的所有弟子練習同一種運動，但會依照每人個別的天賦調整練習計畫。拒絕跟其他同胞往來、選擇獨自生活的人，就像「一枚孤立的西洋棋棋子」。

亞里斯多德在倫理學著作裡最有助益的比較，有一些都是取用自荷馬詩作中的知名神話故事。主張國家應該參與決定孩童要學習的課程時，他提醒我們，由每個在自家洞穴稱王的男性單方面決定自己的子女要接受什麼教育，是獨眼巨人這種野蠻族類的標記。探討到長遠思考的重要性時，譬如通姦會威脅到家庭的安定，他則建議你想像自己是特洛伊人，正看著絕世美女海倫。你或許極度渴望擁有她，但如果你無法抗拒，你的家園將會因她而毀滅。

最後，在亞里斯多德的觀察心得裡，還有一點最可能改變你自己的說服力，那就是有效的演說和有效的寫作，兩者的差異遠比一般認為的還要小。「大致來說，無論你寫什麼，都應該要易讀易說，這兩者是同一件事。」在亞里斯多德的時代，無聲的閱讀確實是例外，而不是常規。大部分的人都會在閱讀時讀出聲來，就和現在的小朋友一樣。但這並不會減損他這項建議的重要性。如果一個句子很拗口，也會不容易進入讀者的大腦被理解、認知。由此看來，句子的長度很重要。就像亞里斯多德說的，如果句子太短，會讓讀者不快。只有兩個字的句子偶爾會很有效果，但在任何文本或演說裡，只能用一、兩次。句子太長更糟，因為讀者或聽者會不容易弄懂整句話的意義，那倒不如不要說。所以寫求職信時，寄出去之前先大聲唸一遍。很可能會有某個任用委員把這封信讀出來，還是把部分內容唸給其他人聽，或者（這樣更糟），在面試時唸給你自己聽。

Chapter 5

Self-knowledge

認識自己

要告訴自己那些有關於你的難堪真相，
因為那不是輕率的評斷，而是必然的可能狀況。

最重要的是不要苛責自己，陷入自我懲罰或自我厭惡。
只要適量，性格特質和情緒幾乎都是可以接受的。

美德是可以練習養成的習慣

即使是對工作和個人生活都滿意的人，通常也會在某個時刻覺得自己可以做得更好。一場難熬的經歷，例如離婚或結下宿怨，可能讓我們隱隱有著罪惡感，懷疑我們必須為另一個人的悲慘處境負起多少責任。第一個孩子的來臨，可能讓我們更有道德勇氣，因為自私自利和為人父母並不相容。又或者我們遇見了某人，他對人類幸福的作為和貢獻使我們想要仿效，於是努力改進自己。亞里斯多德的美德與惡習分類，提供了認識自己的依據，讓我們可以發現自己最好與最壞的特質。自我評估後就是行動，擴充美德，盡量減少惡習，這樣不僅能讓身邊的人更快樂，也會增進自己的幸福。

亞里斯多德適用範圍最廣的建議，都跟快樂之人培養的良好特質——美德——及其相對的缺點有關。幸福與這些優點之間的關係，是他整個道德觀的主要核心。正如我們先前提到的，亞里斯多德認為缺少基本美德的人永遠不可能得到幸福，這一點無庸置疑：「沒有人會說這種人擁有理想的幸福：沒有一絲絲勇氣、自制、正直、理性，連蒼蠅飛過身邊都害怕；為了滿足吃喝的欲望，不能克制任何最離譜的行為；為了一毛錢毀了最親愛的朋友。」

亞里斯多德相信，人類的安康需要正義、勇氣和自制。正是這一類的「美德」，讓哲學家將他的整體道德觀稱為「德行倫理學」。他用來代表「優點」（*aretai*）和「缺點」（*kakiai*）的名詞都是古希臘的日常基本字彙，與道德沒有特別的關連。傳統上將這兩個詞翻譯成「德行」和「惡行」，往往有讓人反感的意涵，「德行」（virtues）顯得太死板，「惡行」（vices）又讓人聯想到做壞事、販毒集團、賣淫等，在英文裡的意思要比希臘文 *kakia* 複雜許多。

「德行倫理學」本身聽起來，可能顯得裝腔作勢又冠冕堂皇。不過，不要說你決定實踐「正義」，而是決定公平對待每個人、負起你該負的責任，同時幫助人們發揮潛能，包括你自己。不是要有「勇氣」，而是面對你害怕的事物，訓練自己不要那麼恐懼。不是決心要「自制」，而是想清楚何謂「中庸之道」，或者什麼是對強烈情緒、人際互動和欲望的適當反應（亞里斯多德的「自制」指的就是這些事）。

亞里斯多德在《歐德謨倫理學》和《尼各馬科倫理學》中述及美德和惡習的內容，構成了一本道德的實用指導手冊。「美德」，或是「通往幸福的路」，與其說是性格特質，不如說是能夠藉由練習學得的習慣。經過一而再、再而三的表現，這些作為會變得根深柢固，就像開車時無意識的反射動作，似乎（至少在別人眼中）原本就是你性格中一直存在的特質（*hexis*）。這個過程需要歷經一輩子的時間，不過很多人在中年時就會更加熟練，因為那時某些最激烈的欲望都變得比較容易控制了。只要有心，幾乎每個人都能在道德上有所進步。

正如亞里斯多德說的，我們不是石頭，石頭再怎麼「訓練」，都不可能靠自己的意志往上移動穿過天空——如果把石頭放開，它們永遠會往下掉。他認為美德就跟任何技巧一樣，例如彈豎琴或蓋房子，是可以「學習」的。如果你的豎琴彈得五音不全，或者蓋出了會倒的牆，又不努力改進，你當然會得到豎琴彈不好或建築能力很差的名聲。亞里斯多德說：「美德也是一樣。因為與同胞來往交易，我們之中有些人才變得公正，有些人則變得投機取巧；在危險的情境下行動，養成了害怕或自信的習慣，我們才變得勇敢或懦弱。我們的生理食欲、怒氣等特質也是如此，有些人變得自制、溫和，有些人則變得放蕩、暴躁。」

以勇氣為例可能最容易說明。很多人都有一些害怕的東西，甚至是恐懼症，克服的方法就是讓自己一再面對害怕的物體或經驗。我還在襁褓中時被狗咬過，因此有很多年，我會竭盡所能避開任何一種狗。而亞里斯多德會跟我說，不要對自己太嚴厲。他提過某個男人，對黃鼠狼恐懼到會出現病理性的症狀，而我就像那個人，因為受創而害怕。但這種創傷其實等於一種病，也因此是可以治療的。一直到我先生說服我養了一隻小狗，而我（起初很不情願）每天跟芬利接觸，過了兩年我才（幾乎）完全有自信面對幾乎所有的狗（但我還是嚴格禁止狗接近小小孩）。

還有個比較複雜的例子，我有個朋友跟女人交往時，總會因為無法表達怒氣或不滿，悶了幾個月後，有一天突然爆發就一走了之（或者女方會感覺到他在偽裝情緒而先離開），所以他的感情關係總是早早夭折。直到三十歲出頭時，他決定要努力讓自己孩子的媽清楚知道他的感覺，他才得以在問題發生當下就去商量處理，而不是晚了好幾個月才爆發。

氣度宏大的人，愛恨都很透明

人類並非生來就能實行亞里斯多德所說的美德，其中結合了理性、情感和社交互動，卻有培養它們的潛能。閱讀亞里斯多德的德行倫理學著述，可以當成那是他跟學生一起散步時，討論如何做個正直、道德之人的記錄，不管當時他是在馬其頓擔任亞歷山大的教師，還是後來在雅典他自己創立的呂克昂。雖然他的道德哲學對任何人都適用，不過他心目中似乎有特定的學生類型，那就是（也許是不可避免的）男性、富有，並且注定會出人頭地。

有時這一點會突然變得明顯，也有點好笑，例如亞里斯多德討論到某些城邦要求富有男性必須做的善事：資助國家劇院的戲劇合唱隊、軍艦或公共晚宴，而我們大多數人永遠不會受邀要從中選擇。不過重點是，如此得天獨厚的年輕人，沒有藉口不努力讓所有德行臻於完美。如果能達成這一點，他們就值得亞里斯多德所說的終極榮譽——被視為「培養出偉大的靈魂」（*megalopsychos*，這是希臘文的「大」加上「靈魂」或「精神」所組成的字）。最接近的英文字是從拉丁文衍生而來，也就是「magnanimity」（氣度宏大）。我可以聽到亞里斯多德向他教導的一群喧鬧的馬其頓少年，形容靈魂偉大的男人適合什麼樣的儀態舉止：「步伐緩慢、聲音低沉、說話三思；尖聲說話、走路快速，代表性情容易激動和緊張。」

在通往幸福的路上，要用一生的時間努力成為靈魂偉大的男人或女人——也就是氣度宏大的人。你可能沒錢為軍艦買裝備，也不需要走路緩慢，用低沉的聲音說話。這種宏大的氣度，真正快樂之人的心理狀態，就呈現在幾乎是每個人都真心渴望成為的那種人身上：他不為了刺激而追求危險，但隨時準備好為了重要的理想犧牲生命。他更喜歡幫助別人，勝過為自己求援。他從不阿諛奉承有錢有勢的人，即使對卑微的百姓也永遠彬彬有禮。他的「愛恨都很透明」，因為只有擔心別人怎麼想自己的人，才需要掩飾真正的感情。不過他會避免八卦閒話，因為這通常是負面的。他很少批評別人，就連敵人也一樣，除非是在適當的情境下（例如訴訟），而同樣地，他也會避免過度的讚美。

簡單地說，氣度宏大代表勇敢但不刻意引人注目、自足自立、不逢迎拍馬、有禮、謹慎及坦率：這是每個人都能積極、真心仿效的榜樣。這些論述並不會因為是二十三個世紀以前所寫的，就減損了啟發性。

準備好承認自己很小氣

下一個步驟是從自我分析的角度，檢視亞里斯多德提出的特質和美德。亞里斯多德的清單為每個能對自己誠實的人提供了自我反省的機會。正如阿波羅神殿上刻著的一句話：「認識自己」（*gnothi seauton*），柏拉圖的老師蘇格拉底，也很喜歡引用這句格言。但如果你不「認識自己」，或者還沒準備好承認自己很小氣或喜歡惡意八卦，那或許也不必再讀下去了。亞里斯多德的倫理學，需要你告訴自己那些有關於你的難堪真相，因為那不是輕率的評斷，而是必然的可能狀況。最重要的是不要苛責自己，陷入自我懲罰或自我厭惡。

對亞里斯多德來說，只要適量表現，性格特質和情緒幾乎都是可以接受的，甚至是健康心靈的要素。他稱所謂的適量為「中間」值或「平均」值（the *meson*）。其實亞里斯多德從來沒有用過「黃金中庸」（golden mean，通稱「中庸之道」）這個詞，這是後來在英文裡出現的說法，當時他在心理特性和欲望方面提倡健康「中間」值的哲學原則，讓人聯想到拉丁詩人賀拉斯（Horace）的《頌歌》（*Odes 2.10*）。賀拉斯說，重視「黃金中庸」的人（拉丁文是「*aurea mediocritas*」），不論要住在華麗的宮殿或髒亂的小屋都無需害怕。至於是否要稱這種「兩個極端的中間值」為黃金，就沒那麼重要了。

既然人也是動物，那麼有適度的性欲也是好事。反過來說，性欲太多或太少，都會導致不幸福。發怒是健康個性不可或缺的一部分，從來不覺得生氣的人不會每次都做對的事，所以也無法達成幸福。然而怒氣過剩也是缺點、是惡習。重點永遠在於適時適量。當然，刻在德爾菲神殿（Delphic Temple）的另一則希臘諺語「避免極端」並不是亞里斯多德創造的，不過他是第一個根據這項原則建立一套詳盡道德體系的思想家。

倫理學裡最棘手的課題之一，就是嫉妒、憤怒和報仇的欲望之間糾結不清的關係，而這三者都是《伊里亞德》的故事主軸。《伊里亞德》是亞歷山大最喜愛的書，他帶著它到處征戰，並且盡情地跟老師亞里斯多德討論書中內容。在這部史詩裡，地位堪稱是最有份量的希臘王阿伽門農，嫉妒阿基里斯，因為阿基里斯是最偉大的希臘戰士。阿伽門農公開羞辱阿基里斯，還搶了他的愛妾布里塞伊斯（Briseis）。阿基里斯憤怒極了，而當特洛伊人赫克特（Hector）在戰場上殺了他的摯友帕特羅克洛斯（Patrocus）時，他的怒火更是加倍升高。阿基里斯向阿伽門農報仇的方法是要求補償，並歸還布里塞伊斯。至於赫克特的殺友之仇，他則在單挑決鬥中殺了赫克特，毀壞他的屍體，還殺了十二名完全無辜的特洛伊青年，在帕特羅克洛斯的火葬中當祭品。這就是過分的行為了。

嫉妒會阻礙幸福，還是人生的驅動力？

亞里斯多德深刻地寫出嫉妒、憤怒和仇恨這三種暗黑的衝動。不管是生前或死後，亞里斯多德都是被嫉妒的對象。儘管他顯然是同一個世代裡最傑出的哲學家，當柏拉圖在公元前三四八年去世時，他待了二十年的柏拉圖學院卻沒有把院長的位子交給他。其他院士覺得亞里斯多德不費吹灰之力的出色表現難以忍受，就選了一個名叫斯珀西波斯（Speusippus）的沉悶哲學家當院長。後來，他們又羨慕亞里斯多德不必卑躬屈膝就得到兩位國王的讚賞和支持，一位是小亞細亞的阿索斯國王，亞里斯多德在那裡教了兩年書，另一位就是馬其頓國王。正如一名後來寫了一部哲學史的亞里斯多德派學者所說，這位傑出人物會招來這麼多的嫉妒，完全是「因為他和國王的友誼，以及他卓越的著作」。希臘人擅長誠實表達出在現今往往會受到批評的情緒。有些人覺得，基督教的道德觀對於處置亞里斯多德提到的惡習，沒有太多幫助。舉例來說，嫉妒就是罪大惡極，要是遇到不公正的攻擊，好基督徒應該「把另一邊臉頰也送過去」，而不是報復。然而，就算嫉妒不是我們性格裡的主要特質，也很難完全避免。

沒有人從來不會羨慕比較有錢、比較漂亮或愛情運比較好的人。如果我們很想要某樣東西，但再怎麼努力都不可能保證得到——身體健康、生個孩子、取得專業上的認可或名聲——看見別人得到這些時，我們就可能幾乎難以忍受。精神分析學家梅蘭妮．克萊恩（Melanie Klein）認為嫉妒是人生的主要驅動力之一，尤其在手足關係和其他類似手足的社會同儕關係中更是如此。我們會忍不住羨慕那些似乎比我們更有福份的人。從某個角度來看，這可以是健康的反應，激勵我們去修正各種類型的不公平。表現在工作上，可能是推動立法，確保不分性別同工同酬；表現在政治上，可能是反對容許貧富差距懸殊的社會體制。

但是，去嫉妒純然的天賦異稟，像是亞里斯多德的天生聰慧，就只會阻礙幸福而已。它會扭曲嫉妒者的本性而導致執迷，也可能引發被嫉妒的對象完全不該承受的攻擊——在現代世界，往往是以惡意引戰或網路攻擊的方式出現。在極端的情況下，如果某個天才的事業被「成功地」阻礙，嫉妒就可能導致整個社會損失了優異的作品。

這種嫉妒的毒害，在彼得．謝弗（Peter Shaffer）一九七九年的舞台劇《阿瑪迪斯》（*Amadeus*）裡刻劃得非常精彩。這齣戲後來由他本人改編成電影劇本，在一九八四年由米洛斯．福曼（Miloš Forman）執導，並獲得多項奧斯卡獎。平庸的作曲家薩列里（Salieri），執迷地嫉妒年輕對手莫札特輕易就能寫出非凡傑作。他竭盡所能阻礙莫札特的事業，在皇帝面前說他的壞話，並且用計將莫札特無與倫比的《安魂曲》（*Requiem*）佯裝成是自己的作品。臨死前，薩列里承認是他毒死了莫札特。這不僅導致莫札特永遠未能完成《安魂曲》，也因為他三十多歲就英年早逝，使這個世界可能少了數十首他若在世必會譜出的美妙作品。

雖然薩列里的謀殺情節純屬虛構（他在現實中似乎跟莫札特是好友，莫札特的兒子成為孤兒時，他還照顧有加），這部電影全球賣座，顯示其中描寫的嫉妒魔力在不同文化中都引發共鳴。謝弗創作的靈感來源，是俄國作家普希金（Alexander Pushkin）於一八三二年寫的一齣悲劇。在普希金的劇本裡，薩列里赤裸裸地剖析了自己掠奪性的嫉妒心：「我會說出來／我愛嫉妒。我嫉妒；非常嫉妒／我現在很嫉妒。」他就是無法接受人類社會天生不公，有些人一出世就是比別人更有能力、或更具天賦：

正義在哪裡？在哪裡？
神聖的禮物，不朽的天分
不是獎勵炙熱的愛，獎勵完全的無私無我
獎勵勤奮、努力、禱告
而是顯現在一個瘋子的腦袋裡

一個閒逸懶人的額頭……啊，莫札特，莫札特！

亞里斯多德建議自問，你之所以羨慕某人，是因為他們分得的社會獎勵不公平，還是因為他們天生比你更受眷顧、更有才能。如果是前者，羨慕可以給你力量，去追求正義與公平；但如果是後者，想一想對方的天賦能如何實際改善你自己的生活。如果亞里斯多德在柏拉圖學院的同伴選他當院長，他就會讓學院享有盛譽，而不是決定離開，時機一成熟就在雅典創立與之競爭的呂克昂。他們會得以在他的助益下研習哲學，使自己的名聲大為提升，不像如今只是泛泛之輩。身為哲學家，他們甚至會懂得和他愉快相處，而不是對他討厭憎惡。

受害卻不生氣，是道德功能失常的跡象

怒氣也讓亞里斯多德很著迷。這方面的「中間值」是溫和、冷靜或仁慈。他表示，希臘文裡其實沒有明確代表過度溫和的字，他建議可以用「缺少精神」來代表過度溫和，我們則可能會說是冷淡或漠不關心。亞里斯多德說，這是一項缺點，「對應該生氣的事不生氣的人，會被認為是傻子；同樣地，沒有以適當的方式、在適當的時刻、持續適當的時間、對適當的人生氣，這種人也是傻子。」如果你受到傷害

而沒有感覺、或不會憤慨，你也從來不會為了自己或朋友受害而生氣，這是道德功能失常的跡象。別人會認為你沒有自尊，無法挺身捍衛任何事。亞里斯多德說，憤怒，有時是高尚且正當的。

有很多原因可以讓人生氣，古希臘文學當然也提供了數百個例子，從美蒂亞對出軌丈夫的怨憤，到勇猛戰士埃阿斯（Ajax）的狂怒——因為他在阿基里斯遇害後未能得到阿基里斯著名的甲胄。但如果你時時為極度的憤怒所苦，應該就可以說你是脾氣暴躁了。脾氣暴躁的人可能會找錯對象生氣（就像父母把工作壓力發洩在孩子身上，而不是去找老闆談清楚），可能會找錯理由生氣（我有個鄰居，她只是在全家度假時，不小心把車鑰匙鎖在租來的車裡，她的丈夫就兩個星期不跟她說話）。生氣時也可能過度激烈、太快失控，或者在對方道歉或提出補償辦法後，還是久久無法氣消。亞里斯多德認為，最後這一種情況是最有問題的。

最好的生氣方式是「很快發怒，公開反擊並表現出來，然後到此為止」。但天生容易想不開、生悶氣的人會是大麻煩：「他們會生氣很久，因為他們把怒氣放在心裡。」如果你感覺到怒氣時沒有表現出來，就是「揹著怨恨感在吃苦受罪」。既然你的怒氣是隱密的，就不會有人來安撫你，「而且要花很長的時間，才能化解藏在內心的怒氣。不管是對本人還是他最親近的朋友，慍怒都是最麻煩的壞脾氣。」

所以，一定要向自己及真正的始作俑者坦承你的怒氣，清楚解釋你生氣的原因，等狀況都澄清後，就不再介意。很多人都覺得這有些難度，一直到中年才開始比較能坦率面對這種情緒。不過亞里斯多德知道，在試著活得好時，怒氣的問題有多難處理：「我們很難界定，應該用什麼方式、因什麼理由對誰生氣，又該生氣多久，還有到哪個程度算是生氣有理，超過哪個點就是出錯了。」

活得好就是最好的報復

進行自我評估時，我發現怒氣和嫉妒都不會讓我困擾，但我天生有仇必報。過去這些年來，我藉由向亞里斯多德學習，慢慢將這個問題處理到了某個程度。關於這個課題，桃樂西·派克也引用過亞里斯多德說的一句話：「活得好就是最好的報復。」離開嫉妒和惡意誹謗的污水池，快樂一點！不要理會詆毀你的人，如果你盡力了，對你的批評就不會是善意的。真正靈魂偉大的人會達到心靈的平和，「不心懷怨恨，因為想起別人不好的事——尤其是他們對不起你的地方——而不是不去計較，並非是偉大靈魂的標記。」

另一方面，亞里斯多德確實認為，在適當的時間和地點，不只應該有憤怒這種復仇心切的感覺，還應該有復仇的行動。長期置身於馬其頓腓力王朝的政治氛圍中，亞里斯多德對復仇的觀點會如此坦率、深入和有用，也是可想而知。在《尼各馬科倫理學》第四卷，他甚至主張復仇的感覺也可以是高尚而理性的。

亞里斯多德並沒有完全無視復仇的快感。他也明白，如果我們受到輕慢，復仇往往是指恢復我們的榮譽或地位。我有個好朋友，刻意穿上新洋裝和一名帥哥一起出現在職場聚會上，要讓過去沒有善待她的前夫尊重她，並且感受到失去她的痛苦。她說那是她這輩子最痛快的時刻之一，她也因此更容易放下過去，在新的感情關係中追求幸福。不過亞里斯多德的看法是，只有當過去犯的錯能被復仇導正時，想要復仇才可能是高尚的，也才對你的幸福有益。而導正錯誤，應該有助於防止同一名加害者在未來又犯下類似的錯誤。

談到導正錯誤，當然就跟法律脫離不了關係。遭遇毀謗、竊盜、攻擊、性侵或殺人等嚴重的罪行時，被害者及家屬也許有權想要復仇，藉由看到加害人接受法律制裁而覺得滿足。這也是受害者權益促進運動和美國的命案被害者親屬積極推動死刑的根本立意。不過亞里斯多德感興趣的是日常的輕慢，這雖然不是足以報警的罪行，但確實是不應該的錯誤。

在《修辭學》第二卷裡，亞里斯多德明確地定義，可正當且高尚地復仇的憤怒，是「一種伴隨著痛苦的欲望，想要明白地報復那些毫無正當理由就公然蔑視你或你的朋友的人。」會毫無理由輕慢你或你的朋友，這樣的人通常都是出於嫉妒（攻擊富有、漂亮或成功名人的網路酸民也是一樣）。如果他們公開輕慢你、傷害你，就可以要對方公開修正。

輕慢的三種形式：鄙視、刁難和傲慢

亞里斯多德說的「輕慢」（slight）是什麼意思呢？他說輕慢可以有三種形式：鄙視（contempt）、刁難（spite）和傲慢（insolence）。

他舉了兩個例子，來說明他所謂的鄙視，或是不尊重。如果你曾經在敘述很嚴肅的事時，有人卻用「幽默」來迴避，第一個例子應該會讓你很有共鳴。亞里斯多德說那些人是「用自以為幽默的輕率，來回答嚴肅的談話」。有一部電影完美呈現了這個觀點，那就是巴提斯．勒貢（Patrice Leconte）執導的《荒謬無稽》（*Ridicule*, 1996）。在片中，地方農民嚴正地請求抽乾害他們的孩子罹患重病的沼澤地，法國貴族們卻用狡黠的笑話來回應。我認識的一名女教授向人事部投訴，有個同事經常說些性別歧視的俏皮話，像是女人沒辦法替自己開門，而對方被要求前去說明時，則回應是她「開不起玩笑」。

亞里斯多德舉的第二個鄙視例子是：「對待我們比對待別人還差的人；這也是另一種鄙視的表現，他們竟然認為我們不值得和別人享有同樣的待遇。」霸凌、迫害或歧視都屬於這一類。自己的孩子受過霸凌的父母，都會認同在遭遇這種情況時，憤怒是完全正當的反應，甚至稱得上是高尚，同時也會渴望看見錯誤得到糾正。

鄙視之後，亞里斯多德認為第二種輕慢是刁難。他舉的例子是「阻止別人實現他們的願望」，而這麼做的動機是因為你沒有得到自己想要的東西。你唯一的目的就是要阻礙你的受害者。在我的學術生涯裡，可以舉出無數個這種行為的例子。對於自己不喜歡的人，有些人會無所不用其極地妨礙他們的前途，但對方甚至不是他們的競爭者。在學術界，「匿名同儕審查」是指學者們匿名評論其他學者所寫的論文，而這可能讓刁難行為合理化。審查評語不佳，可能會對某人的學術前途造成負面影響，如果審查結果是拒絕，那就更嚴重了。審查人寫了不公平的負面意見，卻完全沒有合理的原因，這種情況極為常見。這種制度也保護了惡意審查人，讓他們不必為自己的意見辯護。

在私人生活中，也有女人會做出這種刁難行為，有點類似桃莉．巴頓（Dolly Parton）的歌曲〈喬琳〉（*Jolene*）描述的那樣。歌裡的「我」是個沒那麼漂亮的女人，愛著某個男人。她懇求喬琳：「請不要只是因為妳可以，就把他搶走。」我有個朋友曾跟一個漂亮的女人同住，這位室友經常引誘其他女人的丈夫，不是因為她想要他們，或者真心想跟他們交往，而是因為她和自己母親的關係不睦，所以喜歡惡意地阻礙已婚女人的幸福。

亞里斯多德的第三種，也是最後一種輕慢是傲慢。他對此的定義是：「做出會讓受害者蒙羞的言行舉止，但並不能讓自己直接受益，也不能彌補已經發生在自己身上的事，純粹只是為了隨之而生的快感。」亞里斯多德說，這種快感的起因，是來自傲慢者透過嘲笑或苛待對方而產生的優越感。僅僅只是貶低某人，當面或在背後抱怨他們，就會讓傲慢者暫時對自己更為滿意。亞里斯多德看穿需要批評別人的人，往往有自尊方面的問題，這也顯示他洞悉人心的傑出能力。

任何一種利用笑來貶損某人嚴肅意見的輕慢，都會不禁讓人懷疑，在想要成為最好的自己時，可以把幽默運用到什麼程度。大部分的人都喜歡笑，也喜歡逗別人笑。在任何社交情境中，幽默都是格外有用的工具，讓困難的時刻比較容易忍受，削弱他人的氣焰，跨越政治歧見以建立人際的連結。

但笑真的有那麼好，以致於它在人們想要實踐美德的生活中，可以毫無限制地存在？一切都要看我們的意圖。想把一切都變成玩笑的人，更在意能不能逗笑別人，而不是「適當的界線」，也不會避免「讓開玩笑的對象痛苦」。另一個極端則是毫無歡樂的人，生性沒辦法自己尋開心：「別人覺得他們不友善、粗魯、鬱悶是有道理的。」而中庸之道是經常表現得體又不傷人的幽默。亞里斯多德說，這種愉快的幽默不會顯得太造作，反而像是天性開朗的人自然流露出來的。

有一項原則舉世通用：只開你願意讓別人對你或在你面前開的玩笑。設想有一名年輕女子，在嚴格的基督教背景下長大，她的女權觀念總是引來家庭成員的百般嘲笑；反觀她父親的宗教信仰卻是神聖不可侵犯，一旦遭到揶揄，他必然報復回擊。談到笑，你丟出去多少，就要願意接受多少，這一點很重要。所謂「己所不欲，勿施於人」，這正是查爾斯．金斯萊（Charles Kingsley）的童話《水孩子》（*The Water Babies*, 1863）〔編註①〕裡，水中的待善仙女一直堅持的原則。

兩個極端的中間值：美德

在《歐德謨倫理學》第二卷，亞里斯多德提供了一張很有用的表，呈現各種不同的性格特質。對於每一種特質，他先指出「美德」，亦即適量擁有這種特質的狀況，同時附上在兩個極端相對應的「惡習」，顯示同一種特質過多或過少就會變成缺點。

或許他曾在米耶薩，也就是腓力二世在馬其頓王國美麗的山谷中為他興建的學校，要年輕的亞歷山大和同學坐下來，拿這張表做一次性格測試——一項自我評估的練習。你可以自己用這張表做檢核，也可以找個信任的朋友、你有把握會對你誠實的朋友一起做，不要一心只想得分，也不要急於評斷：

編①：這個童話講述了一個掃煙囪的孩子湯姆在仙女的感化和引導下，如何變成生活在水裡，身體只有人類拇指大小的「水孩子」，在經歷各種奇遇後，終於克服性格缺陷而長大成人的故事。

過度 Excessive	適當 Appropriate	不足 Deficient
傲慢	尊重	害羞
放縱	自制	對樂趣感覺遲鈍
嫉妒	義憤	希臘文 無法表達這種不足
貪得無厭	財務健全	在財務上容易受騙
揮霍無度	慷慨	吝嗇
自吹自擂	切實瞭解自己	故作謙虛
曲意逢迎	態度友善	敵意明顯
卑躬屈膝	不卑不亢	妄自尊大
脆弱	堅忍	不會受傷
自視甚高	氣度宏大	心胸狹窄
浪費	當用則用	節儉
精於算計	謹慎	容易受騙

亞里斯多德投注最多情感、用最精彩的語言討論的美德是慷慨。相對應的惡習，一邊是揮霍無度——用錢浪費——另一邊則是吝嗇或過度節儉。就這一點而言，我和家人都很明顯看得出來，我個人是往哪個錯誤的方向走。常有人說我「太慷慨」或「慷慨過頭」，亞里斯多德則會說這是用錢「揮霍無度」——不負責任地散財、跟收入不成比例。這不僅會危害到你在經濟上自足自立及照顧自己的能力，也會讓你無法好好照顧要靠你撫養的人。阿西西的聖方濟各（St. Francis of Assisi）把他唯一的一件披風給了流浪的乞丐，這個行為或許高貴，但他自己因而生了病，有可能從此無法再當個有用之人。

在英國文化中，「慷慨過度」最有名的例子，是莎士比亞後期劇作《雅典的泰門》（*Timon of Athens*）中的主角泰門。這部作品是根據古希臘的故事改編，亞里斯多德應該會很熟悉。泰門是個有錢的貴族，為人非常慷慨：他的朋友因為債務去坐牢，他就幫朋友還債；一名窮人愛上比他有錢的女人，他就幫窮人娶她，還自掏腰包辦了一場豐盛的晚宴。這種過度慷慨不可避免地導致破產。泰門日子難過了，卻悲慘又失望地發現他所謂的「朋友」都不幫他，於是躲進了山洞，過著痛苦又厭世的隱居生活。這齣戲清楚表明，有問題的不是慷慨本身，慷慨是高貴又利他的動力，但很容易被虛假的朋友利用，等到你有需要時，他們不會來報答你。

亞里斯多德特別強調用錢吝嗇，讓我相信他一定是想到某個人。他的父親尼各馬科，這位在希臘東北城市斯塔基拉執業的中產階級醫師，給亞里斯多德的零用錢是否只有他同學的四分之一？腓力二世會請人製作宏偉的雕像，還舉辦傳奇的酒宴，難道對待下屬卻很吝嗇？對於希臘時代那些類似查爾斯．狄更斯（Charles Dickens）筆下的守財奴史古基（Scrooge）[編註②]的人，亞里斯多德用了幾個貶人的俗語來形容：「*pheidolos*」（小氣）、「*glischros*」（很黏——不可能從此人身上拿到錢）以及「*kimbix*」（錙銖必較的人）。其中最生動的是「*kuminopristes*」，字面意思是「連孜然籽也要切一半的人」，這讓我想起諺語裡提到的吝嗇鬼，會把茶包曬乾再重複使用。我們可能永遠也不會知道，亞里斯多德認識的那個把孜然籽切成一半的人是誰，不過他對於慷慨這項美德的眾多觀點仍然適用。

其中有一個與富人相關的觀點，顯然是政治上的。亞里斯多德不認為財富有多特別。如果我們確實有錢，它就跟我們剛好有的其他東西一樣，是可以使用的東西；而東西可以用得好，也可以用得不好。亞里斯多德說得很清楚，要把財富用得好，就少不了慷慨。超級富有，但從來不分一點給沒他那麼幸運的人，這種人永遠不可能幸福，因為他們是靠吝嗇的惡習，而不是靠慷慨的美德在活。慷慨的人也會留意，在適當的時間「給適當的人」，而且花更多時間考慮這個問題，勝過擔心要如何取得財富。有德的人必須確定他的錢來源清白，亞里斯多德認同這一點。不過慷慨的人不太看重財富本身，所以也不太可能試圖從不道德的管道取得財富。慷慨的人通常不會要求別人施惠：「提供好處的人不會隨便接受好處。」

過度慷慨是傻，吝嗇對誰都沒有好處

亞里斯多德說，慷慨與個人資源有關。我們不會以量來評估一份禮物慷不慷慨，而是看送禮者的意圖和個性。慷慨的人會認真考慮自己擁有多少，能夠拿出多少比例的財富給別人，又不損及自己或自己要撫養的人的福祉。耶穌在《馬可福音》和《路加福音》裡都說了寡婦捐小錢的故事，亞里斯多德也舉了一個類似的哲學例子，他告訴我們，「因此，錢給得比較少的人也有可能是比較慷慨的人」，如果這個人的錢是「從比較少的收入裡拿出來的」。

編②：在故事中，史古基是個吝嗇貪婪、刻薄成性的商人，聖誕節前夕，他見到了過世老友的鬼魂，接著代表過去、現在、未來的三個聖誕幽靈赫然現身，逼他審視過往的自私作為和冷酷無情的真相。醒來後他幡然悔悟，成為仁慈慷慨的好人，體會到了發自內心的快樂。

享樂可以是有德且高尚的，這個原則在慷慨的問題上會以有意思的方式呈現。慷慨的人會在適當的時間對適當的人做出慷慨的行為，而且給得「很愉快，或者無論如何都不痛苦」。如果人是為了別的動機而付出（想向另一個人索求感情或取得權力），顯然就一點也不慷慨。把錢拿出來時會覺得痛的人也不慷慨。如果認為自己的小氣不會被發現，她就不會把錢拿出來了。不過亞里斯多德強調，真正慷慨的人往往很容易犯了不負責任把錢給出去的「惡習」，以致於最後留給自己的錢比得她好處的人還要少，「因為不太在意自己是天性慷慨的標記」。

亞里斯多德認真思考過守財奴及其成因。「一般認為繼承財富的人比白手起家的人慷慨，因為他們從來不知道匱乏的感覺。」對於這一點，我不見得同意亞里斯多德的看法。我認識白手起家的企業家，幾乎散盡家財做好事；我當然也認識不只一個吝嗇到病態的人，從小就擁有規模可觀的個人信託基金。不過他的推論很有意思。他認為經歷過貧窮會讓人把錢抓得更緊（有些古代哲學家認為身體上的剝奪感能提升人的精神生活，亞里斯多德不以為然，他對貧窮沒什麼好話可說）。他可能正好想到這類禁欲教派的觀點，才會說慷慨的人很難維持富有，因為他既不擅長賺錢，也不懂得守財，「同時又大量花錢，不看重財富本身，而是把它當成給予的手段。也因此大家會怪罪財富，因為最值得財富的人是最不富有的。但這其實非常自然：錢和任何其他的東西一樣，沒有費力去取得，就不可能擁有。」他也認為白手起家的人容易吝嗇，因為「每個人都特別喜歡自己創造出來的東西：父母和詩人就證明了這一點。」

亞里斯多德認為，在過與不及之間，還是犯過度慷慨的錯好一些，因為這種錯誤「很容易因為年紀或貧窮而治癒」。既然花太多錢在別人身上的人很慷慨，他可以被改造成只在適當的時候給錢。過度慷慨的人「是傻，而不是壞或卑鄙」。吝嗇的人卻是對誰都沒有好處，即便是對他自己，因為他沒辦法被改造，變得可以實踐慷慨的美德。他永遠也不會活得好並達到真正的幸福。亞里斯多德覺得遺憾的是，天性貪婪的人要多過天性慷慨的人，而那種貪婪又似乎會以各種形式出現。

有些人吝惜錢，是因為年紀大了，或者受某一種病弱所苦，這是情有可原的。還有一種人會犧牲所有道德顧慮：「無所不用其極從各種來源賺錢；從事下流買賣、開妓院的人就是如此，還有小額高利貸業者，借出很少的錢卻要求很高的利息。」亞里斯多德應該會第一個跳出來斥責高利貸業者和信用卡公司，他們鼓勵大家花超過收入的錢，積欠大筆債務，還要以逼死人的高利率去償還。

第三種人則是大規模地累積財富——亞里斯多德提到了「掠奪城市和神殿的君王」。在亞里斯多德來到馬其頓王國教導亞歷山大之前，腓力二世當然已經掠奪過眾多城市，累積了大量資本，不過這位馬其頓國王通常十分謹慎，至少表面上會遵守基本的虔誠，避免褻瀆。即使如此，在米耶薩的皇家大學附近散步時，亞里斯多德還是會告訴亞歷山大，這種君王的罪，大過於吝嗇——他們是徹徹底底的邪惡，由此可以明顯看出亞里斯多德對腓力二世的不以為然。亞里斯多德把他們歸成另一類，有別於「賭徒、搶匪、盜賊」等小奸小惡之徒，而這些人當然都很卑鄙。他們表現出「齷齪的貪婪」，為了獲利，任何責難都不痛不癢。亞里斯多德認為賭徒甚至比盜賊更該受到譴責，因為盜賊至少是向陌生人下手，賭徒卻是「應該幫助朋友，卻反過來靠朋友獲利」。朋友不是讓你利用來賺錢的。如果你從朋友那裡拿錢，即使是在賽局裡也一樣，他們可能沒多久就不再是你的朋友了。

健全的野心，不能失去初衷

亞里斯多德認為，野心（ambition）是任何人都很難拿捏得宜的性格特質。事實上，不論你在野心這方面做了什麼，都會受到批評，野心似乎是特別模稜兩可的性格元素。有野心和缺乏野心都會得到讚美：有時候「我們讚美有野心的人是男子漢、愛好榮耀，或者讚美無野心的人謙虛而溫和」。但有時候，太有野心或野心不夠都會受到批評：「如果有人追求逾越本分的認可，或向錯誤的來源追求認可，我們會怪他太有野心；如果他一點也不想得到認可，即使是為了高貴的理由，我們就怪他胸無大志。」亞里斯多德所謂的「野心」，是指得到公開認可及榮譽的渴望，而不是更廣義的想要實現自我潛能這種值得稱許的欲望。任何人想要實現潛能，將天生的才華發揮到極限，成為最優秀的小提琴家、足球選手、父母、園丁或科學家等，都應該得到熱烈的鼓勵和讚賞。只有被非理性嫉妒蒙蔽的批評者，才會反對別人把自己的事做到最好。

微妙之處就在於，要監控個人對於認可和獎賞的欲望。我們生活在社會中，都喜歡集體為成功人士賦予名聲、獎賞和卓越的標誌，文學獎、奧斯卡獎、體育競賽、諾貝爾獎、騎士頭銜、《時代》雜誌封面都是。如果得到了這種榮譽，樂在其中本質上沒有什麼不對，但要是對名聲的飢渴取代了單純想把自己的事做好的欲望，問題就來了。這種事很容易發生。名聲會使人迷失方向，也會讓人上癮，尤其是在事關實權的政治領域裡。古希臘人很清楚這一點：亞里斯多德最喜愛的戲劇，索福克勒斯的《伊底帕斯王》（*Oedipus Tyrannus*）就描繪了一位領導者，原本是為了人民福祉而努力，但後來除了享受權力，更一心想讓世人認可他是最睿智、能幹的領袖。現代文化中也有個絕佳的例子，那就是小說《國王的人馬》（*All the King's Men*, 1946）的這本裡亦正亦邪的主角威利．史塔克。羅伯特．潘．華倫（Robert Penn Warren）的這本傑作獲得了普立茲獎，還於一九四九年和二〇〇六年兩度被搬上大螢幕。

史塔克一路發展，成為美國南部某個州的州長，自戀而腐敗，他陶醉在身為「小人物」卻打贏選戰的榮耀裡，也陶醉在他煽動式的演說博來的掌聲裡。不過華倫的小說強調威利起初是鄉下地方一個嚴謹又誠實的律師，直到成為眾人矚目的焦點後，他的所有謙遜才被想要主宰頭條新聞的野心征服了。他的負面野心——追求榮耀的欲望——取代了想帶領並公正代表同胞的正面野心。比起古典希臘時代，想要成為所謂「名人」的欲望，在現代更是議論紛紛的問題。確實有很多人，沒有任何才華，卻渴望出名，也——至少短暫地——透過「實境」電視節目、社群媒體和八卦雜誌得到了名氣。亞里斯多德或許會認為，這種拚命想紅的人是「不管對錯，只想得到認可，或者想從錯誤的來源得到認可」。

應該要注意的是，「謙虛」也可以被用來充當打人的棍子，尤其是打女人。在歷史上，女人的野心一直承受著比男人更嚴厲的批評，二〇一六年希拉蕊．柯林頓競選美國總統就是典型的例子。重點永遠都在於，具有野心的人是否失去了初衷，只想著要為自己宣傳。

對人應該更有同情心

亞里斯多德的標準確實很嚴格，不過他也能體諒要認清並堅守「中庸之道」的奮戰與掙扎。他在討論美德及其相關的惡習時，針對特別棘手的狀況，好幾次提出了鼓舞人心的看法。例如，他很清楚地表明，童年受虐的經驗可能會讓人難以做到該做的事。他提到一名男子，因為毆打自己的父親而受審。被告為自己辯護時說：「我父親會打他的父親，他的父親會打他的父親，所以（指著他的小兒子）我兒子長大以後也會打我；這是我們家的慣例。」在家暴環境中長大的孩子（雖然我們很意外，亞里斯多德舉的例子是長大的兒子打爸爸，而不是爸爸打年紀還小的兒子），當同樣的狀況一代代重演時，可能會覺得身不由己。精神科醫師很清楚自殺會在家族裡世代相傳，部分原因就是有了先例，會讓人覺得這種選擇似乎是面對痛苦的「正常」反應，即使痛苦只是一時的。

在亞里斯多德看來，改變想法永遠都來得及。如果你發現了新的資訊，或出現某種情緒反應，顯示你可能錯估情勢，那就改變你的態度或行動，不論已經多晚。每個人都有過因為出現新資訊或某種情緒反應而改變心意的經驗。我有個從商的朋友，曾經有過一名他很喜歡的徒弟，一直有人告訴他，這個徒弟會欺負助理。由於我的朋友從未見過徒弟這一面的個性，加上他已經在這段關係裡投入了時間和心力，所以他抗拒了好幾個月，不肯認真看待這項指控。等到有人把相關郵件轉寄給他，他才認清真相，沒多久這名徒弟就失去工作了。

亞里斯多德知道，面對強烈的感情或欲望，要堅持走在美德的路上有多難。他是情感現實主義者（emotional realist）。蘇格拉底認為人只要得到所有可取得的資訊，就絕不會偏離正軌或犯錯，亞里斯多德非常不以為然。他堅信，有好些原因可能讓向來最遵守德行倫理的人也會一時失誤，所以我們對人應該更有同情心。熱情、欲望、瘋狂和其他威脅到絕對自制的事物，可能會折磨任何人，破壞他們以理性掌握情勢的能力。身為醫師之子的亞里斯多德說，「憤怒、性欲和某些激情，確實會改變身體的狀態，有時甚至會把人逼瘋。由此可知，我們必須鄭重地說，失控的人『擁有知識』的狀態，只是跟睡著、發瘋或喝醉的人一樣。」他們的言語、思想和行為之間是有落差的，「彷彿他們只是說著台詞的演員」。

因痛苦、狂喜或某種情況太逗趣而產生過度的心理壓力，導致偶爾暫時失控，亞里斯多德認為情有可原。悲劇作家狄奧迪克底（Theodectes）寫了一齣戲，描述菲洛克忒忒斯被蛇咬了，無法行走並痛苦地大吼大叫，亞里斯多德說，在這種情況下大吼大叫當然是可以理解的。如果你跟色西昂王（King Cercyon）一樣，發現你父親跟你女兒（也就是他的親孫女）有性關係，她還懷了他的孩子，你要是沒有情緒崩潰，那就太驚人了。他最後舉了一個完全無法自制但情有可原的例子，他說，如果我們想要克制大笑的強烈衝動，最後我們的「笑聲會轟然一聲炸開來，就像色諾芬都斯（Xenophantus）一樣」。很可惜，我們不知道色諾芬都斯為什麼爆笑，但我們應該都經歷過，在最不恰當的場合忍不住大笑的情境。我有次去參加某位姻親的葬禮，臨時教區牧師在火葬場的致詞極其陳腐浮誇，我實在沒法板著一張臉。

即使是最優秀的人，也會有失足犯錯的時候。悔恨或自我譴責無濟於事，重要的是繼續努力。亞里斯多德在這裡舉的例子很有意思，畢竟他在其他地方總是嚴厲譴責通姦行為；這甚至讓我好奇，他是否對別人的妻子有過非分之想。他說，極端的欲望或許會讓男人犯下通姦罪，但僅此一次未經慎思的衝動錯誤，不會就把原本完全忠實的男人變成通姦者，這樣對他並不公平。我後來養成了一種個人的習慣，容許每個犯下失控錯誤的人有第二次機會，但不會有第三次。跟犯過一次錯的人還是能維繫關係，但要傾聽那次錯誤造成的痛苦，並決心不再犯錯。然而，用同樣的方式傷害你兩次的人，是江山易改本性難移。

辨識並堅守良善的中庸之道

德行倫理學的意涵是如此豐富、深奧，足以讓奉行者忙上一輩子鑽研。亞里斯多德承認，要找到各種行動的「*meson*」（中道），確實是一項挑戰。極端的反應要比謹慎調節的反應簡單多了。在《尼各馬科倫理學》第二卷裡，他用了幾何學做比喻：「當正人君子很難，因為要找到任何事物的中點並不容易。舉例來說，不是每個人都能找到某個圓的中心點，只有懂得幾何學的人才能找到。」遇到任何情況，你可能都需要好好想一想，什麼是適當的中庸反應，然後加以實踐，就像孩子學找圓心或斜邊的長度一樣。亞里斯多德並進一步說明，「任何人都會生氣——這很簡單，就像給錢、花錢也很簡單。可是要為了適當的目的，以適當的方式，在適當的時間，對適當的人生氣或把錢給適當的人，而且錢的數量或生氣的強度都適當——這就不是每個人都能辦到，也不是容易的事。」

亞里斯多德還另外提供了幾個祕訣，教導如何在特定情境中辨識，以及——這一點更重要——堅守良善的中庸之道。

第一個祕訣是：務必要記得，就算某件事通常是美德，做得太極端也會變成問題。如果我們因為一件普通的德行得到大量的讚美，要記得德爾菲神殿上的警語「避免極端」。他舉了妮娥碧（Niobe）的神話為例，她因為對自己的十四個孩子有點太過滿意了，反而因此全都失去。〔編註③〕我們也有可能太愛父母，而他舉的例子是，一個名叫薩堤爾（Satyrus）的男人在父親死時傷心欲絕，結果真的自殺了。

第二個祕訣是：跟某一項美德相對應的兩個惡習，其中一個一定比另一個更糟。舉例來說，亞里斯多德認為，雖然最好是適度慷慨，但過分大方也比小氣好。自我貶抑比自誇好，當然最好的是正確評估自己的成就，誠實但不刻意要別人知道。他從他的學生們都很熟悉的《奧德賽》中舉了一個生動的例子，幫助他的讀者瞭解這個原則。「要遵守中庸之道，」有個好原則是：「避開距離中間值更遠的那個極端，正如海之女神卡呂普索（Calypso）的忠告：『將船駛離那邊的浪濤。』」亞里斯多德在這裡稍微記錯了《奧德賽》（*12.219*）的段落，事實上這句話是奧德修斯說的，他把跟他有一段情的女神喀耳刻（Circe）的忠告轉述給舵手。喀耳刻警告他，卡律布狄斯漩渦（Charybdis）比附近的蛇妖斯庫拉（Scylla）更危險。卡律布狄斯漩渦會讓他的船滅頂，船上所有的人都會死，而斯庫拉雖然會吃掉幾個人（這次她吃了六個），

編③：在希臘神話中，底比斯王后妮娥碧坐擁財富權勢且育有七子七女，因而驕狂自大、極力吹噓。她的行徑觸怒了勒托女神（Leto），阿波羅於是將她的子女全數殺死以示懲罰，她自己也化為永遠流淚的石像。

但有些人會活下來。選擇斯庫拉，就像過度慷慨或謙虛過頭，是兩害相權取其輕。

第三個祕訣是：在你個人最弱的美德或惡習上努力修正錯誤。每個人的弱點都不一樣，我有個很不錯的同事，從來不欺負比他弱勢的人，卻明顯對權力較大者充滿不必要的敵意。這時我們所感受到的樂趣與痛苦會提供幫助：如果我們知道自己走錯了路，沒有踏上中庸之道，我們走錯的那個方向，通常會是帶給我們強烈快感的方向。舉例來說，通姦性行為很可能比完全放棄性行為還要痛快，而後者是另一個極端。此處的中間值就是堅持單一伴侶的性行為，這麼做的快感或許沒有通姦性行為那麼強烈，但長期而言會讓你比較快樂。

對於這一類的普遍體驗，亞里斯多德的看法是最透徹也最真誠的。一旦辨識出自己脫離了中道，正往哪個方向走偏（我們感受到的樂趣能幫忙回答這個問題），「我們必須把自己拉往反方向，因為大幅偏離常犯的錯誤，就應該能回到中庸之道。木匠要把翹曲的木板拉直，就是用這個方法。」不確定哪一條是中間路線的舵手，會刻意把船偏向相對沒那麼危險的地方；木匠會留意木頭天生彎曲的方向，以便將問題矯正。

第四個祕訣是：要為「把自己拉往反方向」這項困難任務提供幫助。我把這個訣竅稱為「驅逐海倫」。《伊里亞德》有一段情節讓人很有共鳴——特洛伊城的長老瞥見美麗的海倫走在城牆邊，承認她美得無與倫比（3.156-60）：「我們實在不能責怪脛甲堅固的特洛伊人和阿開亞人為了這樣一個女人承受長期的苦難。她就像不朽的女神一樣耀眼奪目。」與很多現代心理治療師一樣，亞里斯多德鼓勵我們直接面對自己的欲望對象。否認你有多想要那段婚外情，或者多想喝第五杯酒，都沒辦法幫助你拒絕這些事。但是長老繼續說了：「即使如此，無論她有多美，都讓她隨著船隻離開吧，不要留在這裡，不要成為禍根，讓我們和後世子孫受苦。」長老們知道，海倫留在特洛伊，不管會帶給特洛伊人多少樂趣，都會導致戰爭，威脅到他們長期的安樂。正確的決定，也就是對他們的永久幸福最有助益的決定，是把她還給希臘人，然後結束戰爭。

瞭解什麼事情會帶給你最大的樂趣，然後自問它可能會如何阻礙你以理性追求幸福，就能幫助你協調出中庸之道，成為好人，也因此成為快樂的人。亞里斯多德真的建議，每當你感覺快要屈服於衝動、去追求對你無益的快感時，就對自己說出這些荷馬的詩句。找出什麼是你人生中的「特洛伊的海倫」，應該會大有助益——如果你設法驅逐她，屬於你個人的特洛伊城將會興盛繁榮，而不是毀於一炬。

Chapter 6

Intentions

意圖

有時必須優先考慮到的，是一個人隱含的意圖，
而不是實際發生的事。

在比較複雜的道德情境裡，如果你的意圖是良善的，
偶爾可以利用值得商榷的方法去達到高尚的目的。

是不是必須做壞事來達到好的目的，
要看你受到多大的壓迫。

「我們讚美與責備人，是依據他們的目的，而不是他們的行動。」亞里斯多德如是說。有時必須優先考慮到的，是一個人隱含的意圖，而不是實際發生的事。

在比較複雜的道德情境裡，如果你的意圖是良善的，偶爾可以利用值得商榷的方法去達到高尚的目的。是不是必須做壞事來達到好的目的，要看你受到多大的壓迫。在被迫的情況下，如果意圖是要避免子女受傷或受苦，大部分的父母都會說謊、偷竊、使用暴力。亞里斯多德充分瞭解這一點：「因為人有可能被強迫做壞事。」強迫有各種形式，最極端的情況就是有人以迫害或死亡來威脅你的至親。

亞里斯多德舉了兩個簡單的例子。首先，如果意圖是要侮辱對方，或者帶給揮拳的人快感，出拳打人就是暴行。但如果出拳是為了自衛，就不應該受到責難。第二個例子，如果把東西拿走是為了傷害東西的主人，不告而取就是竊盜行為。但如果你擅自開走某人的車，是為了趕快把心臟病發的患者送到醫院，事後會歸還，這個行為顯然就不算是竊盜。你是在「救人一命」的原則下，不得已才這麼做。

亞里斯多德的「進階倫理學」課程提出了三個道德困境，顯示我們往往只能靠意圖來當成行動的指引。第一，人有時會因為不作為（omission）而做錯事。第二，不管在原則上或一般實踐上，說實話都是最好的選擇。第三，行為和公平（equality）〔譯註①〕的一般價值，都必須仰賴能配合個案、更加彈性的公正（equity）來調節。

亞里斯多德特別強調個別、自主的自我，以及即使別人都在做壞事，人還是有選擇善行的自由。他之所以會產生這些想法，部分原因可能是他在童年時，以及公元前三四三年至三三六年擔任亞歷山大的老師期間，曾在佩拉目睹了奢華的馬其頓宮廷無情的內鬥。每一段關係都少不了權力鬥爭、謀殺、敲詐、脅迫、密謀、欺騙和偏執。但是亞里斯多德還是成功保有了他的正直。

譯①：Equality 可以稱為齊頭式的平等；equity 則是立足點的平等。

在道德上，不作為和主動作為一樣嚴重

也許最困難的道德抉擇，是在介入和完全不作為之間做選擇。擔心隔壁的孩子受到家暴，你是要聯絡當地的社福人員，還是保持沉默，以免只是你誤會了？有同事挪用公款，你是要告訴主管，還是怕被貼上告密者的標籤而置身事外？強納生．凱藍（Jonathan Kaplan）執導的電影《控訴》（*The Accused*, 1988）深入刻劃了這種困境。這是首度探討女性遭性侵後想尋求法律補償，卻受到不公平對待的電影。四名大學生在酒吧裡性侵了一名工人階級的女子，其中一人的某個朋友在場，雖然目睹他們的行為而大感驚駭，卻沒有做任何事阻止性侵的發生。不過他打了電話報警，也算彌補了自己的錯誤。他的證詞在法律訴訟中扮演重要的角色。

疏忽懈怠和主動作為都可能造成不公義，亞里斯多德是第一個瞭解此點的道德哲學家。他在《尼各馬科倫理學》第三卷裡，以最簡潔的方式表達了這個看法：「在我們可以自由作為的地方，我們也可以自由地不作為，在我們可以說『不』的地方，我們也可以說『好』。如果做某事是對的，所以我們有責任要做某事，當不做某事是錯誤的，我們也要為了沒做某事而負責。」

在今日，干涉他人事務的風險遠大於亞里斯多德那個時代。雖然古希臘就有所謂的愛管閒事者，不恰當地過問別人的私事，但是凡事保留、注重隱私的人，其實會被視為可疑。儘管我們可能會讚美從來不輕率表達意見的安靜公民，不過古希臘人認為獨善其身是自私和不負責任的行為，也背棄了對於其他公民的社會責任。但即使是我們用來形容主動道德行為、或者眼見不公而出面介入的字彙，也往往含有負面意涵。領導力經常被說成是愛表現或者有野心。英文裡沒有正面表示「干涉」（interfere）的字，唯一的例外是相對中性的「介入」（intervene），卻有一堆讓介入看起來很不應該的動詞（meddle、intrude、stick your oar in，都是插手、多管閒事之意）。女人更難為，因為在歷史上，女人低調生活，最好大門不出二門不邁，會比參與或關心公共事務更受到讚美。

小時候，在遊樂場上看到「人緣不好」的小孩受到霸凌，我們都必須在介入和保持沉默而成為共犯之間做出選擇。等我們長大，日常生活中也不時面臨類似的情況。看到父母打、罵他們的孩子，你會出聲嗎？看到強勢的人刻意找殘弱的退休族插隊，你會容忍嗎？在地鐵上，健壯的年輕人若沒有讓座給懷孕八個月的婦人呢？

介入有可能很難，因為你如果真的出面了，標準的防衛反應會說你是正義魔人，或是自以為清高的道德警察。重點在於，你是更在意這些在日常行為上違反公平與正直的人怎麼看你，還是更擔心受到他們欺負的人。亞里斯多德說得很對，應該將道德上的不作為看成與主動作為一樣嚴重，而且在臨死前，我們會後悔的不是做了什麼，而是沒做什麼。

這個重要的道德原則現今很少有人採用，除了在醫療倫理中討論不採取治療而「讓」病人死亡的道德問題時。在這種情況下，如果能幫助臨死的病患在走的時候少一點痛苦，那麼「不作為」就是值得讚許的。可是現在有太多道德原則，尤其是跟公眾人物有關的部分，都繞著某人是否曾失誤或犯錯的問題打轉。政治人物會受到嚴格檢視，看他們做錯過什麼，卻很少看他們沒有做什麼去改善人民的處境。我們太少問政治人物、商業領袖、大學校長和補助委員會的委員，他們沒做到什麼、沒主動提倡什麼，又如何因此懈怠了領導者的職責。根據古代傳說，每一天，亞歷山大大帝要是感到自己身為位高權重的帝王，卻沒有主動完成什麼有建設性的事，他就會悲嘆：「我今天沒有在位。」他一定是跟他的老師亞里斯多德學到了何謂道德上的不作為。

為「此時不作為是錯的」負起責任

亞里斯多德以後的哲學家，都把關於不作為的討論集中在某些惡名遠播的假設案例。這些例子包括會游泳的人不出手幫助快要溺水的人；有錢人從未認可以暴力鎮壓反抗的窮人，卻讓他們餓死；父母中的一方沒有向相關單位通報，另一方正在虐待孩子。在亞里斯多德學派看來，未承擔完全的責任，也是不作為的錯。審視法律如何規範不作為的罪，最能理解何謂「未主動承擔責任，應受譴責」，而對於這一點，各國的司法有不同的立場。

雖然故意不揭露應課稅的收入及資產，就跟故意不揭露與恐怖活動有關的資訊一樣，可能是犯罪，但英國法律素來特別不願意追究未有所作為的責任。這樣的法律實況反映了英國人普遍覺得我們應該讚頌私人生活、不要多管閒事。遇到婚內強暴、教訓孩子和「家暴」（這個恐怖的詞語，暗示這種暴力在性質上不同於民眾在街頭或酒吧對另一人施加的暴力）的案例時，「英國人的家就是他的城堡」這個理想，仍然干擾著法律和警方的改革企圖。但就連在英國，還是有幾種類型的不作為曾經被定罪。

親近的關係會產生代表親屬行動的公認職責。如果孩子受傷或死亡，身為父母的你可能會被控疏於餵食或照顧孩子；同住的家人會因為沒有為受傷親人採取必要的醫療措施，而被控嚴重過失殺人。與人簽訂了合約，可能因為未履行合約義務而有刑事責任：舉例來說，如果你受雇在游泳池擔任專屬救生員，卻在值班時到泳池外去抽煙，因此未能試圖救起溺水的人。製造危險的情況、置他人於危險之中，也有可能遭到起訴：在屋裡點了火然後離開（就算只是意外），而且知道屋裡有人，又沒有通報消防隊，就非常符合這一點了。

然而，即使在這麼明確又極端的情況裡，無心疏忽（就算情節非常嚴重）和刻意疏忽的界線也可能十分模糊，這一點亞里斯多德很清楚。如果銀行主管或房東沒有把可疑的金融活動或房客可能是恐怖分子的資訊通報警方，他們是故意要隱瞞證據，或者只是太忙了，沒把事情放在心上？我們要怎麼判斷，沒給孩子東西吃而導致孩子死亡的母親，是蓄意要殺他，或者「只是」犯了重大過失？尤其她身為照顧者的能力，如果受到成癮、智能低下或心理疾病的影響呢？亞里斯多德一定會堅持，確定意圖的程度非常重要。不過我猜想，他一定也會覺得英國法律在不作為這方面的著墨太少。舉例來說，到現在法律還是沒有明訂，父母以外的成人如果察覺孩童確定（或可能）受虐，是否要為沒有揭露這項訊息負起法律責任。

幸好我們大部分的人永遠也不會面對如此極端的情況，但還是曾有數十名舉報者失去工作，或至少失去晉升機會，因為他們決定將攸關公眾利益的資訊公諸於世，使其雇用組織的成員或做法失去信譽。心臟病學家拉吉．馬圖醫師（Raj Mattu）在二〇一四年終於贏得不當解雇的訴訟案。他因為提供證據，揭露英國科芬特里（Coventry）一家醫院緊縮財務，將病人置於過度擁擠而造成的致命危險中，先是被停職八年，然後於二〇一〇年被解雇。國民保健署的管理人員為了要他保持沉默，到了無所不用其極的程度。他們雇了私家偵探去挖掘可能讓他蒙羞的隱私，還花了數百萬英鎊跟他對簿公堂。他的事業、收入、名聲都因此受損，進而連健康和私生活都受到影響。在亞里斯多德所謂「此時不作為是錯的」的概念下，他負起行動的責任。他既勇敢又可敬。不是所有人都會承擔這種責任；我們也可能有在財務上依賴我們的人，使得我們不可能冒著失去工作的風險而堅持原則。遇到這種情況，我們就必須決定，哪種責任在實質上「凌駕」於另一種責任之上。

但那些沒什麼可以損失的人呢？亞里斯多德堅信，有些善行需要人脈、財務安全或政治力量。也因此，如果你有幸享有這些保障生活安穩的支柱，卻未依據良善的理由而有所作為，那就更不應該了。當你讚賞超級富豪、媒體名人、政治人物、貴族或職場上的前輩時，不要只是問他們是否成功避開了麻煩。要問他們支持哪些慈善團體、他們對於某個理念的立場為何——他們如何善用強大的社會優勢。有很多名人和生活安穩的人，從未發聲捍衛窮人、受壓迫的人，或者環境。從批判的角度來思考作為與不作為，能讓我們以更多元的觀點來評估某人值不值得讚賞與認同。

對行動背後的意圖多些懷疑

亞里斯多德強調行動背後的意圖，這個概念也延伸到他對手段與目的的立場。有一種觀點認為，在某些情況下，唯有透過不太應該的行為才能得到想要的結果，這也把我們帶入了哲學中最模糊的道德地帶。正是這種觀點，讓許多軍事行動變得合理，對廣島和長崎投下原子彈即是一例。這兩顆炸彈造成數十萬人死亡，應該是為了防止萬一必須對日本領土發動全面戰爭，會造成更多死傷。問題是永遠沒有人知道，如果當初沒有使用原子彈會發生什麼事。杜魯門總統的參謀長，海軍元帥威廉．丹尼爾．李海（William Daniel Leahy）下了這個結論：「對廣島和長崎使用這種野蠻的武器，對我們的對日戰爭沒有實質的幫助。因為有效的海上封鎖，再加上傳統武器轟炸成功，日本當時已經戰敗、準備投降了。」⑨

還有一個不幸的後果：使用核武有效地啟動了冷戰時期的軍備競賽。不過，如果由亞里斯多德來評估投下原子彈的這個決定，他不會把重點擺在結果上，而是會看根本的意圖。這是一項軍事決定，還是政治決定？很多人批評當初轟炸的是毫無軍事重要性且住滿平民的日本城市，他們認為，或許杜魯門被說服這個行動是要減少全面的死亡和苦難，但他在華盛頓的顧問們最主要的意圖卻是想測試新科技（連他們都對輻射造成意料之外的死亡人數大為震撼），並藉此警告史達林和蘇聯。或許杜魯門當初應該對顧問們的意圖多一點懷疑才是。

另一種極端情況，也應該用意圖來評估值得商榷的手段是否合理，這一點在二〇〇八年由菲立普．克婁代（Philippe Claudel）執導的感人電影《我一直深愛著你》（*I've Loved You So Long*）裡描寫得很深刻。茱麗葉（克莉絲汀．史考特．湯瑪斯飾）因為殺了六歲的兒子而坐了十五年的牢。漸漸地，觀眾發現原來那是安樂死：茱麗葉本來是醫師，兒子患了不治之症而全身麻痺，如果自然死亡的話將承受極大痛苦，茱麗葉於是注射針劑讓他死亡。但是茱麗葉並沒有在受審時說出這件事，顯然是覺得她「應該」長時間坐牢，無論她的意圖是不是為了兒子好。不過，她的意圖漸漸揭露，對她目前的處境適時提供了幫助；她的妹夫本來很不願意讓她跟他的女兒接觸，最後也欣然接受她是她們的阿姨。

說謊並不符合最佳的自我利益

至於說實話，我們每個人幾乎天天都要面對手段／目的的兩難困境。說謊要承受很大的壓力，連我們的生理都會因此改變，讓測謊科技得以派上用場。這使得無論何種文化都存有一項普遍的直覺，亦即儘管在某些情況中說謊情有可原，但說謊並不符合最佳的自我利益。只有在極少數的情況下，說謊會有助於幸福，不管是你自己或是與你互動的人的幸福。這種直覺可以從亞里斯多德的道德觀裡找到理論上的依據。亞里斯多德對於真實與謊言的討論很複雜，他不像柏拉圖一樣，認為有所謂超越時空的真理，也不認為真實有形上學的地位或本身就是一種根本的善。不過他確實相信，想活得好，需要對說實話和口是心非實施一套始終如一的政策。

對於「忠於自己」的人，亞里斯多德的概念非常清楚。「忠於自己」的希臘文是「*authekastos*」，更直白的意思是「每個人作為他自己」。忠於自己的人，個性一致、自我依賴，對每個人的態度都一樣，不會過度在意別人對他們的看法。由此看來，他們就像理想中「靈魂偉大的人」，「他們喜歡誰、不喜歡誰，都明明白白」，而且「在意事實，更勝於別人的意見」。知道沒有任何電郵、推文或臉書貼文，是你羞於讓別人看到的，晚上會睡得比較安穩。對於任何事情，對每個人都說同樣且真實的版本，記憶力承受的壓力會遠遠小於要記得跟誰說了什麼樣的謊。必要時你想保密不公開的事，就絕不對任何人說起或寫下，這是很明智的做法。我有個同事在酒吧對另一名同事批評我們的主管，對方聽完後，威脅說他要去找主管，告知她說了什麼。她請他儘管去說，因為她已經當著主管的面說過更難聽的話了。

依照亞里斯多德的意見，相較於朋友或家人之間比較不正式的默契或溝通，試圖活得好的人遇到重大時刻，例如在出庭時，就會說實話。如果你在這種重要情況下說謊，謊言可能成為你犯下不公義的工具，而對亞里斯多德來說，不公義（injustice）就等於不公平（unfairness）。舉例來說，建築工人知道某份工作需要兩個月才做得完，但他想跟雇用他的人多騙一點錢，就堅持以完工所需的時間，而不是固定費用來收費，然後謊稱工時只需要一個月。另一方面，雇用他的人也可能向稅務機關說謊，好讓她付給建築工人的費用可以逃稅。在這兩個例子裡，謊言都成了比謊言還嚴重的不當行為：它們是造成嚴重不公義的關鍵因素。包含這兩個謊言在內的行動，不僅對其他個人，也對整個社會造成了實質的損害。

說實話是一種生活方式，就算利害關係不大時，亞里斯多德也一樣感興趣。他仔細研究過用假話來誇耀自己的人（自我宣傳是古希臘人顯示男子氣概的重要元素，《伊里亞德》就深入討論過，何種程度的吹捧或誇大自我成就才算恰當）。自誇，就算包含了謊言，如果只是在酒吧裡，邊喝啤酒邊向旁人或點頭之交裝模作樣一下，或許沒什麼大礙。但它確實有可能造成嚴重的影響：沒有人會想讓一個偽稱是合格外科醫師的人為自己動手術。不過慣性自吹自擂的人所說的明顯小謊，讓亞里斯多德覺得很有意思：「不為了什麼重要的理由，卻假裝自己擁有比實際上更多的優點，這種人似乎很可鄙，否則他不會以說謊為樂；不過與其說他壞，不如說他看來是傻得超乎必要。」

依照亞里斯多德的觀點，聲稱自己的高爾夫差點比較低（表示球技好），或者在職場是管理高層，這些都是該受譴責的謊言，但不是嚴重的罪行。不過，有第三種自誇的騙子，就真的太惡劣了。這些人是抱著累積金錢的意圖在說謊，換句話說，謊言是他們累積財富的手段。這不只是某人習慣稍微誇大、永遠不懂謙遜而已，這是蓄意的選擇。亞里斯多德發現，有時候人會這麼做，僅僅是因為有權力在嚴肅的財務運作裡操縱他人，會帶給他們快感（「他們享受謊言本身」）——現在則可能會稱他們為「病態的」騙子。還有一些人，唯一的動機就是貪婪或企求利益。他們會愚弄老婦人，謊稱要檢查她的電表，等他們帶著她的銀燭臺跑掉，就犯了罪。

事實本身就是好的嗎？

但亞里斯多德是否相信事實本身就是好的？他並沒有斬釘截鐵地說，決心要活得好的人，絕對不會遇到可能需要運用謊言的狀況。他的考量要實際多了：說實話是開明自利的行為。舉例來說，他認為由於性格使然，在日常生活中都很誠實的人，緊要關頭時也會比較值得信任。「因為愛好真實的人，即使不重要的事也會誠實，遇上大事甚至會更加誠實；對於可恥的事（會造成某種危害），他會避免虛假，甚至不為其他原因，只因為那是謊言。」如果你養成說實話的習慣，那麼在風險很高的時候（不管是對你自己還是別人），你更可能說實話。如果你向來給人誠實的印象，總有一天會得到回報。在重要時刻，別人會相信你的話。

然而，由於評估任何行動都要考慮到意圖，有幾種情況，故意說謊或許不只是情有可原，還是必要的。義大利電影《美麗人生》（*Life Is Beautiful*, 1997）（羅貝托・貝尼尼〔Roberto Benigni〕執導及主演）述說了一名猶太人父親基多，為了讓兒子約書亞有最大的機會活下去，在集中營裡向年幼的他說了一連串的謊言。基多說他們在玩遊戲，約書亞必須完成任務，才能贏得分數。這些任務包括不吵著要吃東西，不哭，不說他想見媽媽，避免引來衛兵的注意還可以加分。這個虛構的遊戲讓小男孩沒有受太多苦，也在適當時機救了他的命。

孩童在三、四歲時學會為了自己的利益說謊，此時的訣竅是教他們衡量情況。向心繫他們最佳利益的人說謊，對他們沒有好處；但是對想要傷害、控制或剝奪他們的人，說謊就可能有所幫助。我自己說過最大的謊言，亞里斯多德應該會覺得完全情有可原，那就是為了我的孩子，對抗伊利諾州教育局的免疫接種計畫。在前往美國進行一學期的客座教學之前，我仔細查過官方規定，確定孩子該打的預防針都打了，所有證明的醫療文件也準備好了。可是我們去學校招生組報到的那天，負責的護士說我們在英國打的預防針無效，因為伊利諾州規定的連續注射必要間隔時間，與英國建議的不同。她告訴我們，若不讓孩子重新施打所有的預防針（這當然會危害到健康），我們待在伊利諾州的三個月期間，他們都不能上學。

向她據理力爭無效後，我靈機一動，假裝我們信仰某個教派，而那個教派禁止醫療干預。我對耶和華見證人的瞭解不見得很有說服力，但說也奇怪，我的腦海裡突然出現了烏利希・慈運理（Ulrich Zwingli）這個名字（我不認為可憐的慈運理創立的激進瑞士新教對預防接種真有什麼意見，不過這在當時似乎一點也不重要）。我丈夫看到我這麼做，也立刻聲稱他現在是慈運理的信徒，所以厭惡任何人為干預影響上帝在我們的身體上行使旨意。現在伊利諾州的某個地方，還存有一份我們夫妻倆簽名的文件，確認著這些完全虛構的宗教禁忌。那名護士很不高興，但也無可奈何，只能同意讓我們的孩子進入學校就讀。

堅持公平原則，卻少了公正原則

這裡的重點就是手段與目的的抉擇。當然上述的護士並無意要我的孩子重複接受不必要的預防接種，也不想剝奪他們三個月的受教權。但她並未使用自己的判斷力，容許僵化短視的官僚規定妨礙她，連看都不看我從英國帶過去的醫療文件。對於這種未預想到會有海外學童到伊利諾州接受教育的規定，她甚至不肯考慮一下有什麼彈性的作法。

面對伊利諾州公共教育體系中絕對統一的規定，護士缺乏因應的彈性，這顯示她堅守了公平（equality）原則，卻沒有顧及公正（equity）的原則。現今除了法律哲學家這種專業人士，很少人瞭解與討論公正，但它對正義非常重要。亞里斯多德對於公正的精闢討論，來自他在《尼各馬科倫理學》裡對於正義的觀點。他說「公正，雖然正當（just），卻不是法律正義，而是對法律正義的矯正」。它不能取代法律正義，但可以強化和補足法律正義。他認為法律必須做出一般概述，但「有些情況無法以一般概述涵括」。

人類道德選擇的混亂現實，就是無法用事先決定好的法律手段來妥善處理。法律的制訂是以適合大多數情況為依據，這必然會造成少數情況可能產生不公義。人生很複雜，所以必須有公正的存在，對做錯事的人該如何反應，也必須根據每個情況的特定細節來修正。

亞里斯多德瞭解，人做錯事的理由各式各樣。有時是故意且完全不應該，但有時卻必須考慮到某些重要因素，有可能是最根本的意圖。在前面提過的電影《我一直深愛著你》裡，茱麗葉不告訴法官和陪審團她殺害兒子的真正原因，就等於否定了他們給她公正判決的權利。從心理上來說，這是因為她「對自己太嚴厲」了，相信殺害兒童的固定罪刑適合她這個特例，也因此否定了自己得到公正對待的權利。其他在判決時酌情減刑的理由，可能是犯錯者的貧窮、年老、低智力、教育不足、容易受到激情的欲望和情緒影響、健康狀態、悔悟程度以及再犯的可能性。

亞里斯多德用他最擅長的比喻，來說明他所謂的公正是什麼意思。用公正的調節來應用早已存在的規則，就好像測量石頭用的尺規，不是硬梆梆的，而是用可以彎曲的材質做成。他說，列斯伏斯島上的石匠會用鉛做的彈性尺來量有弧度的石頭。這種尺用的是同樣事先確定的計量單位，但得出的結果比較精確，因為它們可以繞著石頭彎曲——「順服」於石頭的弧度，就像優秀的法官會考量特定道德情境的細節，調整依據通則制訂的法律。

在這個太多人都認為規則、法律、政策，甚至是家庭傳統都應該始終如一、不可動搖的現代，亞里斯多德的彈性鉛尺有著重要的實用意義。僵化的觀念不可避免造成的結果，是對一體適用的堅持取代了真正的公平，不管這樣是否會帶來不公義及其他負面的影響。

在意圖裡增加公正，做出最好的選擇

在亞里斯多德的時代，傳統宗教認為處罰不該有彈性。代表正義的原始用字是「*dike*」，也就是由最大的神宙斯掌管的律法。在悲劇中，是 *dike* 指示俄瑞斯忒斯必須殺了母親，因為她殺了他的父親，不管當時的情況有多複雜。索福克勒斯寫的一齣悲劇裡，有一名旁白者強調神「不知公正也不知偏袒，只在意嚴格而簡單的正義（*dike*）」。說到有問題、缺乏彈性的規則，現代社會中最清楚的例子就是必然而強制性的罪刑，不讓法官有任何餘地可以根據公正原則斟酌情節、調整刑罰。這一點偶爾會讓陪審團群起反抗，即使知道被告確實犯了罪，也拒絕將他們定罪。

幾年前英格蘭有過一個案例，陪審團判定一名男子殺人無罪，儘管他承認殺害住在鄰街的男子，因為對方殺了他的女兒。問題在於警方失誤並弄丟物證，導致那名殺害他女兒的兇手難以被定罪並判處無期徒刑，傷心的父親因此覺得不得不「替天行道」。這些陪審員是在行使集體的理性，因為他們警覺到一體適用的規範應用於特殊個案時，產生了不公義。於是他們採取公正的行動，利用他們的自由裁量權修正決定，避免了當初殺人罪的立法者未預期也無意造成的不公義，使一名對無能警方失望的悲痛父親入獄服刑。公正是完全正義的一部分，和正義不可分割。

亞里斯多德用來代表公正的字「*epieikeia*」，其語意基本概念是「*eikos*」，意指似乎合理或恰當的。刑罰應該與罪行相當，而不是硬要將罪行變得適合刑罰，就像希臘神話中的強盜普洛克路斯忒斯（Procrustes），他把受害者的四肢拉長或截斷，好讓他們的身體符合他那張「一體適用」的床。不過到了亞里斯多德的時代，希臘人往往把 *epieikeia* 和另一個字連結——這個動詞的意思是對某物或某人「讓步」或「順從」。也就是說，公正通常與表現寬大有關，或是「彎折變通」，斟酌情況而寬待重罪犯。法律史上有個跟公正相關的重要案例，是以亞里斯多德的理念來呼籲，不過該案的問題所在，是因為法律對重罪犯設下的阻礙不夠。

一八八〇年，法蘭西斯．B．帕莫（Francis B. Palmer）立下遺囑，將大部分財產留給孫子艾默，而法蘭西斯的女兒要負責保管那筆錢，直到兒子艾默成年。艾默十六歲時，擔心祖父可能更改遺囑，於是下毒殺了他。雖然艾默可能會因殺人罪被起訴，但相關州（紐約州）並沒有法令可以阻止他日後得到那筆遺產。一八八九年，他的母親在民事法庭上力阻遺囑強制執行，經過多數裁決，再加上有人以亞里斯多德的公正原則呼籲支持，她贏得了那場官司。

當然，反對公正的最重要論點是，我們未必能仰賴運用者的正直與判斷力。如果法律的用意是要促進平等，那麼容許彈性應用法律時，確實要非常小心。在這一方面，說得最好的是十七世紀的英國國會議員和史學家約翰．塞爾登（John Selden）。他說公正「是無賴之事」，而且「以現任大法官的良心為依據」。他指出，我們不會用目前這位大法官的腳長來量長度，因為大法官們的腳大小不一：「這位大法官腳長，那位大法官腳短，第三位大法官腳又不一樣了；大法官的良心也一樣。」不過亞里斯多德會回應他，我們不能因噎廢食，只因為有些人無法承擔公正帶來的道德挑戰，就錯過真正的正義具備的所有助益。最後他強調，公正，就像慎思的能力一樣，是專屬於人類的特質。那是古典神話裡任意妄為的神無法瞭解也無法欣賞，甚至還會覺得很荒謬的。

今天，如果我們要擔任陪審員，或身為法官、教師、考官，以及其他任何決定賞罰或評估能力的職位，公正這個強大的工具確實可以幫助我們。對於父母，尤其在必須面對不只一個孩子的互相競爭與需求時，公正在家庭裡更是重要。我們或許相信，如果我們有兩個孩子，就應該將資產均分，一人一半，但要是其中一個有嚴重肢體障礙，終身都需要特殊照護，而我們的用意是要兩個孩子都得到充足照顧，或許我們就會認為，真正的公正安排要考慮孩子們個別的處境。近來，女權主義哲學家從亞里斯多德的公正衍生出這種「母職思考」（maternal thinking）的概念，兼顧社會政治與家庭層面。不同的公民需要得到不同的照顧和安排，將一模一樣的資源分配給每個公民的社會，是不可能達到真正公平的：應該要根據個人需求來處理。

人生的選擇大多不容易，但是在我們穿越日常生活的道德叢林，努力想要找出可行的道路時，每當談到正義與平等，在我們的意圖裡增加公正的概念，可以幫助我們做出最好的選擇。

Chapter 7

Love

愛

愛是人類生活不可或缺的東西。

很多人都幻想各種感情會神祕地自然產生，
但是亞里斯多德知道，那是需要努力的事。

我們要如何透過與他人的親密關係，將找到幸福的機會最大化呢？

「最自然」的夥伴關係

幸福永遠取決於個人關係。愛或許不是唯一讓人類「世界運轉」的東西，但當然是數一數二重要的。要愛誰、要怎麼愛，都是我們在人生中某個時刻會面對的抉擇。雖然在成年前，我們對於近親家庭的成員沒有太多選擇，但即使是小學生，也會在教室裡或操場上選擇要跟誰交朋友。十幾歲時，我們學習在家庭之外建立親密連結，好朋友變得異常重要。接著就是刺激的發現——性欲、情愫，還有初次的愛戀，英文的慣用說法則是：「跟某人談戀愛（'to be in love with' someone）」。

但是建立相愛關係只是故事的一部分而已；遲早每個人都要知道，何時該結束一段親密關係，或者至少將親密關係降級到點頭之交。很少有人到了中年，從來沒跟所愛的人吵過架，包括父母、子女或兄弟姊妹。交往再久、再好的朋友，也可能突然發現他背叛你或利用你。有相當比例的婚姻和同居關係，最後是以離婚或分手收場。那麼我們要如何透過與他人的親密關係，將找到幸福的機會最大化呢？

亞里斯多德認識性的力量，不過他長久以來對愛（*philia*）與關係的詳細討論，非常具有現代感，這是因為他並不認為性關係在本質上有何特殊之處，或者跟其他愛的連結在質性上有何不同。包含性的關係，只是「*philoi*」這個領域裡的主題之一，而 *philoi* 這個詞往往被翻譯成含意遠遠不足的「朋友」。不管是有性的關係（亦即婚姻或類似情況）還是無性的關係，都適用同樣的基本原則。與我們所愛之人的一切關係都需要努力，但也會得到不可估量的回報。

亞里斯多德認為，愛是人類生活不可或缺的東西。很多人都幻想各種感情會神祕地自然產生，但是亞里斯多德知道，那是需要努力的事。他談到人類社會時，最先提及的是最重要、也「最自然」的夥伴關係——婚姻組合。這是極為強烈的一種友誼，存在於你和你選擇結婚或永遠同住的個人之間。他設想一對異性戀夫妻，因為相互的支持而結合，彼此能力互補。如果人類想繁衍下去，他們也會需要彼此，而且「女性少了男性，男性少了女性，都辦不到這件事，這就是為何必須異性結合的原因」。

他沒有在任何地方討論過同性結合，但他當然也從未譴責過這種關係。他確實贊成劇作家阿里斯托芬（Aristophanes）在柏拉圖《饗宴篇》（*Symposium*）裡的說法，人的情欲配對分成三種：女男、女女、以及男男。亞里斯多德的重點不在於哪一種配對在本質上是錯的，而是在家庭以外任何過多的情愛，都會造成社會不穩定。他也以讚許的態度說過同性戀情侶菲洛勞斯（Philolaus，政治人物）和狄奧克勒斯（Diocles，奧運短跑冠軍）的愛情故事。歷經一番磨難，這對戀人在底比斯附近相鄰的墳墓裡安息了。

根據這兩段敘述，亞里斯多德如果生在現代，應該會以開放的態度接納同志婚姻。他相信最重要的夥伴關係，包含的遠不止於性和生育。他說，在遠比人類單純的動物之間，這種重要的依存關係只是為了繁殖而存在，「也只有在雙親都忙著傳宗接代的期間才會持續」。有些比較複雜、比較像人類的動物，「這種關係的形式應該就比較複雜，因為我們在牠們身上看到更多互助、合作與善意的例子」。但這種複雜性在人類身上是最顯著的。人類伴侶的合作超越肉體關係——不管是多愉悅的肉體關係，因為這種合作的目的「不僅僅是為了存在，還要在幸福裡存在」。

亞里斯多德倫理學幾乎沒有什麼不容變通的規則，不過他確實認為通姦是不應該的行為，因為欺騙配偶或伴侶會消磨信任，而信任是所有美好情誼的基礎。他強調，和竊盜、殺人一樣，通姦普遍受到厭惡：「這種事的對錯不視情況而定——例如，是否與適當的女人、在適當的時間、以適當的方式通姦。只要通姦就錯了。」他間接地對婚姻及終身的伴侶關係提供了很多建議，因為他在親密友誼方面的所有看法，都同樣適用於婚姻。對亞里斯多德來說，婚姻和其他友誼的差別，只是（儘管是重要的差別）在於較高的強度，以及一起投入養育共同的子女而已。這也適用於父母、子女及兄弟姊妹之間的近親關係，這種關係和家人以外的友誼不同之處，完全只是程度和強度的量性差異。

在這方面，瞭解亞里斯多德的個人生活可以帶來一點啟發。他在十幾歲時就失去雙親，而在他第一任妻子皮西厄斯的生前死後，他有很多年的時間都處於未婚狀態。他跟皮西厄斯生了一個女兒，也叫皮西厄斯。到了晚年，鰥居許久後，他再度找到幸福，跟一名來自家鄉斯塔基拉、名叫赫皮利斯（Herpyllis）的女人相戀。他並沒有娶她，這表示她很可能曾為奴隸，或屬於出身低下的非公民階級。不過他和她生了一個兒子尼各馬科，並把他的一部作品取名為《尼各馬科倫理學》。亞里斯多德還領養了外甥，也就是他姊姊的孩子尼卡諾（Nicanor）。從他最後的心願與遺囑可以看出，他花了很多心思來保護赫皮利斯和三個孩子的利益。

他還積極投入，交了一群忠實的朋友，尤其是赫米亞斯，位於現今土耳其西北方的阿索斯王國統治者。他離開柏拉圖學院後，在赫米亞斯那裡待了兩年。還有另一名好友泰奧弗拉斯托斯，幫助他設立了呂克昂。亞里斯多德寫到家庭關係和親密友誼時，見解深刻而細膩，看得出來他是根據親身經驗所寫，這其中有成功的情誼，也有深切的失望。

真正愛我們的人，會讓我們一生受益

在這個屬於臉書的時代，我們隨隨便便就丟出「朋友」這個詞，也因此貶低了這個概念。企圖心旺盛的人在社群媒體上到處交「朋友」，他們從不打算和這些人見面，卻希望對方能以「粉絲」身分追蹤自己。因此，我們應該回頭再讀一次《尼各馬科倫理學》第八卷一開始，亞里斯多德如何讚美真正用心的友誼：

> 友誼是人生最不可或缺的必需品之一。沒有人會選擇擁有一切好東西，卻沒有任何朋友。朋友可以幫助年輕人，避免他們犯錯；照顧老人，彌補他們失去的行動力；至於正值盛年的人，朋友可以

幫助他們做好事。

真正愛我們的人，會讓我們一生受益。所謂真正愛我們的人，對亞里斯多德來說，是指把我們的最佳利益，而不是他們自己的最佳利益放在心裡的人。這種慷慨的愛，是以自然為基礎：「父母對子女的感情，以及子女對父母的感情，似乎是天生的本能。不只人是如此，鳥類和大部分動物也是如此，同一物種彼此之間的友誼也一樣。」

這一點很重要，因為犬儒派哲學家第歐根尼（他和亞里斯多德是同時期的人物，觀點也常得到亞里斯多德認可）堅信，人類之間的情誼偏離了自然，是其他動物世界裡所沒有的。但亞里斯多德深入研究過動物，也被公認是動物學這門學科的創始者，他就認為愛的連結是自然的。唯一的差別是物種內的善意（例如在狗與狗之間、鳥與鳥之間都看得出來），「在人類之間特別強烈；所以我們才會讚美有同胞愛的人。即使到了海外，還是可以看到人與人之間普遍存在著自然的親切感和友誼。」我們都感受過惺惺相惜、彼此認同的顫動。舉例來說，我的經驗是與其他陌生的女人，像是在雅典的那個索馬利亞女人——儘管我們語言不通，她還是幫我將嬰兒車抬上擁擠的公車，然後因為我的寶寶嘗試跟她交流而開懷大笑。

亞里斯多德對友誼的研究在希臘文化中史無前例。他的看法比後來產生的任何友誼理論都還要豐富，這是因為他認為友誼有三種基本類型。想想每個朋友屬於哪一類，是很有用的方法，可以幫助你拋棄剝削你的朋友，在破碎的友誼結束時釋懷，更懂得選擇朋友，以及更努力去維繫最有望建立優質情誼的朋友。在雙方都用心經營友誼之後，萬一真正的朋友太早離世，你也會更加遺憾。正如詩人德瑞克．沃克特（Derek Walcott）在情感豐富的詩作〈海杖〉（Sea Canes）裡說的：

我一半的朋友都死了。

大地說，我會給你新朋友。

我哭著說，不，還是把他們還給我吧，

包括缺點和所有一切。

亞里斯多德表示認同。他說親密的老友死亡，是人類必須面對的最大難關之一。但是瞭解你的損失有多大，會讓你更珍惜現有的一切，同時幫助你日後更明智地投入認真的新友誼。

實用友誼——社交上的以物易物

有些友誼——或許是大多數——就只是對我們有用而已。動物也可以基於效用而交朋友，人類和寵物家畜的關係正是如此。友誼可以存在於兩隻動物之間，甚至是兩種動物之間：亞里斯多德提醒我們，鷸會幫忙鱷魚清潔牙齒，而鱷魚的牙齒則為鷸提供食物來源。實用的友誼沒什麼不對。你幫我抓背，我也幫你抓背，或者在你生病時幫你送小孩去上學。你和朋友雙方都從這種有益的關係中得到了某種東西。這算是一種社交上的以物易物。

鄰居之間的友誼對雙方來說也可以很有用。你們可以在一方離家時留意彼此的財物。你們可以幫忙餵食對方的寵物。鄰居不在時，你可以幫忙收宅配，反過來也一樣。你們可以交換會影響到雙方的重要地方消息或情報。信任很重要，如果你發現你的「實用朋友」不可靠，那你大可收回你一直習慣給予的福利。要是鄰居讓你的蒼鼠挨餓，你不會去傷害他們的貓，但會永遠不再答應照顧牠們。

很多實用友誼是基於共同點而建立。與需求、資源和社會地位類似的同儕（兒時玩伴、同學、同事、其他新手父母）培養友誼十分有用。因為是同儕，所以關係也是平等的，沒有一方的權力大於另一方。你們希望從這段關係中得到的東西，也大致相等。亞里斯多德把我們認識的海外友人也列在這一類，我們到他們的國家旅遊或有事要處理時，他們可能幫上忙，而他們來我們的國家時，我們也會幫忙。實用的朋友基本上是務實的安排，甚至不需要花太多時間見面相處。他注意到，實用友誼在老年人之間十分常見，因為他們在實際生活層面比年輕人或中、壯年人更需要幫助，卻往往不喜歡實用朋友的陪伴，「除非是對雙方都有好處，否則不需要進行友好的往來」。

不過，有些實用友誼會存在於不太相像的人之間，而亞里斯多德對於不對稱的友誼形成的壓力很感興趣。你可能跟你雇用來照顧孩子的人產生「實用」的友誼，也可能互相喜愛。但你給保母的東西（通常是金錢）和他們給你的東西（照顧孩子）並不一樣。身為學者，我與學生建立了「實用」的友誼，而他們則跟著我學習。這種友誼往往很像父母與子女的關係，因為我年紀比較大，正在協助他們某個層面的成長。不過這其中也牽涉到金錢的層面，因為追根究柢，我的部分薪水來自學生想來聽我講課的欲望。雖然有一樁交易支撐著這份實用友誼，往往還是可以基於這種信任而發展出相互的感情，但是我們不能期待得到超越合意交易的支持。很多實用友誼最後會瓦解，是因為有一方片面決定將這段關係提升到另一個層次，當這位實用的朋友不跟他們睡、不借他們錢，或不載他們到復健中心時，就覺得失望了。

亞里斯多德說得對，實用的朋友可能不太瞭解對方；當雙方的生活不再有相似性，例如你離開學校、職場或者母嬰團體，這段友誼經常自然而然就結束了。亞里斯多德舉的例子是在某段路程結伴同行的旅人，他們這麼做是「為了某種利益，也就是獲得某些必要的補給」，但之後就毫無傷痛地分開了。身為社交動物，我們有很多人生是花在實用的友誼上。但是這種友誼也有基本的規則，最重要的一點就是避免在同儕團體裡講負面的八卦，或是在背後說別人的壞話。在有人發出負面言論時改變話題，就能解除這個狀況。有好幾種方式可以破壞實用的友誼：對另一方期待太多、在對方不想跟你太親密時硬要拉近關係，或是「過度分享」，說太多私事而失了分寸。

享樂友誼——雙方都從中得到類似的樂趣

亞里斯多德的下一個友誼類型是基於樂趣建立的友誼。當雙方從這段關係中得到的是類似的東西，這種友誼就會長久持續。亞里斯多德提供的例子是兩個機智的人，他們喜歡跟對方見面，是因為他們會讓彼此笑。你可能會有幾個朋友，可以共享對戲劇、音樂劇或賽馬的熱愛，還有幾個是一起喝紅酒的朋友；這並不表示你可以請他們在生活的其他領域提供協助，你對他們也沒有進一步的義務。彼此相處歡樂，往往讓年輕人誤以為對方的道德力量和忠誠度與自己是對等的。可是有很多魅力滿分的人，可以以享樂朋友的身分豐富你的生活，但也永遠不會再超出這個範圍了。亞里斯多德指出，最容易建立享樂友誼的年齡層是年輕人，這一點確實沒錯：

年輕人結交朋友的動機顯然是樂趣，因為年輕人靠情緒來引領生活，而且往往會追求他們覺得愉悅的事物，以及當下的目標。而讓他們覺得開心的事，會隨著年紀增長而改變；也因此他們交朋友快、不當朋友也很快，因為他們的感情會隨著帶給他們樂趣的事物而改變。

年輕人之間也最常出現短暫的戀情，亞里斯多德認為這也是享樂友誼的一種。年輕人喜歡社交，容易受到感情衝動的驅使，所以很擅長開展享樂的友誼。而建立這種友誼的雙方享受到的愉悅往往是不對等的。「接受愛戀的關注而體會的喜悅，與凝視愛人的臉龐所帶來的樂趣是不一樣的。」

此時會產生的問題是，如果這種友誼是建立在對美貌的欣賞上，它也會隨著美貌褪去而消逝。（我們都知道有些妻子，甚至是丈夫，因為外貌不再而遭拋棄。）不過只要能欣賞彼此的性格，發展出更對等的關係，這種友誼也不是全無希望。這種狀況確實會發生，但亞里斯多德承認，只有在雙方道德價值相當時才有可能。物色結婚對象時，要找因為你永久的特質而喜歡你的人，而你自己也是因為同樣的理由喜歡對方。讓人驚訝的是，絕大多數人在開始一段認真的關係前，不曾對共同未來的願景做過坦誠的討論。如果你的人生規劃中包括生養孩子，而你選擇了一個不想有小孩的人當人生伴侶，那就沒有什麼意義。如果你非常重視事業，必須對工作投注很多時間和心力，另一半卻無法配合，你們之間一定走不下去。

這也是媒妁之言等包辦婚姻往往很成功的原因，因為承諾與共同計畫是這項正式協議的一部分。熱門電視節目《大英烤焗大賽》（*The Great British Bake Off*）二〇一五年的冠軍娜蒂雅．胡笙（Nadiya Hussain）曾經談過她是怎麼慢慢愛上丈夫的。當初兩人結婚是透過雙方父母的安排，那時她才十九歲。一直到跟丈夫生了兩個孩子，她才發現自己「愛上」他，也才明白他們有多相配。因為在丈夫當了父親之後，她得以近距離看到他的作為，以及他永久的道德特質。在李察．艾登保羅（Richard Attenborough）執導的傳記電影《影子大地》（*Shadowlands*, 1993）裡，作家C．S．路易斯（C. S. Lewis）和喬伊．戴維曼（Joy Davidman）的深厚情感也是如此。當初他們結婚是權宜之計，好讓身為美國人的戴維曼能定居英國，但經過密切互動，他們發現彼此有許多共同的興趣和價值觀，兩人的關係也豐富了彼此的人生。

實用友誼和享樂友誼都是正面的，也都能豐富人生。雖然亞里斯多德承認，壞人也能建立這兩種友誼，畢竟罪犯也會在法庭上為彼此說謊，一起追求並享受不道德的樂趣，但這些次要的友誼只能在本身的限制下發展。實用友誼要能持續，你必須履行自己當初答應的協議。基於享樂而建立的關係也適用同樣的原則：如果有人喜歡跟你相處，是因為你們兩人都愛好黑色幽默，那麼心情沮喪時在她面前哭泣、期望她支持你，並不會鼓勵她繼續跟你當朋友。（確實，亞里斯多德警告，讓自己對外呈現憂鬱或沉悶的性格，會讓你很難吸引到朋友；「好脾氣和容易相處，顯然是建立友誼的主要原因」。）

對於實用友誼和享樂友誼，亞里斯多德所做的結論是，這兩種友誼常會早早結束：「這樣的友誼很容易破裂，因為當事人自己改變了，對彼此不再有趣或有用，他們就會停止愛對方。而實用也不是永久的特質，不同的時期需求會不一樣。也因此，當建立友誼的動機消失，友誼本身也會瓦解，因為它的存在僅僅是達到目的的手段而已。」但無論對哪一方來說，友誼結束時完全不必痛苦，前提是沒有人自欺欺人，以為這段關係情深意重。

主要友誼——歷經時間考驗的相互信任

大部分的友誼問題，都是因為混淆了次要關係和永久且堅定承諾的主要關係。亞里斯多德說得簡單又明瞭：「朋友之間的歧異，最常出現在這份友誼的性質和他們以為的不一樣時。」第三種友誼，也是最高品質的友誼，是幸福家庭的成員之間，以及沒有親屬關係但雙方都付出努力的摯友之間，對彼此的愛。亞里斯多德的看法是：「我們認為朋友是所有好事裡數一數二美妙的，而沒有朋友與孤獨，是非常糟糕的事，因為整個人生和自主的互動，都跟我們愛的人有關。」

在努力要活得好的兩人之間建立的主要友誼，是對抗惡意謠言的保險。就像亞里斯多德說的，我們「對於自己親身驗證多年的朋友，不會輕易相信任何人對他的說法，彼此之間有共同的信任，永遠不會對不起對方，並且具備真正的友誼必需的所有特質。但其他形式的友誼都很容易因為毀謗與懷疑而瓦解。」我確定亞里斯多德一定結交了很好的朋友，幫助他對抗嫉妒他才能不凡的人，或是在他於公元前三三六年在雅典創立呂克昂時，暗指他背叛雅典、與馬其頓合作的人。

主要友誼與另外兩種友誼不太一樣的地方是，它需要時間。友誼的長度也保證了友誼的穩定度。亞里斯多德把選擇朋友和選擇大衣拿來相比。大衣穿舊了，新大衣就變得討喜了，但朋友不是這樣。認識某個朋友的時間越長，就越能確定他們是好人。就算你認為新朋友很好，偏愛老朋友也是明智的做法，因為新朋友的承諾尚未受到驗證。無條件的信任會不會因為任何一方的行為而遭到破壞，只能靠時間來考驗。亞里斯多德詼諧地引用傳統詩人泰奧格尼斯（Theognis）的話：「你無法知道一個男人或女人的心思，除非你像測試牛隻一樣對他們做過測試。」他還在別處引用過關於友誼的傳統希臘諺語：要稱某人為朋友，他必須跟你一起吃過大量的鹽，而鹽是社交餐食中不可少的成分。

信任不可能一天就建立，卻可以一天就摧毀。不忠、在你最需要時讓你失望，或做了對不起你的事，這樣的人不值得你視為主要朋友。我學會再給好朋友一次機會，但是僅只一次。也許是因為事情沒有解釋清楚，才出了狀況。但如果經過充分討論，他們還是犯了同樣的錯，那就表示問題出在他們某種永久存在的人格特質，而不只是誤會。當然，你未必要將他們完全排除在人生之外。我有兩個朋友，我不會完全信任他們，因為在我需要時，他們兩度都沒有支持我，儘管我常為他們這麼做。我把他們留下來了，但降級為「實用」或「享樂」朋友。亞里斯多德也有這種降級的朋友，因為他說他們需要特殊待遇：

這時要把以前的朋友當作從未是我們的朋友來對待嗎？或許我們應該記得過去的親密，而且正如同我們覺得對朋友應該比對陌生人好一點，念在過去的情份，也應該向曾是朋友的這些人付出某種程度的關注，但前提是，這份友誼的破裂不是因為對方做了極端可惡的事。

即使已經結束，懷念過去的深厚感情也可以讓結果有所不同。

亞里斯多德強調，沒有人能應付許多主要友誼。「要建立完美的友誼，你必須徹底瞭解某人，跟他們變得親密，這是很困難的事。」如果你有太多主要友誼，就會在忠誠上產生實際的衝突：「要與很多人親密地分享喜怒哀樂並不容易；你很可能同時要與某人共歡，又要與另一人同悲。」明智地選擇少數幾份主要友誼——大概少於一隻手的手指——然後小心維護。這其中包括了選擇配偶，還有很遺憾地，你也要決定在血親之中誰真的值得你付出。這份用心包括分享他們的痛苦與成功，並對彼此啟動善行的循環。亞里斯多德也建議，需要定期聯絡、持續交流。在電子郵件和各種通訊軟體盛行的現在，當然要比亞里斯多德的時代更容易與不在身邊的親朋好友保持密切聯絡。寶貴的親密友誼需要經常維繫。我以前出國時，不常打電話給丈夫和孩子，結果不是太好，所以現在我都會盡量天天向他們每個人報個平安。

人格比財富更寶貴，也跟友誼更有關連

亞里斯多德說，不好的人是看得出來的，因為他們習慣把物質利益看得比朋友的福祉更重要。古希臘有句俗諺說：「朋友之間，財產不分你我。」但是不道德的人會利用你的友誼來獲得可以從中謀求的物質利益，而不是為了友誼本身。他說，和你能提供的物質利益相比，你只是附屬品。不用說，這種朋友是「酒肉朋友」，一旦你有難、再也付不出酒錢，就會甩了你。

在一段觀察敏銳的文字裡，亞里斯多德神奇地預示了現代的心理投射概念。不道德的人可以基於樂趣而建立膚淺、短暫的友誼（兩個壞人可以開心地一起玩撲克牌），不過他們無法建立任何一種主要友誼，因為他們誰也不信。他們之所以無法信任別人，重點就在於他們是以自己的標準來衡量別人。因為驅動他們的是自私、嫉妒或只想贏的欲望，所以他們無法想像，當一個有道德良知的人受到追求普世幸福的欲望驅動時，會是什麼感覺。

真正以主要朋友的態度愛你的人，就算你不知道他們為你做了什麼好事，他們也會欣然包容。因為他們的目的不是為了向你證明什麼，也不是要得到回報，就只是想讓你得到最大的幸福。好的父母對子女就懷有這種利他的愛。事實上，亞里斯

多德認為，「父親愛子女勝過被子女所愛（母親更是如此），而子女愛自己的子女又勝過愛他們的父母」，這是應該的。他相信母親對子女的愛，更勝於父親對子女的愛，「因為人以難易度來評價工作，而在生育孩子這件事情上，母親承受了更多的痛苦」。

亞里斯多德舉了一個極端的例子來說明無私的愛。他說母親同意將孩子出養，是因為相信這麼做對孩子最好。他引用了一齣悲劇，當希臘人威脅要將赫克特的兒子阿斯提阿那克斯（Astyanax）從特洛伊的城牆丟下去，身為母親的安德洛瑪克（Andromache）為了救兒子一命，設法偷偷將他帶出城，希望會有別的女人領養他。這也表示她將失去他，而且阿斯提阿那克斯還那麼小，他永遠也不會知道她為了他所做的犧牲，甚至還可能怪她這個不知名的母親遺棄了他。就某種意義而言，主要朋友就像好母親：你痛苦時他們感同身受，希望可以代你承擔，好讓你不那麼痛。動物學家亞里斯多德又補充說：「主要朋友也像能感覺到彼此痛苦的鳥類。」有百分之九十以上的鳥類是一夫一妻制，但只有百分之三的哺乳類是如此，亞里斯多德觀察到個別鳥類之間長期的依戀，或許早就知道了這一點。

有些人或許不太能接受，亞里斯多德並不認為家人之間的主要友誼和非親屬之間的主要友誼有何差別。實際上，我們大部分的人，大多數時候都感覺得到家人之間和朋友之間的關係並不一樣。但不會只因為你跟某人有親屬關係，他們就一定會為你付出、對你忠誠、希望你安好，這是痛苦但必要的認知。這或許讓人覺得有點危險，不過理性地考量每一段家庭關係（你自己的孩子除外，因為你既然選擇把他們生下來，就有特別的責任要無條件地愛他們），並以亞里斯多德的標準來評估這些關係，結果會很值得。即使是核心家庭的成員，也可能會將他們的物質利益擺在你的安康之上，而危害你、背叛你，或是在你需要時不幫助你。血未必永遠濃於水：你自己結交的朋友，對你的愛可能遠勝過跟你有基因關係，或是你從小一起生活互動（如果你是被領養或寄養的孩子）的一群人。此時實用朋友的概念就能派上用場。如果你對某個堂表親或手足很好，但他們從未表現出禮尚往來的跡象，亞里斯多德會建議你將對方降級到次要朋友的地位。你們當然可以逢年過節問候一下，互邀參加婚禮，但不需要再多做什麼，也不需要感覺愧對對方。

對於主要友誼的維繫，亞里斯多德的考量非常細膩、周密。他說童年時期的朋友往往不會以同樣的速度「長大」，這聽起來好像是他的經驗談。不同的際遇發展，有可能讓以前的朋友無法再從彼此的關係中得到任何東西。如果跟我們很熟的某個人，性格似乎有了轉變，染上不道德的習性，那我們應該結束這段友誼嗎？道德有瑕疵的朋友通常無藥可救，除了扯你後腿，不可能有任何益處。不過和我自己的第二次機會（但是沒有第三次）原則一樣，我很高興地發現，如果這項缺點是可以改正的，亞里斯多德會給主要朋友再一次維持這份友誼的機會：「因為，只要他們能夠洗心革面，我們更應該在道德上幫助他們，勝過在金錢上提供資助，畢竟人格比財富更寶貴，也跟友誼更有關連。」

Chapter 8

Community

群體

古希臘象徵互惠的美惠三女神，分別代表「美麗」、「歡樂」與「豐富」。

她們出現在藝術作品時，往往手牽手圍成一圈，
因為三代表著打破簡單的雙向關係，進入一套複雜的交換系統，也形成社會的核心。

記得回報他人的善意，因為那是恩典的特徵，
人不只有責任回報別人對自己的服務，還要在其他時候主動提供服務。

投入互惠的善行時，人活得最好

在家人和親密的朋友之外，我們都是更大群體的一分子。我們的幸福，有一部分取決於能不能和本國同胞以及地球上其他國家的人民和諧共處。要履行身為群體成員的責任，有時並不容易，尤其是在政治動盪、或者我們不同意政府的政策時。另一個問題是，面對環境危機等大規模國際困境的無力感，往往讓人想退回私人生活，在娛樂中逃避現實。

亞里斯多德瞭解這一點。他自己就生活在反抗統治力量會極度危險的時空背景裡。在馬其頓，腓力二世處理國事像個冷酷的獨裁者；在雅典，雖然是民主體制，亞里斯多德卻永遠像個局外人，定居雅典的外國人並沒有當地公民的完整權利。他一定很想完全不管政治議題，徹底隱居在他的大型私人圖書館裡，但是他沒有。他繼續教導學生（有好幾人注定成為領導者），在呂克昂向一般雅典群眾演說。最重要的是，他繼續寫作，以非凡的洞察力書寫政治、公民與更廣大人類社群的關係，甚至是人與大自然、動物世界的關係。

對亞里斯多德來說，僅憑一己之力不可能創造出有效的幸福。人類或許能享受短暫的孤獨，但從生物學上來說，人是群居動物，與其他人類和動物共同生活，並投入互惠的善行時，人活得最好。在古希臘，象徵互惠的神靈是美惠三女神，分別代表「美麗」、「歡樂」與「豐富」的三姊妹。她們出現在藝術作品時，往往手牽手圍成一圈，因為三代表著打破簡單的雙向關係，進入一套複雜的交換系統，這套系統也形成社會的核心。這個意象反映了人類社群在「有德的迴圈裡」互助合作、生生不息。亞里斯多德贊同在公共場所顯眼地設置美惠三女神聖壇的習俗，「以提醒我們回報他人的善意；因為那是恩典的特徵，畢竟人不只有責任回報別人對自己的服務，還要在其他時候主動提供服務。」從德行倫理學的角度來看，僅僅回應友善的舉動是不夠的，必須從自己做起，主動積極地發揮合作精神。

亞里斯多德在《尼各馬科倫理學》和《政治學》裡，討論到人類該如何群居最好。他以不同濃度的糖水來比喻，說明我們對個別家庭成員、朋友以及公民同胞的不同感情強度。「父母子女的相互權利，不同於兄弟姊妹之間；社團或社會組織成員的義務，與公民同胞的義務並非一模一樣；其他形式的友誼也是類似的情況。」傷害了某人時，與對方的關係越密切，事態就越嚴重：騙朋友的錢，比騙一般公民的錢更讓人震驚；拒絕幫助兄弟，卻沒有拒絕幫助陌生人也是如此。

「安全航行是所有人的事」

在亞里斯多德的政治理論裡，我們與其他公民的關係，屬於特殊類別的實用友誼，因共同的利益而存在，當共同的自我利益消失時，這種友誼也就結束了。組成城邦的個人之間若缺乏友好的合作關係，城邦就無法順暢運作。伊斯梅爾・卡達萊（Ismail Kadare）的《阿伽門農的女兒》（*Agamemnon's Daughter*, 2003），就深刻地描寫出所有人際關係在失序的國家裡，可能會退化成什麼樣貌。這部小說用尤里庇狄斯的悲劇《伊菲革涅亞在奧利斯》（*Iphigenia in Aulis*）（亞里斯多德恰巧也很喜歡這部作品）中女主人翁的犧牲為範例，訴說一九八〇年代初期阿爾巴尼亞泯滅人性的政權造成的後果，普遍的道德墮落折磨著在不負責任的政府統治下的每個人民。卡達萊讓人得見，當人心只感覺得到恐怖時，所有人是如何處在失去道德標準的險境：

> 每一天我們都感覺集體內疚的齒輪和輪子將我們進一步往下壓。我們不得不表明立場、指控、毀謗——先是對自己，然後是對其他所有人。這真的是很狠毒的方法，因為一旦貶低了自己，要污辱周遭的所有人就很容易。每過一天、每過一個鐘頭，從道德價值上剝下來的肉又多了一些。

亞里斯多德理想中的國家正好相反：國家是主要關係的放大。一個好的城邦政府，會以人民的幸福為目標，需要以公民之間的友誼為基礎，也會促進這種友誼。

亞里斯多德把這種公民友誼的基礎稱為「公民和諧」（civic concord），以形容對同屬一國的其他個人堅定不變的態度。這種態度包含善意和相互承擔的責任，目標是以符合道德良知的方式，確保每個人都得到最妥善的安排。遺憾的是，永遠會有公民無法參與公民和諧計畫，就像他們永遠無法在私生活中建立真正的友誼，「因為他們總想得到超乎自己應得的利益，該承擔的工作和公共責任卻能推就推」。亞里斯多德說得很清楚，只愛自己，而且拿取的社會資源超過自己應得分量的人，理應受到譴責。此外，「人不能既想從群體中賺錢，又期望得到群體的尊重；人不會想從朋友身上賺錢」。但只要大多數的公民彼此以朋友相待，整個國家都可以追求幸福。

公民之間的實用友誼，其運作範圍比職場或學校裡的實用友誼大得多。不過亞里斯多德強調公民同胞的關係是一種友誼，是因為他認為幸福的城邦不應該超過某種規模。他驚愕又不以為然地提到巴比倫，說它大到「被攻陷時，有好大一部分的市民三天後還不知道」。人口過多也會導致貧窮；他提到科林斯（Corinth）有位立法者主張，最好的政策是始終維持同樣的人口數。亞里斯多德相信，公民社群要運作良好，它的規模就跟船一樣，自然有其限制。一艘船不能太小（不比一隻手臂寬），也不能太長（大約四百公尺），否則都會無法有效運作。即使在公元前四世紀，他也似乎更擔心人口過多，而不是太少的問題。

他還用「國家之船」的比喻來說明公民和諧。公民同胞是同一個社群裡的夥伴，就跟水手一樣。「雖然每名水手各司其職——有人划槳，有人操舵，有人眺望，還有人負責其他類似的特定任務」，而各自的能力也是個人獨有，但他們追求的都是同一個目標，「安全航行是所有人的事」。同樣地，在幸福的國家裡，雖然公民從事不同的職業，但整個社會的福祉就是他們共同的目標。

民主體制可能做出更好的決定

個人關係是政治共同體的支撐力量，而亞里斯多德就藉由個人關係的健康程度，來思考政治體制。他仔細比較了古希臘的四種體制——民主制、專制、貴族制以及君主制（偶爾還會加上第五種——結合數個種族，由一位「大王」（*pambasileus*）統治的超君主制，這個設定可能是用以形容馬其頓的帝國計畫），而這些比較與討論對政治思想和政治實務都產生了不可計量的影響。亞里斯多德的《政治學》首度被翻譯成現代語言，並且被上述體制的擁護者加以運用的那一刻，歐洲政治理論的詞彙也就問世了。一六四九年一月，英格蘭國王查理一世被斬首，一個月後，思想家約翰．密爾頓（John Milton）的《論國王與官吏的職權》（*The Tenure of Kings and Magistrates*）出版，主張在國王只對上帝負責的情況下，弒君有理，書中就使用了亞里斯多德在《政治學》裡對君主所下的定義。

亞里斯多德最嚴厲批評的是專制，他說殘暴的專制會打壓公民培養自尊與自信的任何活動。這些活動顯然包括了柏拉圖和亞里斯多德等哲學家在做的事——「組織研究圈及其他討論會」。今天，我們大多數的人都不會樂於生活在壓制自學或討論的體制之下，事實上，應該說除了民主以外的體制，我們都無法接受。全世界有超過半數的人們，目前都是生活在選舉制的民主國家，但是以亞里斯多德的道德標準來看，這些國家之中有很多都大舉接受全然的惡行：大多數的統計資料都顯示，現今只有不到四成的人們，是生活在尊重基本人權及法律規範的國家。對於使用酷刑來挖掘資訊的政權，亞里斯多德是這麼回應的：別再那麼做了，因為沒有用。就如他在《修辭學》裡冷冷地說，「遭受酷刑的人很可能會以假亂真。有些人為了隱瞞真相而準備忍受一切；同樣地，也會有人為了想快點擺脫酷刑，而對他人做出虛假的指控。」

他知道民主會衍生很多問題。在一段多少世紀來都擲地有聲的敘述裡，他承認對財產所有權的監管會導致不滿：「如果享受產品和生產工作這兩者最後並不對等，做得少卻拿得多或享受得多，和做得多卻拿得少的兩種人之間，一定會產生抱怨。」他嚴肅地做了結論，認為這些是難以解決的問題：「整體來說，要共同生活並分享所有人類事務並不容易，尤其是分享類似這樣的東西。」不過，即使只是有居住權的外國人，不具備公民的權利，他還是選擇在雅典度過了三十載以上的成年人生，因此他想必並不認為民主體制是有害的。

與其他制度相比，他比較不反對民主制度。他在《修辭學》裡定義了不同體制的目標，讓民主顯得比較討喜：民主的目標是自由，相對於財富（寡頭政治的目標）、高度文化及服從法律（貴族制的目標）以及自我保護（專制的目標）。他指出，

「在統治者和人民之間，友誼和正義最有伸展空間的政體」是民主制，「在民主制裡，公民是平等的，有很多共同點」。而對公民之間的友誼和正義最具敵意的政體，當然就是專制了。

亞里斯多德也認為，雖然民主國家也可能墮落，但由民主體制賦予權利的廣大選民，比起其他體制的少數統治者，有可能做出更好的決定。他拿眾多市民聯合舉辦、每個人貢獻不同菜餚的公共宴會，來比喻眾人做出的決定。他說這種宴會一定比由單一主人供應的晚宴更好，同樣地，當公民一起審判法律案件、集思廣益時，「眾人就好像成為一個有很多腳、很多手、很多感官的人，在道德和智性上也構成了單一人格。也因此，對音樂作品和詩作來說，一般大眾是更好的評審，因為不同的人可以評判表演的不同部分，所有的人就能評判作品的全貌了。」而今日的我們或許會從亞里斯多德的建議中學到，在理想的民主體制下，所有公民都應該能夠、也被鼓勵參與政府的運作，透過設立短期職位和財務補助，暫時離開自己的崗位，去擔負陪審團之類的責任。亞里斯多德也指出，人數眾多的公民，比起單獨一人更難腐敗，就像要污染「一條大河」會比污染涓滴細流更難。個人的判斷力會受到憤怒或其他強烈情緒的扭曲，但不太可能一個民主國家裡的所有公民都同時生氣。

社會結構只有在適應人性時才會穩定

至少有一半的地球公民，並未將相對的政治穩定視為理所當然。亞里斯多德是烏托邦主義者，因為他想像每個活著的人都有可能實現潛能，充分發揮自己的能力（根據美國政治哲學家約翰・羅爾斯〔John Rawls〕的說法，這就是獨特的「亞里斯多德原則」）。他甚至想像了一個未來世界，科技的進步使得社會不再需要人工（以他的時空背景來說就是奴隸）。他記得神話中的工匠代達洛斯（Daedalus）和赫菲斯托斯（Hephaestus），打造了會聽令移動及工作的機器人，而不再需要人類僕役：「如果每樣工具都能聽令執行工作，或者事先知道該做什麼，就像故事中代達洛斯的雕像，或是赫菲斯托斯的三腳台架——詩人說它『會自動進入神聚集之處』。如果梭子可以這樣編織，撥片可以自行彈奏豎琴，工匠師傅就不需要助手，主人也不需要奴隸。」這段話簡直像是他早就預見了人工智慧在現代的發展。

亞里斯多德的烏托邦政治理論非常靈活。不管你是資本家或社會主義者、商人或慈善工作者，投票給（幾乎）任何政黨，都仍然可以是堅定的亞里斯多德主義者。由於亞里斯多德強調社會結構只有在適應人性的情況下才會穩定，他有時會成為保守派的樣板人物：班傑明・威克（Benjamin Wiker）所寫的《保守派必讀的十本書》（*Ten Books Every Conservative Must Read*, 2010）就極力讚美他。不過，必須是無法忍受公民同胞中有窮人的資本家，才算是亞里斯多德式的資本家。

亞里斯多德知道物資稀少時，人類就會產生衝突。不過他也認同迄今仍支撐著現代資本主義的基本法則。他是第一個解釋「壟斷」概念的古希臘作者，而他用的正是壟斷（monopoly）這個字，也提供了例子。他的重點是要證明哲學家有能力經營成功的事業——只是他們比較喜歡專心研究較高層次的事物——藉此反駁有些人說哲學無用。泰利斯（Thales）在公元前六世紀開創了自然科學，有人批評他，說哲學和探究知識的人生毫無用處。但有一年冬天，他利用科學知識預測翌年夏天橄欖會豐收，有先見之明的他，把那一帶的橄欖壓榨機全都租下來，取得了完全壟斷的局面，再以高價轉租出去。亞里斯多德告訴我們，他賺了一大筆錢，「足以證明哲學家如果想做，要發財是很容易的，只是這不是他們在意的事。」

亞里斯多德堅持將政治理論奠基於人類的基本需求，也因此構思出他那個時代最先進的經濟理念，這就是卡爾．馬克思如此崇拜亞里斯多德的主要原因，也是亞里斯多德在左派和保守派中都有眾多追隨者的理由。不過亞里斯多德派的社會主義者必須承認，將強制公有制延伸到家用住宅是行不通的。在不清楚某項國家資產該由誰負責時，亞里斯多德相信絕對沒有人會負起責任。他還注意到，越多人擁有某一種財產，每個人對這項財產付出的關照就會越少。人會照顧東西，是因為喜歡私有的感覺，也因為這些東西對他們有價值；要是和別人共有，這兩種特質都會被稀釋。亞里斯多德認為，「如果某樣東西要大費周章取得，人們就會更愛它。舉例來說，自己賺錢的人，會比繼承財富的人更愛錢。」經由努力工作取得任何一種資產，會比毫不費力得來引發更強烈的依戀感。

亞里斯多德派的社會主義者會欣喜地發現，他譴責極端的貧窮是衝突與犯罪的起因，他也很認真看待與他同時期的平等主義者迦克墩的法里亞斯（Phaleas of Chalcedon）主張的激進觀點，後者認為財產不均等是內亂的普遍成因。法里亞斯建議，所有公民都應該擁有等量的財產。亞里斯多德雖然不認同這麼極端的均等化，不過他明顯贊成柏拉圖在《法律篇》（*Laws*）提出的建議——任何公民擁有的資產，都不該超過資產最少者的五倍。（當然，這種貧富差距遠低於現代西方資本主義所能容許的程度。二〇一六年六月七日，WPP廣告集團執行長馬丁．索瑞爾（Martin Sorrell）公開為自己要求的七千零四十萬英鎊年薪辯護。這不是一名倉庫工人薪水的五倍，而是五千倍。）亞里斯多德承認，財富不均會造成很多問題，包括撕裂關係的訴訟，以及對超級富豪的阿諛奉承。

不過亞里斯多德也瞭解，經濟上的一致性可能會損及家庭狀態的多樣化，進而影響到國家文化的豐富性，同時使家庭成員和國家成員之間不再有明顯差異。一個由完全一模一樣的元素組成的國家，不會像一個能容忍有限程度不平等的國家那麼幸福。以音樂來比喻，就好像「把和聲變成完全一致，把節奏變成單一音步」。亞里斯多德派的社會主義者必須接受，不良行為和不良體制之間是有差別的。

世上一切事物的整合性與相互作用

雖然在政治觀點上支持左派和右派的人都能（在某個限度內）實踐亞里斯多德的道德哲學，但是否認氣候變遷的人，不可能在他身上得到多少鼓勵。身為自然科學家，他相信應該一再親自觀察世界向他呈現的樣貌（*ta phainomena*），並基於觀察的結果仔細研究，嚴格檢驗各種假設。如果亞里斯多德可以來到我們今日的世界，一定會對眼前人類破壞環境的大量證據感到震驚。他對物理世界的詳細科學研究，以及人類身為有血有肉、會呼吸有生命的動物在這個世界裡所處的位置，都是奠定他的道德哲學的先決條件。

亞里斯多德把人類視為動物——假設是先進動物，藉此讓我們和物質環境之間的道德關係產生轉變，這個觀點至今對我們來說仍極具深意。當我們意識到人類這個物種，對我們和許多其他生物共享的星球造成這麼大的損害，就能理解他的科學思想確實是人類獲取滿足的基礎。看到我們沒有對這個世界和居住其中的非人類居民認真負起責任，以致於造成如今混亂的局面，亞里斯多德一定會大驚失色。此外，他強調要過審慎計畫的人生，對我們的心理幸福和生理健康都要負起長遠而完全的責任，科學家和古典學家應該都會同意，這樣的他足以成為今天的環保運動者。

生態學經常使用亞里斯多德的理論，因為他著重物理世界的因果關係，也強調世上一切事物的整合性與相互作用，這樣的觀點與複雜系統理論（complex systems theory）相容。⑩ 生態學家指出，亞里斯多德在《形上學》裡把大自然（*physis*）的和諧與相互關連寫得很美：

〔宇宙裡的〕一切事物都以某種方式有條理地安排在一起，但是並不完全一樣——魚類、禽類和植物都是；這個世界並不是這樣東西和另一樣東西毫不相關，而是彼此連結的。因為萬物都為了同一個目的有條理地安排在一起……萬物共享整體的美善。⑪

在亞里斯多德眼中，植物、動物和人類存在於相互依存的同心圓中：「大自然從無生命的物體到動物生命一點一滴地前進，以致於無法劃下明確的分界線。」他理解到氣候可能隨著時間而改變，也瞭解環境的變遷可能威脅到人類。在《天象論》

（*Meteorology*）裡，他談到地球的老化，以及陸地與海洋相互關係的變化。所有種族（*ethnoi*）還來不及記錄自己發生了什麼事，就已被摧毀。他說經過一段時間，邁錫尼（Mycenae）周遭的土地就變得乾燥又荒蕪。

同樣與環境保護主義相關的，是亞里斯多德的經濟道德觀。他說商業活動可以分成兩種。第一種是自然的，也是活得好的一部分，因為人要在家裡住得舒服，就會需要一些東西。不過這種商業活動有其限制，因為到了某個程度，人就有足夠的商品可以好好生存。而另一種商業活動，亞里斯多德認為基本上是不自然的，也不受任何限制的束縛：他說的有可能是不受拘束的工業資本主義⑫。只有人類具有道德行動能力，也因此只有人類，和數量驚人的動植物共同生活在地球這個自然世界的人類，有獨特的責任要照顧地球。但也因為具有獨特的心智稟賦，人類也有能力造成可怕的破壞。正如亞里斯多德說的，一個壞人造成的傷害，可以比一隻動物多一萬倍，這句話一語道破人與動物的確切差別，讓人不寒而慄。由於人類發明了武器，而且會將其用於邪惡目的，不道德的人就變成了最可怕、最野蠻的動物。

科學家應該聽「普通」人的話

亞里斯多德關於動物的著作，也顯示他對俗人平民的判斷與觀察深具信心，這跟他相信由民主構成的「聰明行動族」能做出最好的集體決策有關。他提到他從科斯島（Cos）的女性島民身上學到的事，還有大天蠶蛾從毛毛蟲到繭等各階段的變化。那裡的女人「剝大天蠶蛾的繭抽絲，再用這些絲纏成線、織成布；據說一個名叫潘菲拉（Pamphila）的女人，也就是普拉圖斯（Plateus）的女兒，率先發明了這種布料」。他跟獵人交談，獵人跟他說，他們會對鹿彈奏音樂來引誘鹿，還有年輕雄鹿生出來的第一個短角，有個跟衣夾很像的俗稱。

他詳細討論到魚類的聽力和味覺，這些都是他多次長時間和漁民聊天，瞭解他們如何利用噪音、寂靜及美味的魚餌來增加捕獲量得知的。他談到雅典的法勒隆（Phaleron）和派瑞斯（Piraeus）兩個港口，鯷魚的種類有何不同。他學到漁民根據貝類的外型或其他特徵為牠們取的俗名，像是「洋蔥」和「臭貝」。這些舉動恐怕會讓柏拉圖大驚失色。身為柏拉圖學院的院長，深信莊嚴的「形式」理論，他一定會對亞里斯多德的這番慷慨陳詞嗤之以鼻——科學家應該聽「普通」人的話，因為這些人每天幹活都要跟動植物為伍，無論是獵人、農人或漁民。「那些在生活上與大自然現象更密切交流的人，更能歸納出相互關連、適用廣泛的原則。」

我們可以從亞里斯多德的科學裡學到的最重要教訓，是人類與大自然其他一切的關係。談到動物毛皮、羽翼的變色，他先從人類動物的毛髮變白開始討論起。他說「太陽穴上方的頭髮最先變白，而前面的頭髮白得比後面的快；恥骨上的毛髮是最後變色的」。接著他談到動物，大部分的動物都跟人類一樣，「只會隨著年紀的增長變色」。鶴是一個例外，而飲食、季節性的脫皮，還有環境因素，像是綿羊泡在其中的河水性質等，都可能改變其他物種的顏色。

亞里斯多德解釋，人的群居天性跟一些動物相同，如蜜蜂、黃蜂、螞蟻和鶴。但人是複雜的動物，所以也喜歡獨處，至少是有限程度的獨處。有些動物跟人類一樣，以某種可識別的政府形式生活，例如蜂有蜂王。有些動物會到處遷徙，有些動物則固定在同一個地方生活，甚至建造永久的居處，並訓練下一代妥善使用牠們的家園，就像人類的作法。在這方面，燕子尤其讓他著迷：

跟人一樣，這種鳥把泥巴和糠混在一起；要是泥巴用完了，牠就讓身體泡一下水，然後帶著一身濕羽毛在塵土中打滾。此外，牠也會跟人一樣，用乾草做床，下方放硬物做底，再調整成適合自己的大小。爸爸媽媽合作一起養幼鳥，兩隻親鳥會熟練地留意每隻幼鳥都餵到了，而且沒有哪一隻餵了兩次；剛開始爸媽會把排泄物從巢裡清出去，不過等小鳥長大一點，牠們就會教孩子移動位置，讓排泄物從巢的側邊掉下去。

身為愛好動物人士，亞里斯多德很喜歡自己在那些動物學著作裡記錄的觀察結果。從很多句子都看得出來，如果他活在今日，應該會跟生物學家大衛．艾登堡爵士（Sir David Attenborough）一樣，製作出很精彩的自然紀錄片。他寫過一種特別的鷦鷯：「不比蝗蟲大，有著鮮紅金色的羽冠，從各方面來說都是一隻漂亮而優雅的小鳥。」能寫出這種文字的男人，實在很難讓人不喜歡。

亞里斯多德進一步提出了鳥類遷徙越過黑海和地中海的複雜理論，這一定需要縝密的觀察。他認為鳥類在某些方面特別接近智人：我們跟鳥類不僅一樣用兩隻腳直立走路，也都具備「清晰發音的能力」。他最後總結了各種動物的發音天分：

> 有些動物會發出聲音，有些動物很安靜，還有些動物具有語音能力。在最後這一項裡，有些動物能用口語清楚表達，有些則說不清楚；有些天生可以發出連續的啁啾與嘰喳聲，有些則傾向保持沉

默；有些聲音像音樂，有些不像音樂；不過所有動物行使歌唱或啼叫的能力，主要是為了跟異性交配，這一點倒是毫無例外。

他似乎跟專業捕鳥人聊過，對方精通各種鳥類的智商，而且能言善道。他形容一種長耳鴞是「鳥中惡棍，很會模仿；捕鳥人會在牠面前跳舞，而另一名同夥就趁長耳鴞模仿他的動作時，從後面過去把牠抓起來」。他參與過一場實驗性質的飲酒會，會中有隻愛說話的印度鸚鵡：「對了，鸚鵡喝了酒之後，變得比原先更愛說笑了。」

預見人為干擾對大自然的破壞性

在亞里斯多德的時代，即使是在已知的世界，人口也很少，而當時的人並不確定在他們已經踏足並經常接觸的地方之外，世界到底有多大。雖然食物偶爾會短缺，但幾乎沒有人意識到大自然提供的一切——木材、魚類、鳴禽、山獅、可以殖民的新海岸——可能有一天會完全耗竭。亞里斯多德在談到貝類時提出了預示，發現在列斯伏斯島的潟湖裡有一種特別的扇貝——紅扇貝——真的已經絕種了。那裡的紅扇貝全數死亡，一部分是因為乾旱，但「一部分是用來捕撈扇貝的挖泥機造成的」。

人類導致一整個原本存在的生物群體徹底滅絕。這或許是最早提及過度捕撈的世界文獻，也是目前全球都體認到的環境危機。他還提到人類因為貪財而人為干擾原本自然生滅的動物數量所造成的破壞，並且說我們是「喀帕蘇斯島人（Carpathos）」。喀帕蘇斯島人想靠繁殖野兔賺錢，於是把第一對野兔帶到島上。結果，喀帕蘇斯島很快就兔滿為患，破壞了農作、菜園和植物生態。

亞里斯多德注意到農耕可能干擾自然界的破壞性。他甚至建議，讓食用蔬菜自生自滅會比人工灌溉長得更好。他當然也譴責人類養殖動物的某些做法違反自然、造成危害。有些動物育種人會讓某些動物的年輕公仔和自己的母親交配。之所以採用這種母子近親繁殖的作法，不是因為主人沒錢租用種畜，就是那些動物具有格外優良的特性，他們想要將其延續。

這種作法在現今的純種狗育種人之間也時有所聞，雖然它已證實有遺傳風險，也是一種虐待動物的行為；品系育種（line breeding），亦即動物和同代遠親交配，絕對更為理想。亞里斯多德毫不懷疑，動物在天性上並不想跟自己的母親交配，他也收集到一些動物反抗強迫執行「戀母情結」的例子：「公駱駝拒絕和自己的母親交合；如果飼主強迫牠，牠會表現出厭惡的樣子。有一次，年輕公駱駝拒絕交配，飼主於是把駱駝媽媽蓋起來，再把年輕公駱駝牽過去。當交配結束、蓋住母駱駝的布被拿掉後，雖然事情已無可挽回，年輕公駱駝還是一口一口把飼主咬死了。」

亞里斯多德近距離研究過養馬的行為，在另一個例子裡，他敘述有一頭年輕種馬被迫讓自己的母親受孕，結果像悲劇英雄一樣，把滿腔憤怒發洩在自己身上：

> 西徐亞王（Scythia）有頭很會生育的母馬，牠生的小馬都很漂亮。為了讓最優秀的年輕公馬和母親交配，他把年輕公馬牽到馬廄，牠卻拒絕這麼做。後來，西徐亞王把母馬的頭用遮布蓋起來，年輕公馬就在不知情的狀況下完成了交配。事情結束，遮布拿開，年輕公馬一看到母馬的頭，立刻衝了出去，跳下懸崖。

各種飼養馬匹的方法似乎也讓亞里斯多德憂心。馬兒應該在草原上自由奔跑才不會染病，即使這樣馬蹄會發痛，也會自我修復。馬廄反而是營養不良及各種感染的滋生地：「養在馬廄裡的馬可能染上各種疾病，其中一種會侵襲後腿（可能是馬退化性腦脊髓病，由維生素缺乏導致，或是馬傳染性貧血、馬疱疹病毒第一型）。

亞里斯多德對自私的基因［編註①］或天擇一無所知，但他當然注意到每個地區的氣候、地形以及出沒的動物類型之間的關係。在希臘內陸或北部，「伊利里亞、色雷斯、伊庇魯斯等地，驢子都長得很小，而在高盧（Gaul）和西徐亞則完全看不到驢子，因為這些國家的氣候太過寒冷。在阿拉伯，蜥蜴比手肘還要長，老鼠則比我們的田鼠還要大。」同樣地，他也不會知道什麼是物種共振，不過他提到公元前三九五年的一次事件，當時希臘南部的烏鴉都不見了，因為北部發生一場戰役，死亡人數相當多，而烏鴉是很懂得把握機會的食腐鳥。亞里斯多德從此事冷靜地推論，即使隔著遙遠的距離，「鳥類彼此之間似乎有某種相互交流的方法」。

身為人類，代表著什麼意義

在《動物志》裡，亞里斯多德將地球上所有動物做了精彩的分類，這同時也闡述了身為人類的意義，畢竟人類也是動物，只是有些顯著不同的特性。不過，動物在某些方面確實比較優越。有些事動物做得到，人類做不到：提到動物有顯眼的外耳時，他說只有人類「無法移動這個器官」。其實有些人——固然是極少數的人——可以扭動耳朵，但亞里斯多德顯然不是這種人。他還知道，有些動物的大部分感官都發展得比人類優異許多：「在各種感官裡，人類的觸覺比其他動物都更精細，味覺也是，但程度相差較少；至於其他感官的發展，人類就比不上許多動物了。」

亞里斯多德建議要善待動物，雅典人、蘇格拉底的學生色諾芬也抱持相同的意見，他還寫了以馬和狗為主題的書籍《騎兵指揮官》（*The Cavalry Commander*）和《與狗共獵》（*Hunting with Dogs*）。亞里斯多德瞭解貧窮是人類社會衝突的直接成因，同樣地，他也強調動物的攻擊性與資源稀少有關，尤其是食物。他曾對如何處置交配季的公象提出建議：「豐富的食物會讓公象比較溫和。」事實上，他認為飢餓會導致人與野獸之間的衝突：

我們甚至可以說，要是不缺食物，那麼現在害怕人類的那些動物，或是野性強烈的動物，都有可能被馴服、跟人親近，動物彼此之間也是同樣的情況。從埃及對待動物的方式就能看出這一點，因為不斷提供食物，連最凶猛的動物都能夠和平相處。有些地方的鱷魚對餵養牠們的神職人員非常溫馴。

編①：英國演化生物學家理察．道金斯（Richard Dawkins）在一九七六年出版《自私的基因》（*The Selfish Gene*）一書，根據以基因為中心的進化論觀點，指出生物體的各種行為，無論是自私或利他，都是以利於基因傳播為最終目的。

不過他也注意到，人類對動物的瞭解，會使得動物更容易被利用剝削。他談到色雷斯那兒的豬是怎麼飼養的。他說小牛的角很軟，如果包上蠟，用人工塑形，就能長成任何形狀。他還知道一種淘汰危險蛇類的驚人方法。「牠們特別愛喝紅酒，因此，有時人會把酒倒在碟子上，放進牆壁的空隙讓蛇喝醉，再趁機殺掉牠們。」

最讓他欣喜的是人類和動物之間的互動與合作。他在作品中記錄了雅典最有名騾子的事蹟，據說牠活到八十歲，當時正在興建帕德嫩神廟（亦即公元前四三〇年左右）。那頭騾子因為年紀太大，所以「退休」了不必再工作，可是牠每天都主動去幫忙拉重物，和其他騾子一起幹活，還鼓勵牠們。「也因此，雅典頒布了一道公共法令，禁止麵包師傅把這頭騾子從麵包架趕走。」亞里斯多德也強烈感受到海豚的超高智慧，許多現代科學家相信唯有智人的智力可以比擬。他提到一隻海豚被漁夫用漁網捕獲了，牠的同伴於是成群結隊游入卡里亞（Caria，位於土耳其西南方）的港灣，直到牠被放走才離開。

除了海豚，亞里斯多德最喜歡描寫、也很欣賞的動物，是另一種最具社會性也最聰明的動物——大象。大象的鼻子讓他十分驚嘆：

牠有個特別的鼻子，特性和大小讓牠能像使用手那樣地使用它。牠吃東西、喝水時，就用這個身體部位幫忙把食物送進嘴裡。牠也用同一個器官把物品拿給騎在牠背上的人；牠可以用鼻子將樹連根拔起，而過河時，牠又用它來噴水。這個器官可以彎曲，尾端也可以纏繞，不過不能像關節一樣伸展，因為它是由軟骨構成的。

不過他最欣賞的，是大象的智力和性情：「最容易馴服也最溫和的野生動物，就是大象。牠可以學會好幾種把戲，重點和意義牠都瞭解；舉例來說，牠能學會在國王面前下跪。牠很敏感，智力也高於其他動物。」

他還收集到一些其他的報告，顯示人類和動物之間有建設性的互動。他認為母紅鹿非常聰明，因為他注意到牠們會將小鹿帶到馬路邊——把幼鹿當獵物的野生動物不太敢在那裡下手，怕人類會經過。他提到，在亞速海（Sea of Azov）沿岸的黑海東北地區，狼和漁夫會互相合作，只要漁夫把漁獲分一些給狼就沒問題。但要是漁夫沒給牠們魚，狼就會「趁漁網放在岸上曬乾時，把漁網撕破」。看到一種他稱之為「花鱸」的魚，就表示「附近沒有危險的動物，潛水人可以安全下水去撿拾海綿動物」。他告訴我們，潛水人太感激花鱸了，就把牠們改名叫「聖魚」。

亞里斯多德認同，人類身為動物，必須以肉體的生存為優先努力的目標——得到足夠的食物、飲水及住所，以免活不到下一週——然後才能自覺地享受生命，追求個人及集體的幸福。面對無止盡的謀生奮鬥，人類所表現出的韌性讓他驚嘆。他個人覺得，若沒有時間享受心靈世界，幾乎是無法忍受的事。他應該會第一個跳出來強調，任何讀這本書的人，都已經擁有特權，在賺錢維生、為家人準備三餐之餘，還有足夠的閒暇去思考基本需求以外的事。

亞里斯多德對生物學上的生存和審慎追求幸福的生活所做的區分，應該會幫助你同情無家可歸和挨餓的人、難民與流亡人士、殘疾人和重病患者，以及受虐動物。所以，沒有必要為了你有充足的時間思考成為最好的自己，而感到愧疚。在道德上最成熟的人，是最可能想要幫助弱勢者與受害者的人。對自己這幸運的處境心存感激，然後繼續進行幸福計畫吧。

Chapter 9

Leisure

閒暇

人替自己選擇的娛樂類型，
會決定他們成為哪一種人，又將打造出哪一種社會。

你在閒暇時選擇閱讀、觀看或傾聽的東西，
直接影響到你身為道德主體的發展——你以什麼方式持續創造（create）你自己，
這也是「recreate」（娛樂）這個字的語源所指的意義。

無聊不僅是和平的敵人，也是幸福的敵人

亞里斯多德在他所寫的《倫理學》和《政治學》裡，都用了相當篇幅來討論閒暇這個主題。社會學、哲學和休閒心理學的重要研究，從十三世紀的湯瑪斯・阿奎那（Thomas Aquinas），到尤瑟夫・皮柏（Josef Pieper）深具影響力的《閒暇：一種靈魂的狀態》（*Leisure: The Basis of Culture*, 1948），都引用過他的觀點。他對於閒暇的先進思想，深深影響到我們這個時代，尤其是他強調休閒比工作更重要，人如果沒學會有建設性的消遣，就會濫用閒暇。他指出斯巴達從未在和平時期繁榮興盛，是因為它的體制只訓練斯巴達人戰鬥，「沒有教導他們閒逸生活的能力」。無聊不僅

是和平的敵人，也是幸福的敵人。

對於休閒的目的，亞里斯多德的觀點和他的前人與同時期學者都有很大的差異。在古希臘，不管是自由人或奴隸，大多數人都非常努力工作，所以一般都認為閒暇時間最好用來享受身體的愉悅和短暫的歡樂。一如十九世紀時，挪威裔美籍經濟學家托斯丹．范伯倫（Thorstein Veblen）發明了「有閒階級」（leisure class）和「炫耀性消費」（conspicuous consumption）這兩個概念，古代的工人也很羨慕富人擁有更多的自由時間，更羨慕他們用來填滿這些時間的娛樂。亞里斯多德說，大部分的人都以為「消遣玩樂是幸福的一個組成部分，因為王公貴族都把閒暇時間拿來從事各種消遣。」但這是錯誤的觀念，因為這些娛樂「往往有害無益，讓人忽略了自己的健康和資產」，與真正的幸福完全無關。

現代英文的「leisure」（閒暇）一字，來自拉丁動詞「*licere*」（獲准）：閒暇就是不需要工作的時間，所以你「獲准」自行選擇要怎麼度過這段時間。而亞里斯多德用的希臘字「*schole*」，原本是指你自己的時間，或是你可以隨意取樂的時間。經過時日演進，*schole* 的其中一個意義多了學術的意涵，衍生出現代字彙「school」（學校），因為哲學家發現，閒暇（別的就先不提）是進行自發性智識活動的先決條件。

不過亞里斯多德影響深遠的「閒暇」概念，遠比「能用來研究和討論的時間」更為廣大深遠。一方面，它包括結束工作後必要的放鬆、身體的休息與復原，滿足天生的口腹之欲和性欲，以及避免無聊的消遣或娛樂。但它也包括了其他形式的活動，是人類在完成必要的勞動，確保了生存的手段（住所、營養及自我防衛）之後從事的活動。亞里斯多德堅信，閒暇如果運用得當，就是理想的人類狀態。有些人很幸運，可以做自己最擅長的事——實現獨特的潛能，並因此得到酬勞。他們賴以為生的工作，是他們如果有私人收入和充裕閒暇也會選擇做的事。但是財務上的需求，代表大多數的人往往在工作時，會希望自己不是在工作。對亞里斯多德來說，工作以及從工作的疲累中恢復，永遠都不會是目的，它們只是進一步追求休閒活動的手段，而那些活動才可能充分發揮我們的潛能，實現幸福的人生。

我們生活在執迷於工作的現代文明裡，認為人是由工作和職業來定義，而亞里斯多德獨尊妥善計畫且具建設性的休閒活動，使其凌駕於工作或單純的放鬆之上，這種看法牴觸了我們的觀點。當我們問別人是「做」什麼的，我們是想知道他們靠什麼維生，而不是他們閒暇時有沒有在合唱團唱歌，或者去參觀中世紀城堡。擁有足夠的閒暇時間，要煩惱如何好好利用，光是這樣的想法就會引來很多工作者的訕笑，他們認為不食人間煙火，完全跟實際日常生活脫節的知識分子，才會浪費時間想這種問題。但是亞里斯多德相信，人類的潛能只有在閒暇時刻才能充分發揮。工作的目的，通常是為了支持我們的生物生命，這是我們和其他動物共有的目標。但是閒暇的目標可以、也應該，支持我們其他層面的生命，那是我們身為人類獨有的特性：我們的靈魂與心智，以及我們的個人關係與公民關係。因此，如果我們沒有認真地善用閒暇，就太浪費它了。

現代的「工作倫理」（work ethic）概念一定也不認同亞里斯多德的看法。正如馬克斯・韋伯（Max Weber）在《新教倫理與資本主義精神》（*The Protestant Ethic and the Spirit of Capitalism*, 1905）裡提到，「工作倫理」的興起是宗教改革與工業革命導致的結果。大家開始相信，貧窮和確保足夠的生存資源等問題都能解決，但只有靠辛勤工作才能辦到。或許有一天，機器會使人工不再被需要，但只有歷經數個世紀特別密集的勞動才能達成。也因此，工作取得了更高的地位，至少要將物質產品產量最大化的工作是如此。由此衍生了幾個後果。工作不再是達成目的——維生——的手段，工作本身變成了目的。大家開始認為，「非生產性的工作」，也就是在對生物生存並非絕對必需的領域內工作，不如生產工作那麼有價值。

正如經濟學家亞當・史密斯（Adam Smith）在《國富論》（*Wealth of Nations*, 1776）裡說的，「非生產性勞動」不只包括君王，還有「教士、律師、醫師、各種文人、運動員、小丑、音樂家、歌劇演唱家、舞者等等」。追求最大化產量，意味著工作時間不再是季節性的，而是由機械計時來主導。到了工業革命的高峰期，工作時間也大量擴充，使得查爾斯·狄更斯的小說《艱難時世》（*Hard Times*, 1854）中描寫的焦煤鎮居民得面臨無止境的苦差事〔編註①〕，也造成了一天工作十二小時、童工氾濫的慘況。

善加利用閒暇，是教育的主要目的

同一年，亨利·梭羅（Henry Thoreau）出版了《湖濱散記》（*Walden*），描述他在美國麻薩諸塞州鄉下一間簡單木屋裡的生活，有很多時間閱讀與思考。這本書探討了資本主義社會造成的心理剝奪感。因為盲目瘋狂追求過多的商品，人類完全忘了生活的理由與目的，甚至開始發明新的需求，為自己花不成比例的時間製造不必要的商品找藉口。梭羅懷抱著完全亞里斯多德式的幻想：終有一天，新英格蘭的每個村莊都會成立自己的呂克昂學園，擺滿書籍、報紙、學術期刊及藝術作品，邀請全世界最有智慧的人來訪，讓當地民眾在充足的閒暇中聆聽教誨。

梭羅認為，教育是明智利用閒暇這個「問題」的解決方案，亞里斯多德一定會同意。他很難過地意識到，在社交上，一般人並沒有考慮到如何利用閒暇時間才是好的選擇，但在他看來，這卻是人生最重要的部分。他進一步主張，在理想的社會裡，善用閒暇是教育的主要目的與目標，這個觀點真是再現代不過了。

在利用閒暇這方面缺乏訓練，造成的影響之一就是工作狂，這是第二次世界大戰後才首度確認的病症，當時很多人剛經歷一段高度警戒的時期，在恢復「正常」生活時遭遇了困難。不分日夜勉強工作，傷害了身心的健康。有些國家和組織採取嚴正措施阻止這種現象：在法國，員工爭取到下班後不必收電郵的權利。但在此同時，社會又鼓勵孩童培養全心投入工作的態度，不斷增加課業壓力，很多學校一直減少日後有助於實踐「休閒生活」的活動：學習樂器、美術與手工藝、嗜好與運動。有鑑於科技變遷的速度，這個社會迫切需要討論休閒與娛樂。平均壽命越來越長，讓我們有更多年的時間完全不需要為了生計而工作。人工智慧突飛猛進，代表很多人類社會仰賴的耗時工作，將會由機器人、電腦及機械來執行。這很可能會讓任何一個地區的人，每星期受雇工作的時數低於人類一直以來習慣的狀態。我們實際工作的時間越少，亞里斯多德對於閒暇的創新概念跟我們的關係就越密切。

編①：這部小說描寫了工業市鎮焦煤鎮的生活，以國會議員葛萊恩和紡織廠主龐得貝的故事，譴責資本家的剝削行徑，批判功利主義的實用原則、追求物質利益的生活方式和非人道主義教育的精神壓迫。

自由時間越多，自我教育就越可行。閒暇時間多了，再加上網路的免費資源，讓任何可以上網的人都能得到世界級的教育。以前要取得知識得仰賴圖書館，所以電影《心靈捕手》（*Good Will Hunting*, 1997）裡，麥特．戴蒙飾演的工人階級主角才會告訴傲慢的哈佛學生：「你花了一百五十美金在爛教育上，而那是在公共圖書館頂多只要花一塊五繳逾期歸還的罰款，就能學到的知識。」但即使是圖書館也被取代了。有些大學，包括麻省理工學院，提供完全免費的開放課程；其他大學如哈佛商學院，則由優秀的學者撰寫頂尖的部落格。在TED、YouTube和iTunes，各種想像得到的主題都有演講影片和播客可供參考。然而對很多人來說，工作日忙得不可開交，到了休閒時間，最不想做的事就是直接的教育活動。那麼解決方法就是慎選休閒娛樂，將樂趣和個人發展兩相結合。

哈利．艾倫．奧文斯崔（Harry Allen Overstreet）是一九一一年至一九三六年的紐約市立大學哲學系主任，任期內表現優異，他也是好幾本勵志及社會心理學暢銷書的作者。他深知娛樂是一件正經事：「娛樂不是民主社會的次要問題，而是應該優先關注的事，因為人替自己選擇的娛樂類型，會決定他們成為哪一種人，又將打造出哪一種社會。」奧文斯崔受過古典哲學訓練，這句名言也一語道盡亞里斯多德認為休閒能使人類繁榮或衰敗的立場。你在空閒時間選擇閱讀、觀看或傾聽的東西，直接影響到你身為道德主體的發展——你以什麼方式持續創造（create）你自己，這也是「recreate」（娛樂）這個字的語源所指的意義。從亞里斯多德的觀點來看，這表示你選擇的娛樂活動，直接影響到你的幸福。

亞里斯多德本身熱愛走路，也非常重視身體健康和樂趣。他當然會鼓勵從事跟運動、創作、音樂、享受美食與美酒有關的消遣。不過他唯一投注嚴肅哲學思想的休閒興趣是文學，尤其是戲劇文學，這也是他的《詩學》探討的主題。他會有這樣的態度，確實很不同凡響，因為他的老師柏拉圖非常反對藝術，在他寫的《理想國》（*Republic*）裡，甚至主張理想的城邦應該完全禁止藝術活動。為什麼亞里斯多德這樣認真的思想家，以瞭解世界、創造最好的人類社會為目的，會花這麼多時間思考在通俗劇場裡上演的虛構故事？唯一的解釋是，他個人相信，這種娛樂有可能大幅提升情感生活與道德生活，不管是對個人觀眾或整體社會都很有幫助。

藝術就像是巨型的人類經驗百科全書

亞里斯多德顯然喜愛劇場、音樂和視覺藝術。他的所有作品都大量提及歌手、合唱隊、豎琴手、舞者、詩作和詩人、雕像與手工藝品。不過他也有第一手的證據，能證明藝術的社會價值。他在四十八歲搬到雅典、創立呂克昂時，他所選擇的學院位置，要比柏拉圖學院更靠近雅典衛城南側的戴歐尼修斯劇場（Athenian Theatre of Dionysus）。當時雅典仍然是公認的戲劇娛樂與活動中心，希臘世界任何城市的人想在劇場界出人頭地，就一定會到雅典去，就像今天滿懷抱負的導演會前往好萊塢發展一樣。我們可以想像清晨時分，亞里斯多德和泰奧弗拉斯托斯跟他們的學生一起走著，旁邊還有很多雅典市民和居民，全都要去觀賞在市中心的神殿和戴歐尼修斯劇場演出的悲劇和喜劇，到了晚上，他一邊走回學院的家，一邊興奮地分析今天看到的戲劇。雅典的戲劇不僅是用來取悅觀眾，也在訓練他們養成管理一個健全城市所需要的認知、道德及政治技能。

如今，不時會有電視節目、電影或舞台劇超越合宜的視聽界線，讓正反意見吵得不可開交。暴力、髒話、性場面和裸露鏡頭以往都要接受直接或間接的審查（在世界各地的許多司法管轄區目前仍是如此）。電影《萬世魔星》（*Monty Python's Life of Brian*, 1979）〔編註②〕惹了一身腥，並被一些基督徒指控為褻瀆之作；一九八七年，英國第四頻道播出一段影片，由詩人湯尼．哈里森（Tony Harrison）朗讀他那首充滿髒話的傑出詩作〈V〉，結果受到保守的《每日郵報》（*Daily Mail*）和其他自詡為公眾道德守護者的人士強烈譴責；強納生．凱藍的電影《控訴》裡長時間而殘忍的性侵場面，被一些女性主義者批評是迎合男人的性虐待幻想。

更近期的例子則是，父母受到警告，說電腦遊戲會讓孩子在心理上降低對暴力的敏感度，尤其是那些讓玩家扮演「第一人稱射手」的遊戲。不過不太為人熟知的是，這種爭辯早在古代就存在了，而第一次哲學上的激烈交鋒是在柏拉圖學院，由柏拉圖和他最傑出的弟子亞里斯多德各執一詞。亞里斯多德主張，我們不會不加思索地模仿我們在藝術作品裡看到的東西：如果那些作品是負責任地創作出來的，我們會思考自己看到了什麼，再決定想不想模仿。

亞里斯多德是第一個主張藝術具有極佳教育性的哲學家。他強烈建議，在民主社會裡，製作戲劇和音樂的人員責任極為重大，應該被賦予公職，而且重要性僅次於神職人員。他們的地位甚至應該高於公開任命的大使和傳令官。亞里斯多德在他的倫理學及其他各種主題的著作裡，往往引用神話、著名戲劇及史詩的例子；他在討論人類性格的過與不及時，也常以他在當時的喜劇裡看過的原型人物為素材。我們可以確定，如果他生在今天，一定很喜歡看電視、小說和電影，並且運用這些作品來說明他的道德觀點。他是有史以來第一個為故事與表演娛樂的潛在教化性釐清

編②：英國電影，惡搞喜劇的先鋒之作，片中描述了與耶穌生於同日且住在隔壁的布萊恩被眾人誤認為彌賽亞的故事，以諧謔手法嘲諷了宗教歌舞片《萬世巨星》。

論點的思想家，很多近代及當代的哲學家討論電影時，往往只是將他的觀點詮釋得更仔細一點而已。

例如，華特．班雅明（Walter Benjamin）認為藝術，尤其是電影，能豐富我們的道德、社會及政治生活。艾瑞斯．梅鐸（Iris Murdoch）、瑪莎．努斯鮑姆和保羅．卡恩（Paul W. Kahn）都認為，闡述哲學理念，尤其是倫理學，最好、最入微也最清楚易懂的管道，不是在學術論文裡，而是在藝術作品描繪的特定案例裡，因為那些都是實際應用的例子，也因此最容易感動人心。⑬

現代人要接觸好藝術，比起亞里斯多德的時代容易多了，當時只有舉行慶典會演戲，每次表演往往相隔好幾個月。網路讓取得及選擇電影、戲劇、書籍和電視節目變得空前容易，我們也讓自己和孩子大量接觸。高品質的娛樂，加上些許規劃，能增進我們的幸福，讓我們一天比一天更有智慧。而電影，因為在家裡、甚至躺在醫院病床上，都能以低廉費用觀看，是真正民主的藝術型態。我有一個好友，當年在罹患多發性硬化症臨死之際，即使全身幾乎都無法動彈了，他還是在自己大批的影片光碟收藏中得到極大的安慰與滿足。

在《詩學》的第二章，亞里斯多德問了一個首要的問題——為什麼人類跟其他動物不一樣，會擁有藝術這樣的東西？首先，我們天生的模仿本能要比其他動物更為強烈，孩童的生活就是從模仿其他人類開始的。其次，所有年齡和職業的人都喜歡模仿藝術（imitative arts），我們從觀看寫實的照片或表演中得到樂趣。一般來說，大自然利用樂趣來引導所有的動物接觸有益之物：營養，或是傳宗接代。而人類是先進的社會動物，我們從欣賞圖片、戲劇中得到的樂趣，可以幫助我們瞭解這個世界。藝術就像一本巨型的人類經驗百科全書，讓我們得以學習現實中可能無法直接體驗的事物，不論那個主題有多困難。

好的藝術作品，要有樂趣、也要有用

亞里斯多德還注意到，有些事物在現實裡會帶給我們痛苦而非樂趣，但對於逼真模擬這些事物的藝術，我們不僅可以忍受，甚至還會喜歡觀賞。他舉的例子是令人厭惡的動物和人類的屍體。看到真的蜘蛛或水母，我們可能會很反感，但就以墨魚來說，因為亞里斯多德解剖過墨魚並仔細繪製過圖像，所以他知道墨魚的圖片能讓研究動物學的學生瞭解許多這個物種的相關知識，即使他們從來沒有見過這種海洋無脊椎動物。

他舉的另一個例子——屍體——也很吸引人。亞里斯多德不太可能親眼見過人類屍體解剖的情形，但是我們知道古代藝術和文學裡有大量的屍體。荷馬的《伊里亞德》有很多情節，是在帕特羅克洛斯和赫克特等英勇戰士戰死沙場後，環繞著他們的屍體而發展的。希臘悲劇甚至要觀眾長時間觀看被近親殺害的人的屍體——在尤里庇狄斯的《美蒂亞》結尾，傑森和美蒂亞的子女被吊在母親的戰車上；或是在索福克勒斯的《安蒂岡妮》（*Antigone*）結尾，克瑞翁（Creon）抱著自殺的兒子海蒙（Haemon）淌血的屍體，在舞台上慟哭。亞里斯多德認為，藝術讓我們能夠瞭解屍體，甚至是那些在駭人情境下遇害的屍體，而且即使是死亡這麼可怕的事，都可以用愉悅的方式來學習。

這種創新的見解有助於解釋，為什麼我們要讀小說，或者去藝廊、電影院或劇場，讓自己沉浸在充滿暴力和痛苦的世界，而那種暴力與痛苦的強度和規模，是我們在現實裡絕對承受不了的。從畢卡索的畫作《格爾尼卡》（*Guernica*, 1937），我們可以瞭解法西斯分子轟炸西班牙城鎮所造成的苦難。從拉爾夫·沃爾多·艾里森（Ralph Waldo Ellison）的小說《隱形人》（*Invisible Man*, 1952），我們可以看到一九三〇年代非裔美國人在紐約的困境。從珍姬·可汗（Jenji Kohan）製作的熱門電視影集《勁爆女子監獄》（*Orange is the New Black*, 2013），我們可以知道聯邦監獄女囚犯的經歷。此外，正如亞里斯多德強調的，這種教育「不只為哲學家帶來樂趣，而是帶給每個人同樣的樂趣」，即使程度沒那麼深刻。談到藝術和獲取知識，他是不折不扣的民主主義者。

所以，亞里斯多德對於所有藝術的建議很簡單。任何戲劇、詩詞、繪畫或雕刻想要成功，就必須為閱聽大眾提供樂趣或是有用的東西。如果一部電影既不有趣，又沒有什麼啟發性，沒有人會想去看。但是他強調，一件好的藝術作品，必須兩者兼顧。這個寶貴的論點，為各種藝術作品的評論者提供了評價的黃金準則。「我喜歡嗎？」這個問題很重要。但如果「我有學到什麼嗎？」這個問題的答案是否定的，這件作品要聲稱是品質優良，就該打個問號了。

劇場和電影界負責籌組團隊的製作人和出資者，除了更重視娛樂效果，也應該更強調教育意義。現在的倫敦劇場滿是內容淺薄、輕鬆愉快的喜劇，電影則是不斷重拍、情節重複，不是漫畫超級英雄的前傳、續集和外傳，就是帶槍的祕密探員打擊恐怖分子的陰謀。激烈喧囂的動作場面或精緻的數位視覺效果，往往占據了電影的絕大部分，對話所剩無幾。二〇一四年，布萊德利．庫柏（Bradley Cooper）以他在《美國狙擊手》（*American Sniper*）片中的表現獲得奧斯卡最佳男主角提名，而大衛．歐洛沃（David Oyelowo）在《逐夢大道》（*Selma*）中精彩詮釋了小馬丁．路德．金恩的角色，卻未獲得奧斯卡青睞。這並不是說《美國狙擊手》不好看，片中的人物很漂亮，表演很稱職，刻劃士兵面對的情緒問題時，也有一些值得稱許之處。然而，你可以在《逐夢大道》裡瞭解許多關於民權運動的事，也完全享受到觀影的樂趣，但在《美國狙擊手》裡，除了怎麼操作麥克米蘭 TAC-338 步槍之外，你不會學到任何東西。

從虛構作品中瞭解歷史，可以徹底提升你的人生。如果小說、戲劇或電影處理得好，你完全不需費力就能學習，還能浸淫在樂趣的汪洋裡。有些作者、導演和劇作家素以嚴謹的歷史研究聞名，欣賞他們創作出來的場面，就跟閱讀歷史教科書一樣具有啟發性。瑪莉．雷諾（Mary Renault）精彩重現古希臘的歷史，尤其是她寫的小說《阿波羅的面具》（*The Mask of Apollo*, 1966），以亞里斯多德生活的西元前四世紀為背景，激起十幾歲時的我對古典時期的熱情。由於歷史有很大一部分都是一群人對另一群人施加一連串的野蠻行為，透過藝術媒體瞭解歷史，令人感受恐怖也體會滿足，顯然是很合理的事。每個人都有自己的清單，在我的清單上名列前茅的是：威廉．高汀（William Golding）的《繼承者》（*The Inheritors*, 1955），以戲劇化手法描寫尼安德塔人和智人的相遇；澤維爾．赫伯特（Xavier Herbert）的澳大利亞史詩小說《卡普里柯尼亞》（*Capricornia*, 1938）；薩爾曼．魯西迪（Salman Rushdie）的《羞恥》（*Shame*, 1983），終於讓我對巴基斯坦的政治有所瞭解；還有瑪格麗特．沃克（Margaret Walker）的《歡樂》（*Jubilee*, 1966），是以美國內戰與重建為主題的小說中數一數二的傑作，不過這是從下層階級的觀點來看。

亞里斯多德發展完備的倫理世界觀，其中一個美妙之處就是，當我們依此不帶評斷地去分析他人的生活，也會覺得更有趣。思索別人的哪一種性格特質和行為導致了幸福或不幸，還有他們怎麼做出困難的決定、如何面對偶發的厄運，這些都很耐人尋味、發人深省，也給了你模仿或避免的範例。真實生活中隨時提供著琳瑯滿目的道德研究案例，供我們觀察與分析。從道德的角度來思考，真實的歷史也會變得最為精彩——波斯人入侵希臘時，列奧尼達（Leonidas）為什麼要帶領數百名斯巴達精兵死守溫泉關（Thermopylae）？事實證明這是一次有效的宣傳，全面提升了希臘的士氣，鼓舞他們抵抗波斯人的帝國主義。[編註③]但是列奧尼達的性格特質、思考過程、他所保護的利益（他只帶走較年長的戰士，每人都留有子嗣）以及最終的動機——所有這一切都讓人分析不完。歷史給了我們一個健身房，讓我們鍛鍊道德肌肉。虛構作品也是一樣。

編③：列奧尼達是斯巴達國王，西元前四八〇年，他率領三百名精兵在溫泉關力抗波斯軍隊，最後雖因寡不敵眾而全數戰死，但也使雅典海軍得以做好準備與敵軍決戰。這段事蹟並曾被改編拍成二〇〇六年的美國電影《三百壯士：斯巴達的逆襲》。

虛構悲劇是倫理學的最佳研究案例

亞里斯多德重視虛構故事的自由度，它們可以把重要的道德情境變成真實。作者在「可能發生什麼事」或者「可能發生過什麼事」（當虛構故事是以歷史為背景）的範圍內構思時，必須慎重地思考道德問題，以及如亞里斯多德所說的，「根據可能性或必然性的法則」，事件有可能會如何發展。這使亞里斯多德在《詩學》的第九章裡，得出這個不可避免但非常創新的結論：虛構文類（他尤其是指悲劇）「比歷史更具哲學性，也更勝一籌，因為詩詞表達的往往是普遍性，歷史表達的則是特殊性」。亞里斯多德很喜歡這個概念：在探究「根據可能性或必然性的法則，某一種人在某種情況下會怎麼說、怎麼做」時，虛構文類——例如以神話歷史為背景的悲劇，要比寫實文類有更大的發揮空間。

在亞里斯多德的時代，歷代寫出的悲劇應該已經超過兩千部，而他在《詩學》裡大量提及，顯示他本人已經看過或讀過不少。他一一吸收，然後提供扎實的訓練，教導如何從道德角度來欣賞虛構故事，這些觀點也跟他在道德論述中的主張一模一樣，並且絕對是以人類的經驗為出發點。也因為如此，他的分析才會不受時間影響。他問為什麼壞事會發生在人身上（排除悲劇文本裡提到的宗教因素），然後將原因大致縮減為兩個：人為錯誤及偶發意外。人類，是具有智力的道德主體，活在一個有某些因素是無法由智力理解、或以道德行動能力控制的世界，而這樣的人類，正是亞里斯多德的藝術理論無庸置疑的中心。他對於這個世界完全缺乏天理正義（providential justice）非常著迷。

這也是為什麼他在講述藝術理論時，最喜歡引用的戲劇是索福克勒斯的《伊底帕斯王》，這齣戲非常強調命運、運氣或機緣在人類生活中的毫不公平。伊底帕斯最後驚恐地發現，只是因為一場失控的行路糾紛，他殺死了自己的父親拉伊俄斯（Laius）（在不知他身分的情況下），後來又娶了自己的母親伊俄卡斯忒（Jocasta），還跟她生了四個孩子。這是個活生生不當受苦的例子，因為拉伊俄斯和伊俄卡斯忒所生的兒子，只要沒有早夭，就注定要承受這份悲慘的命運。伊底帕斯走向的是一個他甚至還沒被孕育就已決定的可怕未來。[編註④]

編④：《伊底帕斯王》的故事講述，拉伊俄斯因遭到詛咒會被兒子殺害，於是命令牧人將剛出生的兒子丟棄在野外等死，這個孩子卻輾轉被科林斯國王扶養長大，也就是伊底帕斯。長大後的伊底帕斯在請求阿波羅神諭時，得知自己將來會「弒父娶母」，便離開了科林斯。當他流浪到底比斯附近，在路上與一台馬車發生衝突，失手殺了所有人，其中正包括他的親生父親拉伊俄斯。當時的底比斯城正被人面獅身獸斯芬克斯的謎題所困，伊底帕斯解開謎題拯救了底比斯，也因而獲得王位並娶王后為妻。之後底比斯接連發生災禍與瘟疫，伊底帕斯請託克瑞翁向阿波羅請示為何會降下災禍後，根據線索逐步追查，終於發現自己真正的身分，也應驗了他的不幸命運。

索福克勒斯認為弒父和亂倫這兩樁罪行，都不是伊底帕斯的責任，因為他並不是運用自己傑出的智力明知故犯。底比斯人被可憎的怪獸斯芬克斯（Sphinx）威脅數年，伊底帕斯解救了他們，因而贏得底比斯的王位及美麗的王后。不過，當然，他本身就是底比斯人苦難的根源，他的罪行使底比斯城受到污染。這齣悲劇的弔詭之處在於，換成是沒那麼聰明、積極的人，或許永遠也不會發現自己真正的身分；要不是伊底帕斯如此聰明過人，他和伊俄卡斯忒很可能會幸福地白頭到老，還不知道他們真正的關係。可是經由推理，他們發現了真相，伊俄卡斯忒又比丈夫早知道了幾分鐘。此劇中的「真相大白」——伊底帕斯就是伊俄卡斯忒派人丟棄在山裡等死的嬰兒——是由這對夫妻分別痛苦地推論得知。最後，伊俄卡斯忒在兩人的臥室裡上吊，伊底帕斯則隨後從她懸盪的屍體上拔下胸針，刺瞎自己的眼睛。他的妻舅克瑞翁接管了底比斯的政權，並強迫他和兩個孩子——既是妹妹也是女兒的安蒂岡妮和伊斯墨涅（Ismene）——分開。就在太陽的一次起落之間，強大又備受景仰的底比斯王，得知了他就是真正的王位繼承人，同時也失去了他的地位、他的家人，以及他的視力。

索福克勒斯寫實地刻劃出一個處於自制邊緣的男人，面對無解的問題，拚命地想要尋找答案。觀眾必須時時分辨，哪些是促成伊底帕斯有此經歷與成就的性格特質，哪些又是他從來就無法控制的厄運。也難怪亞里斯多德會把這齣戲當成倫理學的個案研究，而且樂此不疲。情節、角色、思考過程以及劇中人的談話，彼此環環相扣，經過仔細的規劃執行。而這四個悲劇元素——情節（*muthos*）、角色（*ethos*）、智性活動（*dianoia*）及語言（*lexis*）——正是亞里斯多德認為這種文類必備的四個要素，而其重要性就是依此排序。這個原則至今仍適用於任何形式的優質虛構作品。

在亞里斯多德看來，伊底帕斯是典型的悲劇英雄，這種類型的人物最能激發我們的同情與恐懼，而他認為，這兩種情緒就是對悲劇的適當反應。當底比斯這名被廢黜的獨裁君主從舞台上蹣跚走出，血從他的眼眶流下，我們不可能不感覺到他的痛苦。而因為他對這樁悲劇根本無能為力，我們也害怕這樣恐怖的命運可能降臨在自己身上。在《詩學》令人讚嘆的第十三章裡，亞里斯多德解釋，這名悲劇英雄必須具備正確的道德天性，才能適切地激發觀眾的情緒反應。我們必須看到一個人歷經人生巨變，而最悲劇性的變化，是因為某種「錯誤」（*hamartia*），讓他從幸福成功的狀態，瞬間一敗塗地。

亞里斯多德強調，要評估某人的性格，唯一的辦法是實際目睹那個人做事與說話的過程。英雄的「*hamartia*」（錯誤）並不是永久的心理缺陷或習性，而是他們所做、所說的某件事，或是在應該做、應該說某件事時卻沒有作為。對亞里斯多德來說，這就是行動中的道德倫理，其他好悲劇也是一樣的道理。正是這種以人為中心的道德與心理關注，才使優質的虛構作品——戲劇、電影或小說——有其重要性：即使在我們愉悅地享受娛樂時，它也具有獨特的能力，幫助我們瞭解自己，理解陰暗的課題和這個世界。

悲劇的淨化作用，讓我們更能處理負面情緒

在一般印象中，與亞里斯多德最緊密相連的概念之一，就是他的悲劇淨化作用（*catharsis*）理論。觀賞悲劇會激發同情與恐懼的情緒，而情緒升起的同時，也產生了「該種情緒的淨化作用」。亞里斯多德的父親是傑出的醫師，他必定看過，或許還協助過醫療程序；他曾到希臘各地旅行，甚至住過好幾個地方，應該有機會比較各種地方療法。

亞里斯多德在《政治學》裡談到，在某些宗教儀式中，會透過「某種帶有樂趣的淨化方式和緩解方法」，以音樂來治療情緒不穩定的人。一般認為某些特別的聖樂可以幫助古希臘人處理極端的情緒，這段討論可說是很重要的證據。如果亞里斯多德在《詩學》裡提到悲劇的淨化作用時，心中所想的是「聖樂」，那我們就必須想像悲劇會如同順勢療法般，在過程中激起參與者原本就已存在的強烈情緒，而且

不只會取悅參與者，也會讓他們在離開劇場後，更懂得處理這種情緒。

從好些地方都可以看出，戲劇和醫療在古代世界是息息相關的。希臘悲劇的詩詞裡有很多醫藥方面的比喻。據說索福克勒斯在自己家中祭拜醫神阿斯克勒庇厄斯，而阿斯克勒庇厄斯的神殿往往就蓋在劇場旁邊，例如埃皮達魯斯（Epidauros）、科林斯和布特林特（Butrint）（現今阿爾巴尼亞境內）等地就是如此。這樣的比喻也許有點不合時宜，不過亞里斯多德提到的經驗，很像今天我們會去看一部所謂「賺人熱淚」的電影，激動人心的場面加上效果十足的配樂，看著螢幕上的人物受苦，我們也會讓自己跟著好好大哭一場。至少在英國，甚至會有一群朋友，通常是女人，會特意安排聚會，準備了大盒面紙要一起看這種催淚片。而我個人可以證明，這種經驗除了樂趣之外，真的可以帶來一種淨化的感覺，因而減輕精神上的痛苦。

《詩學》教我們如何閱讀文學、觀賞戲劇，如果我們已經決定要試著以亞里斯多德的方式來追求幸福，它還能教我們從道德的角度來思考藝術，進而豐富我們的日常生活。對於志在寫作的人，它也提供了寶貴的建議，尤其是情節、角色、思想歷程及語言這四重公式。最重要的祕訣都在精采絕倫的第六、九、十三章裡，不過有創意的藝術家應該也會在其他地方找到許多新的刺激。亞里斯多德認為，任何完美的情節都應該有單一、統一的基本行動，這個觀點應該有助於避免迂迴的故事鋪陳，因而失去觀眾的注意力。很顯然，在他那個時代，有些劇作家相信只要專注描寫單一英雄的生平際遇，例如忒修斯或希拉克勒斯（Heracles），這樣的戲劇就已經夠統一了。但亞里斯多德明白，這很容易變成鬆散、片段又缺少情節的敘事文，而我們也知道他是對的——有多少「傳記片」，都是勉強地要從單一個人的人生裡創造出某種真正的連續感？更別提還要在按時間順序呈現的每場戲之間硬是設計出關連性了。

儘管從亞里斯多德現存的作品看來，劇場是他討論最多的休閒活動，但他並非只有討論劇場而已。只是他並沒有提供具體說明，教人如何管理閒暇時間，以追求有益的自我實現。這種事不可能有標準規範。每個人都不一樣，必須自我判斷，如何有目的地利用閒暇才對自己有益。不過，我相信他一定會贊成任何一種自我教育。克里特的赫拉克利德（Heraclides of Crete）這位作家也告訴我們，雅典的市民在閒暇時，都會踴躍去聆聽亞里斯多德等哲學家發表的演說。不過亞里斯多德強調，培養人際關係是幸福的關鍵，這顯示你和誰一起度過閒暇時間，跟你怎麼利用閒暇時間一樣重要。他認為以互惠善行與公民和諧為基礎的社會是一種典範，這意味著當志工、參與政治活動或地方社團，在本質上都是有建設性的休閒。最重要的一點是，休閒並不是次要的事。要充分利用閒暇，甚至比工作更耗費心力。因為我們是在閒暇時，才會找到真正的自我和最大的幸福。

Chapter 10

Mortality

面對死亡

如果承認人終將一死，並且毫不迴避死亡全面性的影響，
就能有效地幫助我們好好活也好好死。

以適量的時間「看到盡頭」，
可以讓我們規劃一個沒那麼不滿意的終章，
同時在生命還持續的時候，使它更加豐富、更加深刻。

想到幸福，就免不了要想到死亡。不管我們對宗教、神明、來生有什麼看法，我們活著的同時，就知道自己和我們愛的人都會死去。我們現在感知到的身體，將有終止存在的一天。亞里斯多德強調，要活得好、活得幸福，就必然要思考死亡，所以他毫不迴避這個事實：「死亡是最可怕的事，因為死亡即是終點。」我們要怎麼像他一樣，既能面對這個痛苦的事實，又得以趁還活著的時候，利用這個事實來促進我們達成幸福的機會？

原始人一直很害怕死亡。五萬年前，尼安德塔人就會為逝者舉辦複雜得驚人的儀式，用鮮花和紅赭石裝飾，再細心地埋入淺墳。最早記錄人類故事的《吉爾伽美什史詩》（*The Epic of Gilgamesh*），描述的也是故事中的英雄對永生秘訣的探究。思考死亡，自然就會引發幾個無法回答的大問題——關於存在的謎題、驅動可感知世界的無形力量，這些我們最早在孩提時代就會問的問題。我為什麼在這裡？我從哪裡來？誰或是什麼在掌管宇宙？有神嗎？祂們在意我和我的行為嗎？我應該崇拜祂們嗎？我死了以後會發生什麼事？自殺是可以允許的嗎？我愛的人死了以後，我還有辦法跟他們溝通嗎？

這些問題一直擺在我們心裡，在忙碌日常生活中的空檔浮起又消退。在我們為生活奮鬥、尋找自己的潛能並充分發揮、努力工作、交朋友、談戀愛、生養小孩、做決定、享受娛樂時，這些問題顯得很遙遠，幾乎可以一直不去理會。可是有些時候，它們又變得無可迴避——當我們自己或我們愛的人生病或受了重傷，確診得了危險或末期疾病，很快就要死亡，自殺或喪親——而這些時候往往來得又快又急、毫無預警。當我們的子女或依賴我們的人想要知道答案，或是因失落、痛苦而需要被安慰時，這些也會變成迫切的問題。意外或瀕死經驗導致的重大創傷，也會讓我們覺得，有必要更瞭解自己與死亡、宗教信仰的關係，就像在彼得·威爾（Peter Weir）執導的電影《劫後生死戀》（*Fearless*, 1993）裡，傑夫·布里吉（Jeff Bridges）飾演的角色在飛機失事幸運生還後，開始質疑起他一直視為理所當然的關於生死的一切。

就算因為宗教或精神的理由，你相信可能有某種來生，亞里斯多德對於死亡及臨死的觀點，對於今生的你和你愛的人也會很有幫助。他的老師柏拉圖對死亡在人類生命中的角色也有不少意見，即使他認為死亡只是改變了表相的物質世界。對柏拉圖來說，人類靈魂是不朽的，會在物質世界中反覆轉世。早期基督徒認為，他所說的不變且完美的超然世界，可以讓靈魂反覆回歸，指的就是神和造物者。亞里斯多德知道，他的很多讀者很可能都相信有來生。從他寫的一篇演講稿殘存的片段中，隱約可以看出他的倫理觀也適合相信靈魂不朽的讀者。一個名叫歐德摩斯的塞普勒斯人在戰役中死亡，亞里斯多德為了安慰他沒有受過哲學訓練的家人，而寫了那篇演講稿。不過亞里斯多德本人確實視死亡為終點，就跟今天大多數的無神論者和不可知論者一樣。他在《尼各馬科倫理學》裡強調，你或許希望長生不老，但你或許不會選擇它，因為那是不可能的事。

死亡是人類會遭遇的最大的惡

任何其他的觀點，都會跟他在《論生滅》（*On Coming to Be and Passing Away*）這本書裡從科學角度來理解這個世界的看法相抵觸。在這個物質世界裡的事物，包括人類動物，永遠都處在產生或生成、成長、改變、衰敗和結束的過程中。死亡之所以發生，是因為生物體內天生具有的熱被破壞了。在這股與生俱來的溫暖持續期間，動物的生命就會繼續存在。他說，可以說就是這種熱「點燃了」意識。當熱在死亡之際熄滅，由溫暖的身體和意識或「靈魂」組成的複合有機體就開始分解。正如他在《靈魂論》裡寫到的，它從此不能再經歷屬於個「人」的感情或智性活動。

後來有很多哲學家都同意亞里斯多德的觀點，認為個人的意識在死亡時停止運作，就像把電燈泡的開關關掉，或者把電插頭從插座拔掉。也因此長久以來，這種悲涼的觀點一直是哲學上的重要看法。輔導員和心理治療師在輔導即將死亡或面對喪親之痛的人時，都會強調「接受」死亡——「靜靜地離開」——是終極的目標。但亞里斯多德其實從未這樣建議，他認為死亡是人類會遭遇的最大的惡。關於亞里斯多德的哲學，最誠實的道理是：你把他的倫理學實踐得越好，就會變得越快樂，所以在你死的時候要失去的顯然也越多，至少乍看是如此。如果你順利建立了非常成功的關係，那麼想到要跟親愛的人結束人際接觸，你就會非常明白，自己對他們的愛帶來了多少喜悅，這種清晰的體悟會讓人無法忍受，也可能讓任何哲學或神學對死亡所提供的安慰，都顯得毫無用處。羅伯特．格雷夫斯（Robert Graves）在他情感強烈的詩作〈純粹的死亡〉（Pure Death）中談到了這一點：

我們看，我們愛，就在那一刻，
死亡對你我變得可怕起來。
憑著愛，我們解除了天生的懼怕，
不怕每一位悠然自若的哲學家，
或是高大而白髮蒼蒼的神學博士：
死亡終於站在真正屬於他的位階上。

深愛家人與朋友的亞里斯多德，確實經常思考死亡。要是他知道早他兩個世紀的中國哲學家孔子所提倡的對死亡該有的態度，他的反應應該很複雜。他會贊成孔子強調要在當下過著良善道德的生活，不要一直去臆測鬼神或來生。不過他也會批評孔子完全迴避討論死亡。亞里斯多德的道德觀可以透過一些方法改善死亡的破壞力，從而提供一些安慰。但是對他這樣喜歡探究真理、凡事好奇的人來說，否認死亡，或者故意忽視死亡，是絕對辦不到的事。他的哲學思想裡也沒有任何跡象，要求我們一定要安靜地接受或順從死亡，倒是普遍認為如果承認人終將一死，並且毫不迴避死亡全面性的影響，就能有效地幫助我們好好活也好好死。但是，這並不表示我們不能像英國詩人狄蘭．湯瑪斯（Dylan Thomas）在鼓勵他父親的詩句中所說的，「怒吼抗議天光將滅」。[編註①] 伊莎貝拉．庫謝特（Isabel Coixet）執導的《禁慾》（*Elegy*），就深入探索了這樣的怒吼，這部電影改編自菲利普．羅斯（Philip Roth）

的小說《垂死的肉身》（*The Dying Animal*），故事的主角是一個無法接受自己衰老與瀕死的著名知識分子。

面對死亡的不公正，活出美好人生

在亞里斯多德之後，對死亡的哲學觀點處於百家爭鳴的狀態，不過由於他是第一個直接面對意識停止的全面意涵的思想家，所以大部分的觀點追根究底起來，都會回溯到他身上。這些觀點中的一個極端，是將憤怒視為面對死亡唯一適當的反應，其立場就跟湯瑪斯的命令一樣，「不要溫順地走入那良夜」。舉例來說，南斯拉夫裔美國哲學家湯瑪斯．內格爾（Thomas Nagel）認為，人生讓我們熟悉了它所給予的好東西，所以不管在什麼年紀，因為死亡而失去這些好東西，都是一種剝奪，無論是剝奪自我、感覺還是經驗。⑭生於保加利亞的德國籍猶太作家伊利亞斯．卡內提（Elias Canetti），大半生都住在英國，並於一九八一年贏得諾貝爾文學獎，他相信我們不應該努力接受死亡，而是要認為它有害無益，是「所有存在的基本病，無

編①：在父親病重之際，湯瑪斯寫下了〈Do not go gentle into that good night〉（不要溫順地走入那良夜）這首詩，希望帶給父親信心和力量與死神搏鬥，不要輕言放棄，也成為他最知名的作品。

法解決也難以理解。」他鄙視所有宗教都試圖理解死亡，並聲稱以平靜的態度接受死亡，根本就等於接受謀殺。⑮

西班牙哲學家及古典學者烏納穆諾（Unamuno）認為，人類在情感的自我與理性的自我之間陷入永久、無解且悲劇性的衝突，前者渴望永遠存在，後者則知道有機生命必然結束。不過跟內格爾和卡內提不一樣的是，烏納穆諾確實從死亡是剝奪、是悲劇、形同謀殺的體認中，得出了亞里斯多德的推論——一定要努力過著有德的生活：「人正在滅亡。或許是如此，而如果等待著我們的是虛無，那就讓我們行動，讓它變成不公正的命運。」⑯死亡的不公正就是讓我們努力活出美好人生的理由，這樣當死亡真的來臨，就會顯得更加過分。

死亡不公正這個概念，在法國哲學家布萊士·帕斯卡（Blaise Pascal）的《思想錄》（*Pensées*, 1670）裡表達得最為生動：

> 讓我們想像一群綁著鐵鍊的人，全被判了死刑，每天都有幾個人在其他人的注視下被殺，而剩下來的人在那些同伴身上看見自己的命運，悲傷而絕望地看著彼此，等待輪到自己的那一天來臨。這

就是人類處境的寫照。[17]

帕斯卡的鐵鍊幫，就像沙特（Sartre）的短篇故事〈牆〉（The Wall）中同樣被判了死刑的人共用的西班牙牢房、伊莉莎白・碧許（Elizabeth Bishop）在詩作裡提到的牙科候診室、《詩篇》第二十三篇的死蔭的幽谷，或是山繆・貝克特（Samuel Beckett）的《等待果陀》（*Waiting for Godot*）裡那棵倒下的樹，都是凡人生命的隱喻。但是亞里斯多德一定會強烈反駁帕斯卡：我們沒有綁著鐵鍊，也沒有被迫一輩子看著同伴死去。我們有自由意志、行動能力，還有可能以對的方式生活、建立充滿愛的關係，藉此獲得極大的幸福。我們可以盼望住在宜居的家中，努力達成目標，體驗有益的工作和娛樂，享受感官的愉悅，讚嘆大自然的千變萬化與繽紛美麗，用絕大部分的清醒人生想著死亡以外的事。有些哲學家，例如海德格（Martin Heidegger）、卡繆（Albrt Camus）、沙特和傅柯（Michel Foucault），對於死亡的迷戀近乎拜物教，亞里斯多德恐怕會覺得太過頭了。正如面對道德世界的一切，在過與不及之間取得中間值，也是我們看待死亡時應該保有的態度。

思考死亡，更有活著的感覺

以適量的時間「看到盡頭」，可以幫助我們做亞里斯多德最贊成的事——以最好、最愉快的方式活著。對亞里斯多德又愛又恨的蒙田（Michel de Montaigne），或許就太過火了，簡直是時時刻刻都在想著他的盡頭：「我解除了自己在各方面的束縛；除了自己，我與大家的告別已完成一半。從來沒有人這麼全然與徹底地準備離開這個世界，也沒有人像我計畫的那樣，更普遍性地脫離這個世界。」可是在思考自己的死亡時，蒙田有了一項發現，使他完全重振活力——讓他更有活著的感覺：「我跳舞時，跳舞；我睡覺時，睡覺。」⑱同樣地，尼采（Friedrich Wilhelm Nietzsche）發現，面對人終有一死的事實，拒絕來生的希望，讓我們必須為自己的現實狀態承擔起完全的責任，我們也因而要活得更好、更加振奮。

在道德上自足或自立（*autarkeia*）牽涉到個人的獨立性，而且必須要「忠於自己」。接受只有你能面對你自己未來的死亡——你不可能找人代替你去死——就是忠於自己的一部分。往往晦澀難懂的哲學家海德格，在存在本質方面的看法通常不會被拿來與亞里斯多德的觀點相提並論，但他在《存在與時間》（*Being and Time*）一書裡談到本真的人類主體——「我」代表一種獨特的自我，這個概念就很奇妙地類似亞里斯多德，而死亡正是它的重心。

海德格看到所有的人類都在兩種狀態之間掙扎，一邊是遵守社會的規範與價值觀，一邊是強烈地感覺到自己是獨立的個體與孤獨的主體，一個有區別的、真正的「我」。做社會期望我們做的事，會麻痺我們的感覺，不再體會到獨特而單一的自我，而這種獨特性正包括我們在死亡時不可避免的孤獨。所以，為了真正忠於獨特的自我，我們在活著時，必須「看到盡頭」，思索死亡。海德格說，在死亡這件事情上，「我們無法與他人同在」，而我們身為獨特實體的感覺，也會隨著我們的意識停止而停止。弔詭的是，有了這樣的認知，當我們回到工作和人際關係中，反而會成為更有能量、更加投入的道德行動者。[19]瞭解死亡摧毀了什麼，也會讓我們更有創意。正如米開朗基羅說的，「我的每個想法中，都有死亡鑿刻過的痕跡。」

討論到死去的人能不能被稱為幸福時，亞里斯多德透露了死亡有一種奇妙的撫慰特性：你死去時，有些事情會改變，可是（這一點相當令人驚訝）有件事完全不會改變，那就是死去的「那個人」。你獨特的自我會變得更清楚、更明確，因為死亡讓你的人格性（personhood，即個人狀態）失去改變的能力。你死去時，在人類記錄和其他人的記憶裡，你身為獨特個人的「自我」就完成了，不再有改變的可能。[20]家中有人死去時，獨特的亡者持續存在，而且存在感往往比生前更加強烈，因為在死亡中，他們對家庭的貢獻與影響會顯得更加鮮明。如果你有三個兄弟姊妹，結果有一人死了，你也永遠會是四名兄弟姐妹的其中之一。威廉．華茲華斯（William

Wordsworth）在他的詩作〈我們是七個〉（We are Seven）裡深刻描寫了這一點。詩中的小女孩本來有六個兄弟姊妹，即使有兩個「躺在教堂院子裡」，但她仍然堅持「我們是七個」。孩童的死亡，因為必然有未能實踐的潛能，似乎永遠是最不公平的。有兩部出色的電影探討了這種痛苦的程度，也呈現幾種不同的反應。一部是艾騰·伊格言（Atom Egoyan）執導的《意外的春天》（*The Sweet Hereafter*, 1997），刻劃要找到某人究責的強烈衝動；另一部是肯尼斯·洛勒根（Kenneth Lonergan）執導，感情強烈、演繹精彩的《海邊的曼徹斯特》（*Manchester by the Sea*, 2016）。［編註②］

好好規劃自己的終章

亞里斯多德認為，所有的生物都是進入意識狀態，在適當的環境裡成長，以發揮完全的潛能，然後漸漸衰敗而死去。這表示每個生命都有自己的故事情節，或者「弧線」（arc），就像優秀小說裡的某個角色。假以時日，每個生命就會有自己的敘事統一性，一如亞里斯多德在《詩學》裡所主張，好的戲劇或史詩都應該有的那樣。他認為要評估一個人的「整體」幸福，此人早期的苦難和他死後發生的事大致上同等重要，他並使用戲劇情節的比喻來強調這一點。接受亞里斯多德倫理學的人，就會在知識層面上理解，他擁有屬於自己的人生，以單一實體的狀態存在於這個世界上一段完整的時間，而如果他負起責任，以自給自足的主體身分來行動，他就對這個實體的型態擁有主導權。他可以成為自己故事的作者，寫出一個統一、連貫和完整的故事。

人類確實會以故事情節的角度來思考，而「看到盡頭」可以幫助我們規劃一個沒那麼不滿意的終章。以這種方式來看待人生，會帶來極大的安慰。亞里斯多德還知道，井然有序的結局會讓我們在情感上得到滿足。今日的心理學家相信，對結局的渴望是天生就設定在我們的大腦裡，而這可能有生物學上的基礎，以便讓我們在老去時，更順利地度過衰敗與終將死亡的歲月。㉑

亞里斯多德倫理學鼓勵我們，根據我們願意為實現自我潛能所付出的努力，來規劃自己的人生。近來流行一股風潮，快要死去的人會列出一張清單，寫下他們想先完成的事。二〇〇七年由羅勃．萊納（Rob Reiner）執導的電影《一路玩到掛》（*The Bucket List*），就描述兩個快死的男人，把所有未完成的心願列成一張清單，並且出

編②：《意外的春天》描述一樁校車罹難事件，使平靜的山城小鎮失去所有孩童，一名野心勃勃的律師企圖利用父母的哀慟與憤怒，煽動他們控告政府等該為此事負責之人，索求鉅額賠償。《海邊的曼徹斯特》則描寫一名水電工因意外疏忽導致自己的三個孩子葬身火海，這場悲劇也成為他生命中難以抹滅的傷痛。

發去完成。這些未酬壯志包括跳傘、飛越北極，還有造訪聖母峰。這部電影鼓舞並幫助了許多末期病患。黑澤明的《生之慾》（生きる，1952）也是一樣，這部電影有部分靈感是來自托爾斯泰的《伊凡·伊里奇之死》，描述一名東京的公務員被診斷出癌症末期，臨死前覺得自己一事無成，人生沒有意義。後來他有了領悟，在生命最後幾週努力奔走，順利改建完成一個新的遊樂場，給城市裡的孩童玩耍。

不過亞里斯多德式的壯志指的是一批更持久且相互關連的專案（projects），大多數的人都有這樣一批專案。所謂的專案，可以是我們養的孩子、我們珍惜的友誼、我們創立的事業、我們照顧得漂漂亮亮的房子或花園、我們支持的慈善團體、我們管理的學校、我們培育的某一種狗、我們追求的嗜好、我們要爬的山、一種政治理念、我們寫的書，或是收集的古董。我們的人格性將這些專案結合在一起。

亞里斯多德主義者會持續培養她所有的專案，將她的過去、現在與未來連結起來。思考死亡可以增加專案成功的機會。每一項專案都會因為她的死亡各自受到不同的影響，有些專案在她死去時就會停止，但有些不會。從這一點看來，嚴肅的思考和必要的行動就變得很重要了。

跟親近的家人和朋友討論你的死亡。這些專案——愛的關係——不會在我們死去時結束。幸好，幾乎沒有人會面對一生中所有專案都是否定的結果，果真如此，就連亞里斯多德主義者也不太可能承受。亞里斯多德舉過普里阿摩斯的例子，他看到所有兒子都死了，他長久英明統治的城市也被燒成平地，所有幸福的可能都被徹底摧毀。不過大部分的人都不會遭遇普里阿摩斯這種悲慘的不幸。有些你愛的人會活得比你久，儘管你的意識已經停止了，他們還是你愛的人。照顧他們的利益，不只包括面對他們在你走後會有的情緒，也要讓他們知道你的意願，例如臨終醫療、你沒有在遺囑裡提及的次要財產、你的葬禮，還有你的遺骸或骨灰該如何處理。

我有個同事成了寡婦，陷入不必要的苦惱，因為她從來沒問過丈夫想把骨灰灑在哪裡。因為不知道該灑在哪裡，她就一直無法調適好情緒去火葬場領骨灰。思考死亡，甚至可以幫助你找到完成專案的能量和紀律，像是處理成立慈善團體的文書作業、寫一本小說，或是計畫攀爬吉力馬札羅山。把事情委託給別人，可以讓某些專案持續下去：如果我們花了很多心力打造出美麗的家園或成功的事業，或是有一筆古董收藏，就要清楚表明，我們是否希望在死後保留它，以及誰應該繼承它。

亞里斯多德的遺囑

亞里斯多德自己看待死得好，就跟看待活得好一樣認真。他在哲學作品裡並沒有詳細討論要如何面對死亡，不過關於他的死亡和實際的遺囑，現在所留存的記錄都給了我們很好的範例。

亞里斯多德死於公元前三二二年，當時他離開雅典流亡在外。他否認神對人類事務感興趣，再加上他以科學角度看待世界，使得他很容易因宗教理由遭到起訴。亞歷山大一死，他在雅典的敵人就抓住機會，以對神不敬的名義控告他，就跟八十年前蘇格拉底的遭遇一樣。不過亞里斯多德並沒有像蘇格拉底遭到處決。蘇格拉底原本有機會逃離雅典而繼續存活，但他寧願留下來以死明志。另一方面，即使當時嚴重胃痛，很可能患了癌症，亞里斯多德也不是會放棄生命的那種人。他把呂克昂交給好友泰奧弗拉斯托斯負責，到他母親那邊的家族在尤比亞島（Euboea）哈爾基斯（Chalcis）的一座莊園裡避難，莊園內有個花園和一間客人住的小屋。他的伴侶赫皮利斯，也就是他兒子尼各馬科的母親，陪他一起住在那裡。公元前三二二年，他就在那裡辭世了。那段時間他一定很焦慮，也一定很想念在呂克昂的生活，還有他和泰奧弗拉斯托斯的友誼。

不過搬到哈爾基斯讓亞里斯多德有了一個優美的環境，得以準備以他的醫學知識或許已預期到的死亡。他從閱讀古典文學中汲取情感上的養分，現今殘存的一段感人文字，是他在行將就木時寫的，他說「我越老、越孤獨」，也就越來越喜歡古老的神話。不管是古代或現在，哈爾基斯都是個海風吹拂、有益健康的濱海城市。想到他在病重臨終時，應該可以在燦爛的陽光下，沿著長長的濱海步道散步，同行的也許還有赫皮利斯和他的孩子，跟他一起討論如何面對他即將來臨的死亡，以及他們沒有他的未來，這幅畫面讓人感覺很好。因為深愛的人死去而悲傷，是大多數人所經歷最痛苦的情緒，值得事先做好準備。

亞里斯多德從閱讀古典希臘文學得到安慰，故事裡刻劃了許多英雄的死亡，我們則可以欣賞以死亡為主題的睿智電影。戴倫・艾洛諾夫斯基（Darren Aronofsky）執導的《真愛永恆》（*The Fountain*, 2006）講述一個即將死去的女人，希望丈夫能在她僅剩的生命裡陪在她身邊，他卻無法接受即將失去所愛，把心思都花在尋找可能的治療方法。菲利普・法拉迪約（Philippe Falardeau）執導的魁北克佳片《再見了，拉札老師》（*Monsieur Lazhar*, 2011）則探討了喪失摯愛的傷痛，敏銳細膩地解讀其後續影響——有些學童因為老師死去而傷心，另一方面，身為政治難民的代課老師也因妻小在家鄉被殺害而悲痛。

在亞里斯多德的遺囑中，他考慮到好幾種可能的未來，是根據那些他愛的人或者覺得對他們有責任的人，在他之後離世的順序來安排。這種審慎的態度，絕對值得稱他為最稱職的慎思者。他有兩名親生子女，尼各馬科和女兒皮西厄斯，他還領養了外甥尼卡諾。明白當前政治情勢緊張，一些雅典人又對他不懷好意，亞里斯多德知道自己即將死亡後，就指定當時最有權勢的人安提帕特（Antipater）為遺囑的主要執行人。安提帕特是長久支持他的馬其頓人，時任希臘的行政首長。這表示亞里斯多德是認真的，這個選擇確保了沒有人會藐視遺囑的條款，除非不顧自己的安危。

遺囑開頭有個細節，顯示亞里斯多德在死前不久才寫下或修改了內容，看來他知道自己已經病入膏肓。他的外甥兼養子尼卡諾，也就是亞里斯多德的姊姊亞里妮斯特與丈夫普羅贊諾斯生的孩子，會擔任第二執行人，不過當時他顯然不在國內。在尼卡諾回來之前，亞里斯多德請求四個朋友，再加上泰奧弗拉斯托斯，新任的呂克昂負責人（可想而知非常忙碌），「是否願意以及可能」承擔責任，照顧「孩子和赫皮利斯及他們的遺產」。

亞里斯多德顯然很尊重養子尼卡諾，並且讓他成為兩名親生子女的監護人。不過由於尼卡諾是亞里斯多德的外甥，也比他年輕很多，亞里斯多德認為他和兩個孩子的關係會「亦父亦兄」。尼卡諾要特別照顧皮西厄斯，「並且留意其他一切都符合他自己和我們的價值。」沒有父親的女人很容易受到欺負，需要一個心存善意的人代表她們處理法律和財務上的事。亞里斯多德因此要尼卡諾娶皮西厄斯，負責照顧她和他們的下一代。亞里斯多德相當擔心皮西厄斯，為了預防尼卡諾萬一死了，甚至為她指定了第二個值得信任的丈夫人選：泰奧弗拉斯托斯。

在亞里斯多德的私生活中，最神祕的人物或許就是他長期的情人赫皮利斯了。赫皮利斯也來自亞里斯多德的家鄉斯塔基拉，他之所以沒有娶她，也許是因為她的社會地位比較低，可能是奴隸或脫離奴隸身分的女人。我猜想他也掛慮女兒皮西厄斯的心理安全：古人更害怕繼父母和繼子女之間的衝突。在尤里庇狄斯的悲劇《阿爾克斯提斯》(*Alcestis*)中，垂死的女主角唯一從丈夫口中得到的承諾，是他永遠不會再娶，也因此不會讓他們的孩子遇到不懷好意的繼母。皮西厄斯或許也很高興看到亞里斯多德在遺囑中指示，要把她過世母親的遺骨挖出來，埋在她父親旁邊。

然而，即使只是亞里斯多德的情婦，赫皮利斯還是為他生了兒子尼各馬科，他也為兒子做了謹慎的準備。亞里斯多德還細心地在遺囑上加了感人的一句話，說赫皮利斯「一直對我很好」，意思就是要遺囑執行人務必處理好他對赫皮利斯細心而深情的安排：

如果她想結婚，請把她交給跟我一樣好的人。除了她先前收到的禮物之外，他們應該從莊園財產裡給她一塔蘭特[譯註①]的白銀，如果她想要的話，再給她三名女僕，還有她目前的女僕，以及僕人皮拉伊斯。如果她想住在哈爾基斯，就把花園旁的客舍給她。如果她想住在斯塔基拉，就把我父親的房子給她。不論她選擇哪裡的房子，執行人都要準備合適且經過赫皮利斯同意的家具。

是兒子的媽請求亞里斯多德不要讓將軍和哲學家來決定她家的室內裝潢嗎？

亞里斯多德留給奴隸的財產，雖然在公元前四世紀的富人裡並不是創舉，但也顯示他跟他們的關係良好。他去世以後，他們就立刻或者在日後的特定時間（例如他女兒結婚時）得到自由，有些還會獲贈豐厚的遺產。亞里斯多德還確定幾個照顧他的奴隸不會被賣掉（他們可能會因此遇到沒那麼寬厚的主人）：「執行人不得賣掉照顧我的奴隸，而是要雇用他們。等他們到了適當的年紀，就該給他們自由，那是他們應得的。」

用刻意回想的力量，面對死亡的傷痛

人類可以透過一些方法達到某種不朽，好讓自己的作為在死後還能持續影響後人，而亞里斯多德跟所有的古希臘人一樣，對此很感興趣。最顯而易見的方法是，透過子女和孫子女，把你的基因一代代傳下去。自荷馬以降，很多作者都得意地談到，把你的英雄事蹟甚或是不幸記錄在著名的詩歌裡，這樣即使過了許多世代，你的名字和功績仍會流傳下去，這就是不朽。財力足以負擔的人，會託人製作人物雕像、繪畫、銘刻的墓碑、墳地以及陵墓，讓世人永遠記得他們自己和所愛的人生前的模樣。哲學家，特別是柏拉圖，則主張提出新觀念就像生產一樣，因為重要的觀念會在闡述它們的人死後許久，還繼續存在著，改變心靈與生命。

這些人類發明出來迴避肉體死亡的權宜之計，都讓亞里斯多德很著迷。雖然他個人並不相信人類死後還有某種生命存在，但也小心翼翼不去踐踏人們對儀式的本能需求，因為他們相信這些儀式能將他們與離去的摯愛連結在一起。他同意，如果堅持死亡會完全瓦解將整個希臘社會維繫起來的友誼連結，那麼依他的說法，就實在「太不友善」了（*aphilon*）。他寫了一首詩讚美他死去的朋友赫米亞斯，也就是阿

譯①：Talent，古代質量單位。

索斯王國的統治者，亞里斯多德快四十歲前，在那裡住了幾年。他指定他最信任的朋友和弟子泰奧弗拉斯托斯繼任呂克昂的負責人，知道還有數十名年輕哲學家會延續並發展他在知識領域上的發現，他就這樣安心離開了。不過他還添加了一項特別有用的工具，可以幫助我們面對死亡或喪親之痛：以有系統的方式，發展刻意回想的力量。

死去的人確實會活在愛他們和受他們影響的人的記憶之中。而亞里斯多德主義者會以規律、有系統的方法運用記憶，面對自己的老去和失去摯愛的傷痛。就我們所知，亞里斯多德是第一個區分記憶和刻意回想的思想家，也是第一個看出後者很重要的思想家：在所有動物裡，唯有人類具有刻意回想的能力。發表輪迴轉世理論的蘇格拉底曾發展出一個概念，認為學習事物其實就是一種回想，回想我們在前世已經學到的東西。不過亞里斯多德沒有時間去想我們的心靈在前世生於另一個身體的概念。他感興趣的是，我們此刻擁有的心靈，如何以天生的能力用特定的方式發展，而每項個人體驗，加上想像力和記憶力的運作，又是如何促成個人的成熟。

亞里斯多德以《論記憶與回想》（*On Memory and Recollection*）這一整本專著，探討了人類這項奇異的能力，內容讀來引人入勝，因為那種親密感讓人好像就置身在他的腦袋裡。他描述沒辦法將反覆出現的曲調和句子——「耳蟲」——「從腦袋裡趕出去」，使人心煩氣躁；即使我們可能會努力「擺脫這種習慣，不打算屈服，卻發現自己還是繼續唱著或說著那些熟悉的聲音」。他完全清楚心靈有能力阻擋或抑制回憶，也知道現在所謂的「恢復記憶症候群」（recovered memory syndrome）：「很顯然地，人有可能記得此刻沒有回想起來、但一直感覺到或承受到的事。」或許亞里斯多德自己也曾在某個時刻，想起小時候受創的經驗，只是多年來一直忘了那件事。他會去思考他的意識在腦海裡產生的心理圖像，努力體驗並詳細描述當下的狀態。所謂的心理圖像是指，他正在想像某件假設的事，或是期待某件在未來將會發生的事，也可能是隨機記起過去的經驗，或者刻意回想那些事：「沒有心理圖像是不可能思考的。」

關於這種想像，亞里斯多德討論最多的是在另一段對話錄《靈魂論》裡。不過在《論記憶與回想》中，亞里斯多德覺得很重要的一點是，隨機想起某件事——儘管可能很有用——和刻意回想很不一樣。某些其他的動物顯然也有記憶。亞里斯多德親眼看過動物藉由經驗來「學習」；狗走在熟悉的步道上認得路，是因為牠走過那條步道。但是狗不會靜靜地坐著，刻意去思考當小狗是什麼感覺，想到去年夏天牠跟主人到哪裡去旅行，又或者回想牠媽媽的長相。

儘管亞里斯多德對回想的討論很認真，他區分回想和隨機記憶的說法卻讓我不禁揚起嘴角：「記憶力好的人和善於回想的人並不一樣，事實上，一般來說，反應慢的人記憶力比較好，但機靈的人和學習力很強的人比較善於回想。」人可以學會善於回想。不過亞里斯多德認為反應慢的人記憶力比較好，這倒讓我想到，就像現在很多教授總是忙著在腦子裡思考各種知識內容，一些古希臘的「恍神教授」，在記得購物清單或其他日常生活事務時，記憶力也是其差無比。

「被觸動」的記憶與「自主性」的回想

記憶與回想，這兩者與感官的關係並不一樣。亞里斯多德說，記憶與我們的感官功能有所連結。馬塞爾．普魯斯特（Marcel Proust）在《追憶似水年華》（*À la Recherche du Temps Perdu*, 1913-22）裡提出「非自主性記憶」（*mémoire involontaire*）這個說法，當時他正在吃沾了茶水的瑪德蓮蛋糕，那情景「觸動了」他的記憶，讓他想起小時候跟姑媽一起吃那種蛋糕的情景。不過在普魯斯特之前兩千多年，亞里斯多德就已經細心地區分了「被觸動的」、非自主性的記憶，這是我們的感官激發我們去體會到的（*mneme*），以及我們經由「自主性的」回想行為（*anamnesis*），刻意找回來的關於過去的資訊。後者是人類專屬的天賦，是來自於智性、有意識的能力，而不是來自於感官、無意識的能力。

亞里斯多德用生動的意象來說明「普魯斯特式」的記憶是怎麼創造出來的：透過感官認知，我們的心智會接收來自外在刺激的刻印，就像封蠟接受印章戒指的印痕一樣。他認真思考過記憶力很差的人——很老的、很年輕的、還有智能受損的。他解釋，他們的心智受感官知覺影響的部分，並不容易接收「印章戒指」的刺激；它不像有黏性的封蠟，會立刻乾掉並留下戒指的印記。以孩童來說，比較像流水，而以老人或智能受損者來說，比較像老舊的硬牆。不過刻意的回想和感官刺激策動的記憶不一樣，那是人類獨有的特殊能力：「那是一種搜尋過程。」這種能力如果得到發展和運用，可以幫助我們追求幸福。它跟人類的另一種獨特能力有關，也就是對於行動的慎思，這是要「做對的事」並實現自我潛能所不可或缺的步驟。從更廣泛的人類層面而言，研究歷史、瞭解亞里斯多德這類古人的想法，就是一種人類集體的、有條理的回想過程，這是我們瞭解人類這個專案必需的要件，也是引導我們走向未來的指南。

我懷疑亞里斯多德的父親，斯塔基拉的尼各馬科醫師，對心理疾病有特別的興趣。亞里斯多德經常表現出他對各種異常意識的瞭解，而那些異常，我們現在稱之為各種精神疾病。他以極高的洞察力寫出患有妄想的人如何混淆各種心理圖像——把實際發生過的記憶跟想像力發明的情景混在一起。他提到一個人名叫奧勒烏斯的安堤封朗，說他是個「瘋子」，把他的「心理圖像講得好像那些事真的發生過」，而且就像他「真的記得那些事」。亞里斯多德還談到有缺陷的記憶對沮喪或有憂鬱傾向的人造成的痛苦。他相信，經由感官，記憶與我們的身體有密切的關係，而在某個意義上，我們對任何一種心理圖像的體驗，都是一項身體的活動。他的這些見解聽起來非常接近現代神經科學的發現。他特別描述了感到痛苦煩躁的憂鬱人士，說他們「儘管非常集中注意力，卻還是想不起來」。亞里斯多德的父親是否用過某種心理治療法，要求病人回想過去的創傷，並且因為當事人完全「阻擋了」相關事件的記憶，而倍感挫折？

非大腦內的圖像，也可以促進和刺激回想，亞里斯多德對這種力量也很著迷。呂克昂學院有座蘇格拉底的半身像，他會用來輔助教學。為他寫自傳的學者說，在他的妻子皮西厄斯和朋友赫米亞斯死後，他請人製作了他們的雕像，並以他們為主題寫詩。他也請人畫了一幅他母親的畫像。在《詩學》裡，他提到人們從圖畫中「認出」某人、並能夠說出對方身分的樂趣，同時解釋這種經驗除了令人愉快之外，為何也可以具有教育功能。在《論記憶與回想》裡，他深入探究了我們對認識的人存有的「內部」圖像。他認為那些圖像的功能，一方面是在休息時觀看的東西——就像它們擁有自己的生命——另一方面就像「一張可以幫助記憶的畫像」。

他舉的例子是他的一名深色頭髮的學生，名叫克里斯庫（Coriscus）。他腦中對克里斯庫的心理圖像，就像一張人像畫——儘管亞里斯多德最近都沒見到他，還是可以看著那張圖像想到他。任何時候，只要你想要，就能在心裡想著存在於你內在的克里斯庫，甚至看著他，這是只有人類的回想能力才能讓我們辦到的事。如果克里斯庫出現在我們的腦海中，那可能是無意的——我們並未刻意召喚那幅圖像——也有可能不太算是記憶，更像是由另一種感官或記憶所觸動的影像。無論如何，不管是克里斯庫的實際畫像，還是亞里斯多德有意和無意想到的克里斯庫心理圖像，都表示即使學生不在身邊，亞里斯多德還是可以想著對方。亞里斯多德的心理學，加上他以立傳立碑細心紀念至親好友的傳統，在在都提供了很有用的方法，幫助人們面對死亡與喪親。

寫這一章的大部分時間裡，我九十高齡的母親度過了漫長充實的一生，正要走向生命的盡頭。想到亞里斯多德的作品隱含了哪些他會對我說的話，我就得到極大的安慰。雖然我很傷心，但有意識地運用他的道德學說，讓我得以更自在地面對這令人難過的情況，也能在別人需要我表現冷靜和愉悅時應對得宜。這也更讓我領悟到，盡可能以最好的方式活著有多重要，因為生命真的非常寶貴。尤其我發現，利用自身的回想力量，幫助我捱過了守在母親病榻邊那段特別痛苦的時期。而她溫暖的反應——虛弱地用手輕拍，偶爾從管子間露出笑容——顯示出回想也幫助了她。

我開始刻意回想小時候她陪在我身邊的幸福時刻，盡可能地記起各種細節。看看老照片以及跟其他家人談話，會有相當程度的幫助，不過真正豐富的回憶，都是由亞里斯多德的「刻意回想」方法觸動的。我按部就班地在意識裡回想起早年的生活、我們住過的房子、在約克郡和蘇格蘭度過的海邊假期、我念過的三所小學——這些往事讓生動的記憶排山倒海而來，記憶裡滿滿都是我正值盛年的母親。

我滿三歲那一天，我們在她的臥室裡繞著一部小小的電唱機跳舞，因為她買了一張披頭四的單曲唱片〈她愛你〉。某個夏日，她緊緊抱著我滑下戶外游泳池的滑水道時，我是多麼開心啊（她費力地隔著氧氣罩說，她覺得這應該是在蘇格蘭的鄧巴）。她會特地為我買梨牌水晶皂，因為我喜歡透過焦糖色的透明皂體看東西。我們曾經在約克郡谷地的一座橋上玩了好幾個鐘頭的丟樹枝遊戲，她教我怎麼樣瞄準急流，好讓我的蕨類能最快流到橋的另一邊。她跟我一起坐在電視機前看兒童節目《跟媽媽一起看》時，我開心得尖叫。我這輩子在廚房裡最美妙的一天，有她、好幾碗餅乾麵糰，還有一組她剛買給我的餅乾壓模組，有小雞、天使和復活節兔子的造型。我八歲時，儘管動完緊急闌尾切除手術，傷口痛得要命，還是暗自開心可以住院，因為她每天都會來看我，而且是她自己來，我的兄弟姊妹都在學校。終於有一次，我不必跟他們搶她，能得到她全心全意的關注。在她臨終之際，我刻意地在記憶寶庫裡搜尋後不久，就寫下了這些往事以及其他重新回想起來的事。這些回憶將帶給我可靠的安慰，陪我踏上眼前沒有母親的道路。

人類最接近神性的時候

對沒有宗教信仰承諾來世的人而言，喪親之痛很不一樣。亞里斯多德不相信人死後還有生命，但是雖然有人指控他對神不敬，其實他完全不是無神論者。他甚至不是我們今天所謂的不可知論者，他只是不相信那些遙遠的神靈對人類事務有任何興趣。他反對柏拉圖學派，再加上他的倫理學堅持以自然為基礎，就代表從宗教的觀點來看人類行為，是多此一舉。亞里斯多德主義者對自然的探究，以及對活得好的追尋，都不是基於宗教或形上學的觀點，而是基於自然主義的觀點。不過這絕不代表排除神靈存在的可能性，至少宗教實踐的某些方面可能對人類有益。

亞里斯多德注意到，世界上不同的民族都「談到由一個王統治的眾神，因為這些民族，有些現在就處於這種統治之下，有些從前也是如此。人以人類的形象來想像眾神，因此也以為神的生活方式就跟人一樣。」他相信，只是因為人類的想像力受限，神才被擬人化了。亞里斯多德也知道，暴君可以利用宗教來增加他們掌控人民的力量；神話中的眾神，是發明用來「影響市井小民，並作為體制與實務上的權宜手段」。另一方面，亞里斯多德自己的神，距離我們非常遙遠；由於差距如此之大，讓我們無法期待跟他們建立關係，不管是作為朋友，還是專制的統治者。

亞里斯多德在物理學和形上學方面的著述，加上《尼各馬科倫理學》裡偶爾也會提到，都說明了他認為思考物質宇宙，也許能讓我們更靠近「神」。至少，這種作法會勝過只是想像聖體（a）看起來像人，但（b）其實只是會與人類「子民」互動的超人君主，後者正是當時大多數人瞭解神性的方式。他似乎相信天體比人類「更神聖」。有時他會稱太陽和星辰為「穿越天堂的聖體」、「看得見的聖物」或是「天堂，以及最神聖的可見事物」。由於他的整個哲學系統認可運動和改變的中心性（centrality），所以他認為神不論有多遙遠，都必定是一種「第一原理」，或是讓宇宙其他部分運作的運動根源。所以神是「移動者」，但本身「不移動」，而且無法被人類或任何其他刺激、力量或實體改變。

在探求神由什麼組成、或神在做什麼時，亞里斯多德運用了他習慣的消去法，並在一段詼諧的段落裡請問神不做什麼。跟盡可能過著有德生活的人類不一樣，神不受任何倫理道德限制。神不會花時間做生意，透過寫合約和退還押金等行為表現美德。神不必靠面對實際的危險來展現勇氣。如果我們讚美神控制了邪惡的欲望，那等於是暗指祂有這種欲望需要控制而侮辱了祂。天體上也沒有誰能讓神給錢，藉以展現祂的慷慨。亞里斯多德還提出——只是為了排除這個可能性——神專屬貨幣的概念，藉此突顯以人類形式想像眾神的荒謬。他開玩笑地說，聲稱祂們永生不朽，只是「像恩狄米翁（Endymion）〔編註③〕一樣」一直在睡覺，這根本就是藉口。

這一切讓亞里斯多德得出這個結論：與神有關的活動，必定是符合最高等美德的活動，而當我們人類積極運用智力時，就是我們最好、最「有德」的狀態，也因此是最幸福的時候。我們積極思考世界、並將之歸納成理論的時候——所謂的理論生活或思想生活（the theoretic or thinking life）——就是我們人類最接近神性的時候。顯然經常有人告訴亞里斯多德，把人類的心智活動與神相提並論是很危險的事，因為他特別警告讀者要小心「告誡我們男人應該有男人的想法，而凡人也要有凡人的想法的那些人」。人類，至少在對感興趣的事物進行理性思考、並因此全然快樂的短暫期間，就暫時得到了機會，可以做亞里斯多德的神隨時在做的事。

在亞里斯多德的所有作品裡，討論「神」最著名的段落是在《形上學》第十二卷。哲學家通常稱這一卷為〈形上學蘭達〉（Metaphysics Lambda）〔譯註②〕，內容非

編③：在希臘神話中，牧羊人恩狄米翁容貌俊美，月神塞勒涅（Selene）偶然發現在山谷中熟睡的他，從此深深迷戀。由於深愛恩狄米翁酣睡的模樣，月神便請求宙斯讓他青春永駐，長眠在拉特莫斯山的洞穴。

常扎實、困難，但重點很清楚。「神」是化為實際的想法，或者行動中的思想，是我們人類可以暫時享受的。祂和純粹的快樂或愉悅是一樣的。以我們最優秀的能力，進行最高層級的思考，會暫時把我們變成「神」，或者至少允許我們與神為伍。將想法化為實際，就是讓我們活著的關鍵，而這就和「神」一樣。不過我們是具有生物壽命的短暫存在，而「神」是最美好與永恆的生命。「我們認為神是永恆且最美好的生命；因此，生命和持續永恆的存在屬於神；因為那就是神。」

比起本書前面討論過的許多亞里斯多德學派的實用常識與實踐智慧，這個論點聽起來似乎要神祕一些。但更深層來看，「神」是永恆的思想或理解，這樣的概念竟不可思議地和一些我們這個時代最前衛的知識分子看法類似。尤其是史蒂芬·霍金（Stephen Hawking）在他的暢銷書《時間簡史》（*A Brief History of Time*, 1998）裡所下的結論，聽來就像是亞里斯多德的觀點：「如果我們發現了一個完整的理論，應該要即時讓所有人理解，而不是只有少數科學家理解。然後我們所有人，哲學家、科學家以及一般人，都應該能夠參與這個問題的討論──『為什麼存在的是我們和這個宇宙』。如果我們找到這個問題的答案，那將是人類理性的終極勝利──因為那時我們應該就知道神的心思了。」

接受別人的宗教信仰

那麼，認為人類發揮理性、運用心智去瞭解宇宙，就可以與神為伍的亞里斯多德主義者，對於既定的宗教又會怎麼做呢？跟柏拉圖不一樣的是，亞里斯多德很少討論到虔誠，至少在他的倫理學論述中是如此。由於他的倫理學是以自然，而不是以神學為本，所以這也完全不讓人意外。不過他偶爾還是會在其他作品中，從社會的角度，或者從團體娛樂等這類儀式帶來的優點，短暫地表達他贊同某些榮耀神的傳統方式。他的這個立場對我們很有幫助；就算以傳統的角度來說，你並不「信」神，但是在你或你所屬的社群要從宗教儀式中尋求團結或安慰時，偶爾上教堂、清真寺、猶太會堂或寺廟，還是很有益處的。

在《政治學》裡，亞里斯多德認為城邦——也就是人類最可能在其中繁盛發展的環境，應該好好處理對眾神的崇拜。舉例來說，他讚揚「因樂趣而形成的組織，例如宗教團體或美食社團，就是為了祭祀和社交而結合的」。他認為，在治理良善的城邦裡，大家會聚在一起「進行或舉辦與他們有關的祭祀和慶典，既是對眾神表

譯②：Lambda是第十一個希臘字母，大寫Λ，小寫λ。

示敬意，同時也讓自己享受歡樂的節慶。大家也許會注意到，遠古的祭祀和慶典都是在收成之後舉辦的，其實也就是豐收節；這是因為每年的這個季節，是大家最空閒的時候。」亞里斯多德寫了一段給女人的建議，結合了他提倡的走路習慣、祖傳的醫學天賦，並且明顯地贊同至少要對傳統儀式有一點尊重，非常具有亞里斯多德學派的特色。他明白建議，在治理良善的城邦，應該鼓勵懷孕的婦女「好好照顧自己的身體，不要避免運動，也不要吃太少」；關於運動，他則建議「每天走路去拜一下掌管生產的神祇」。

毫無限制的迷信又是另一回事了。亞里斯多德很可能會同意他的朋友、同為逍遙學派的泰奧弗拉斯托斯的看法。泰奧弗拉斯托斯在描繪道德眾生相的《人物志》（*Characters*）裡，描述過一個迷信得可笑的男人害怕些什麼。他筆下典型的迷信男人，害怕跟生產過的女人、瘋子和癲癇患者碰觸。將實際上的污染——*miasma*——與這些人連在一起的古早禁忌，似乎讓呂克昂的理性哲學家們感到好笑又荒謬。亞里斯多德也常在自己的作品裡提到，對於某些現象，沒有受過教育的人會相信一些迷信而不科學的解釋，但其實都可以從大自然透過經驗觀察而得到說明。不過在特定神祇和英雄的庇護下，經由美食社團進行社交聯誼，或是懷孕婦女散步去阿特蜜斯（Artemis，掌管女性生理部分的女神）的神殿祭拜，是另一回事。亞里斯多德似乎不認為這種有建設性的、傳統的宗教習慣有任何壞處。

但是這樣對我來說還不夠。身為亞里斯多德主義者，如果我個人不想進行規律的祈禱或儀式，也不相信那些儀式有什麼用處，那我要怎麼看待世界上那麼多在做這些事的人？這個問題曾經讓我很苦惱，部分是因為我們家族裡的人大多都信神，而且實踐著某種基督新教的教義。我有很多好友是羅馬天主教徒，或是虔誠地信仰各式宗教，包括猶太教、伊斯蘭教、錫克教和印度教。他們之中很多人都過著有德的生活，實踐與我相似的道德價值觀，也因為自己的宗教信仰得到很多幫助。在我生活的這個世界，信神的人比不信神的人多，其中有很多人相信他們的單一神或眾神會直接參與人類的事務。只要他們不強迫別人接受他們的觀點，或者非理性地想用那些觀點來取代一般人對普世幸福的追求，作為立法及公民關係的前提，而且也不質疑我不靠神追求幸福、不認同他們的權利，那麼我就必須無條件地接受別人的宗教信仰，以同胞的關係和他們進行恭敬有禮的互動。絕對沒有任何證據顯示，亞里斯多德不是這樣做的。

不相信神會干預人類事務，或者不期待還有來生，這樣的人生在遭遇困難時會是最難熬的。許多和亞里斯多德同時期的人，包括馬其頓皇室的成員，都曾經信過非常神祕的宗教，期望自己能因此獲得永生。對我們有些人來說，在遭遇嚴重困擾時，就會有一股強烈的衝動，想要祈求超自然力量的協助。不過這股衝動最強烈的時候，是在我們自己快要死去，或者我們愛的人即將死亡之際。想要相信神奇的療法、或是幸福的來生，這樣的渴望連最理性的不可知論者都無法抵抗。但這本來就沒有什麼害處。在人們受苦時帶來安慰的事物，都不該被輕視。然而，面對人類必有一死的現實，可以在生命還持續時，讓它更加豐富、更加深刻。

當身體停止運作，我們的意識也隨之停止，就像把插頭從插座上拔掉，電流就不再流動，正視這樣的可能性也有一些好處。死了就意味著不能再享樂，但也代表不會再傷痛或受苦。

一切都會改變，但也會持續存在

對亞里斯多德來說，生命就是全部的重點。他畢生都在思考何謂活著——不只是人類，對植物、動物、魚、鳥都一樣。他在知名的「小雞」實驗中，充滿驚奇地看到小雞從蛋生下來的那一刻，一直到孵化出來幾天後的樣子。他每天都以精確、理性、科學到近乎詩詞的文字，記錄觀察的結果：

大約第二十天，如果打開蛋，碰一下小雞，牠會縮到裡面去，並吱吱叫；過了第二十天，小雞開始破殼時，就已經長滿絨毛了。牠的頭擺在右腿上靠近側腹的地方，翅膀放在頭上面；大約這時候，就在蛋殼最外面那層膜之後，可以清楚看到類似胎盤的薄膜。

正是這種對生命的好奇心與尊重，再加上他相信只要有耐心，發揮道德上的努力，即使是最痛苦的情感也可以克服，讓亞里斯多德反對自殺。

早期的基督徒想要收服亞里斯多德，並且降低他以人為本世界觀的解釋力，就編了一個虛假的故事。他們說他在承認神參與了創造物質世界之後自殺了——也就是說，他同時放棄了他以人為本的倫理學和他的科學。他們聲稱他跳進了分隔哈爾基斯和希臘本島的尤里普斯（Euripus）海峽。他無法以科學解釋在狹窄的水道中旋轉的大潮，一氣之下，在他臨終那一刻，承認世界上有股神祕的神力在運作，那是他的智力無法解讀的。不過這是為了宣傳而胡扯的鬼話。對亞里斯多德來說，自殺的問題，在於它背後的意圖是負面的——要逃離「貧窮，或情傷，或痛苦」。他注意到，會自殺的人之中，有一種是一再為非作歹的人，他們自殺是為了逃避自己的過去，以及已經招致的社會責難：「犯下眾多罪行的人，因作惡多端而受到憎恨，真的會逃離生命，把自己帶走。」自殺者之所以自殺，並不是因為經過徹底思考，認為那是當時情況下最佳的行動，亦即稱職的慎思者所做的決定，而是面對困難時太懦弱所致。亞里斯多德似乎贊成雅典的法律觀點，認為自殺並不是罪，但也不認同自殺。

古今哲學家都研究過自殺。跟亞里斯多德一樣反對自殺的哲學家，如柏拉圖和康德，在討論這個議題時，都從自殺者和三種主體的關係切入：和自己、和社會，以及和神。不過亞里斯多德在另一段敘述裡，似乎只對個人和社會的關係感興趣。對他來說，「在一陣激情中殺了自己」的人，就是自願犯了罪，而傷害由社會持續承受。社會失去了一名成員，而由於我們所有人都對社會有責任，如果我們自殺，就等於造成社會的損失。[22]如果有人愛我們，或以任何方式依賴我們，甚至對方只是其他公民，那麼自殺也是一種謀殺。有意思的是，他在此處所說的自殺犯罪，是指在一陣激情中犯下的。我們看不出來，他有沒有把認為自己是負擔、或已經快死的人經過審慎思考後的自殺包括在內。

亞里斯多德從未表示，他是否贊成末期病患自殺或安樂死；如果他確實反對，現在有一些人會想要讓他瞭解，病重的人有權利在完全掌控理性力量的情況下，以無痛而尊嚴的方式死去。但是在其他情況下，瞭解自殺者的專業人士強調，這種衝動往往是一時的，也因此沒有經過深思熟慮。這一點就完全違反公認的亞里斯多德政策：做對的事，以便活得好。

很多人會在極度不快樂時考慮自殺，尤其是喪失至親好友或分手之後。但是亞里斯多德主義者瞭解，一切都會改變，克服了目前的絕望後，未來還是有可能幸福。亞伯拉罕．林肯一輩子都在跟憂鬱症對抗，儘管數次自殺，他還是更看重改變的確定性，活下來實現了他的潛能。一八六二年，他對一名喪父的年輕女性朋友寫下這些深具亞里斯多德精神的話語：

得知仁慈且勇敢的令尊死訊，深感悲傷；尤其此事影響妳年輕的心，超乎常情。在這個哀淒的世界，悲傷會朝所有人襲來；對於年輕人，因為毫無防備，更是來得又苦又痛。而年長的人已經知道它終將到來。我希望能為妳減輕一些當前的憂傷。完全釋懷是不可能的，只能交給時間。妳現在不能理解妳的心情會再度好轉，是嗎？然而這是錯的，妳一定會再快樂起來。知道這件事，而這絕對是真的，會讓妳現在少傷心一點。我有過足夠的經驗，知道自己在說什麼；妳只需要相信，就會立刻感覺好些。關於慈父的回憶，會取代痛苦，成為妳心中悲甜交錯的感覺，而且比妳先前知道的，更純粹、更神聖。

在確定情緒會改變的情況下，如果一個亞里斯多德主義者感覺想自殺，他會設法改變作為，選擇在短期內可能顯得比較困難的方法。

變動是常態。亞里斯多德在著作裡一再利用意象說明，一件事物的某個部分、甚或是整體形式，可能改變或消失，而其他部分還繼續存在。舉例來說，同樣的字母，如果以不同方式重新安排，既能組合成悲劇，也能組合成喜劇。在大自然裡，萬物不斷形成然後消逝，而它的構成物質又繼續貢獻形成另一個實體。不過重要的是，亞里斯多德認為，有機物的再生，不同於水升到空中變成雲、化成雨，之後又回復為雲這種元素性的循環再創造。不像雨和雲，「人和動物不會回復為自己，所以同樣的動物不會存在第二次」。你死了就死了。但即使如此，也還是有值得欣慰的地方。並非只是因為你的父親存在過，你就必然會存在。你有可能永遠不會孕育成形。但是如果你存在了，那就確定發生過一件美妙的事：你的父親一定在你之前「形成存有」（come to be）。你的父親（一如你的母親）曾經在這裡，是人類不斷世代繁衍的一部分。他曾經在這裡。他活過。他貢獻過。那個生命活過。沒有任何事、任何人能剝奪這個事實。

最後，我們都能從亞里斯多德最精彩的其中一句話裡得到安慰。他甚至主張，我們在大自然中見到的不斷存有的過程——在人類身上，是世世代代的繁衍傳承，是「神」為了解決創造永恆存在的問題而想出來的方案。神想要宇宙永恆，以最接近創造永恆宇宙的方式，「讓形成存有成為生生不息的過程」。這讓整個宇宙的歷史，包括人類的歷史，以及我們每個人的歷史，有了終極的統一性與連貫性：「形成存有不斷地形成存有，是最接近永恆存在的方法。」

這本書的出版要承蒙我的經紀人 Peter Straus 和 Melanie Jackson，專業出版人與編輯 Ann Godoff、Stuart Williams 和 Jörg Hengsen，以及我的文字編輯 David Milner 等人付出耐心並給予體諒、支持。多年來，我曾經與數位優秀的亞里斯多德主義學者、古典學家及哲學家談話討論，並從中學到許多，這些人士包括 Tom Stinton、Gregory Sifakis、Sara Monoson、Christopher Rowe、Malcolm Schofield、Heinz-Günther Nesselrath、Jill Frank、David Blank、Phillip Horky、Richard Kraut、Sol Tor、Carol Atack、Francis O'Rourke、Paul Cartledge 和 John Tasioulas。然而，要是沒有家人——我的丈夫 Richard Poynder、女兒 Georgia 和 Sarah——持續的鼓舞和理解，成為我的後盾，這本書絕對不可能完成。Sarah 勇敢地隨著我和 Leonidas Papadopoulos 探訪了亞里斯多德住過的每一個地方；這段旅程也要感謝 Christina Papageorgiou， Symeon Konstantinidis 和 John Kittmer 的溫暖協助。

Acknowledgements
謝辭

anamnesis	回想
arete	（複數 '*aretai*'）卓越、美德
autarkeia	自足自立
authekastos	忠於自己
dianoia	智性活動
dynamis	潛在性、潛能
endoxa	一般人的信念、普遍接受的假設
energeia	實現
enthymeme	推理證明
epieikeia	公正
ethos	品格
euboulia	良好的決策
eudaimonia	幸福，因實踐美德而達到的心理狀態
hamartia	錯誤
hedone	愉悅
hexis	屬性或特質
hypokrisis	表演、修辭表達
kakia	（複數 '*kakiai*'） 缺點、惡、不好的特性
megalopsychos	擁有偉大的靈魂、氣度宏大
meson	兩個極端的中間值
phainomena	實證觀察
phronesis	實踐智慧
physis	自然
polis	城邦
prohairesis	偏好、選擇
praxis	行動、活動
skopos	目標
sophos	智者、專家
symboulia	提供及接受建議
telos	目標、目的、結束、死亡
theoria	理論、得出解釋
to meson	中庸之道
zoon politikon	住在公民群體裡的動物；人類

Glossary
名詞解釋

Brian Donohue, 'God and Aristotelian Ethics', *Quaestiones Disputatae* 5 (2014), pp. 65–77.

John E. Hare, *God and Morality: A Philosophical History* (Oxford: Blackwell, 2007).

Gareth B. Matthews, 'Revivifying Aristotle on life', in Richard Feldman, Kris McDaniel, Jason Reibley and Michael Zimmerman (eds), *The Good, the Right, Life and Death: Essays in Honor of Fred Feldman* (Aldershot: Ashgate, 2006).

Martha C. Nussbaum, 'Aristotle on human nature and the foundations of Ethics', in J. E. J. Altham and Ross Harrison (eds), *World, Mind, and Ethics: Essays on the Ethical Philosophy of Bernard Williams* (Cambridge: CUP, 1995), pp. 86–131.

Amélie Oksenberg Rorty, 'Fearing Death', *Philosophy* 58, no. 224 (1983), pp. 175–88.

Kurt Pritzl, 'Aristotle and Happiness after Death: *Nicomachean Ethics* 1. 10–11', Classical Philology 78 (1983), pp. 101–11.

Richard Sorabji, *Aristotle on Memory*, 2nd edition (London: Duckworth, 2004).

Skip Worden, 'Aristotle's natural wealth: the role of limitation in thwarting misordered concupiscence', *Journal of Business Ethics* 84 (2009), pp. 209–19.

CHAPTER 9: LEISURE

Victor Castellani, 'Drama and Aristotle', in James Redmond (ed.), *Drama and Philosophy* (Cambridge: CUP, 1990), pp. 21–36.

Damian Cox and Michael P. Levine, *Thinking through Film: Doing Philosophy, Watching Movies* (Chichester: Wiley-Blackwell, 2012).

Edith Hall, 'Aristotle's theory of katharsis in its historical and social contexts', in Erika Fischer-Lichte and Benjamin Wihstutz (eds), *Transformative Aesthetics* (London: Routledge, 2017), pp. 26–47.

Paul W. Kahn, *Finding Ourselves at the Movies* (New York: Columbia University Press, 2013).

Kostas Kalimtzis, *An Inquiry into the Philosophical Concept of Scholē: Leisure as a Political End* (London & New York: Bloomsbury Academic, 2017).

Joseph Owens, 'Aristotle on Leisure', *Canadian Journal of Philosophy* 11 (1981), pp. 713–23.

J. Pieper, Leisure, the Basis of Culture (New York: Random House, 1963).

F. E. Solmsen, 'Leisure and Play in Aristotle's Ideal State', *Rheinisches Museum für Philologie* 107 (1964), pp. 193–220.

Wanda Teays, *Seeing the Light: Exploring Ethics through Movies* (Malden, Mass.: Wiley-Blackwell, 2012).

CHAPTER 10: MORTALITY

Anton-Hermann Chroust, 'Eudemus or On the Soul: A Lost Dialogue of Aristotle on the Immortality of the Soul', *Mnemosyne* 19 (1966), pp. 17–30.

Christopher Deacy, *Screening the Afterlife: Theology, Eschatology, and Film* (New York: Routledge, 2012).

CHAPTER 7: LOVE

E. Belfiore, 'Family friendship in Aristotle's Ethics', *Ancient Philosophy* 21 (2001), pp. 113–32.

Robert J. Fitterer, *Love and Objectivity in Virtue Ethics* (Toronto & London: University of Toronto Press, 2008).

Barbro Fröding and Martin Peterson, 'Why virtual friendship is no genuine friendship', *Ethics and Information Technology* 14 (2012), pp. 201–7.

Todd L. Goodsell and Jason B. Whiting, '*An Aristotelian theory of family*', *Journal of Family Theory & Review* 8 (2016), pp. 484–502.

R. Hursthouse, 'Aristotle for women who love too much', *Ethics: An International Journal of Social, Political, and Legal Philosophy* 117 (2007), pp. 327–34.

Juha Sihvola, 'Aristotle on sex and love', in Martha C. Nussbaum and Juha Sihvola (eds), *Sleep of Reason: Erotic Experience and Sexual Ethics in Ancient Greece and Rome* (Chicago & London: University of Chicago Press, 2002).

Lorraine Smith Pangle, Aristotle and the Philosophy of Friendship (Cambridge: CUP, 2003).

S. Vallor, 'Flourishing on Facebook: virtue friendship & new social media', *Ethics and Information Technology* 14 (2012), pp. 185–99.

CHAPTER 8: COMMUNITY

Susan D. Collins, *Aristotle and the Rediscovery of Citizenship* (Cambridge: CUP, 2006).

Jill Frank, *A Democracy of Distinction: Aristotle and the Work of Politics* (Chicago: Chicago University Press, 2005).

Richard Kraut, *Aristotle: Political Philosophy* (Oxford: OUP, 2002).

Armand Marie Leroi, *The Lagoon: How Aristotle Invented Science* (London & New York: Bloomsbury, 2014).

David Roochnik, *Retrieving Aristotle in an Age of Crisis* (Albany: SUNY Press, 2013).

Howard J. Curzer, *Aristotle and the Virtues* (Oxford: OUP, 2012).

Marguerite Deslauriers 'How to distinguish Aristotle's virtues', *Phronesis* 47 (2002), pp. 101–26.

Edwin M. Hartman, *Virtue in Business: Conversations with Aristotle* (Cambridge: CUP, 2013).

D. S. Hutchinson, *The Virtues of Aristotle* (London: Routledge, 2016).

Richard Kraut, *Aristotle on the Human Good* (Princeton: Princeton University Press, 1989).

Martha Nussbaum, *The Fragility of Goodness* (Cambridge: CUP, 1986).

Glen Pettigrove, 'Ambitions', *Ethical Theory and Moral Practice* 10 (2007), pp. 53–68.

J. Urmson, 'Aristotle's Doctrine of the Mean', *American Philosophical Quarterly* 10 (1973), pp. 223–30.

CHAPTER 6: INTENTIONS

Michael Bratman, *Intentions, Plans, and Practical Reason* (Cambridge, Mass.: Harvard University Press, 1987).

P. Crivelli, *Aristotle on Truth* (Cambridge: CUP, 2004).

Javier Echeñique, *Aristotle's Ethics and Moral Responsibility* (Cambridge: CUP, 2012).

S. Dennis Ford, *Sins of Omission: A Primer on Moral Indifference* (Minneapolis: Fortress Press, 1990).

Alfredo Marcos, *Postmodern Aristotle*, with a foreword by Geoffrey Lloyd (Newcastle upon Tyne: Cambridge Scholars, 2012).

Martha C. Nussbaum, 'Equity and Mercy', *Philosophy and Public Affairs* 83 (1993), pp. 83–125.

Roger A. Shiner, 'Aristotle's theory of equity', in S. Panagiotou (ed.), *Justice, Law and Method in Plato and Aristotle* (Edmonton: Academic Printing and Publishing, 1987).

John Tasioulas, 'The paradox of equity', *Cambridge Law Journal* 55 (1996), pp. 456–69.

Charles Brittain, *From Protagoras to Aristotle: Essays in Ancient Moral Philosophy* (Princeton & Oxford: Princeton University Press, 2009).

CHAPTER 4: COMMUNICATION

Janet M. Atwill, *Rhetoric Reclaimed: Aristotle and the Liberal Arts Tradition* (Ithaca & London: Cornell University Press, 1998).

Paul D. Brandes, *A History of Aristotle's Rhetoric* (London: Scarecrow, 1989).

Jamie Dow, *Passions and Persuasion in Aristotle's Rhetoric* (Oxford: OUP, 2015).

Richard Leo Enos and Lois Peters Agnew (eds), *Landmark Essays on Aristotelian Rhetoric* (London: Lawrence Erlbaum Associates, 1998).

Eugene Garver, *Aristotle's Rhetoric: An Art of Character* (Chicago & London: University of Chicago Press, 1994).

Ekaterina Haskins, 'On the term "Dunamis" in Aristotle's definition of Rhetoric', *Philosophy and Rhetoric* 46 (2013), pp. 234–40.

Amélie Oksenberg Rorty (ed.), *Essays on Aristotle's Rhetoric* (Berkeley & London: University of California Press, 1996).

Sara Rubinelli, *Ars Topica: The Classical Technique of Constructing Arguments from Aristotle to Cicero*, with an Introduction by David S. Levene (Dordrecht: Springer, 2009).

CHAPTER 5: SELF-KNOWLEDGE

Susan K. Allard-Nelson, *An Aristotelian Approach to Ethical Theory* (Lewiston & Lampeter: Edwin Mellen Press, 2004).

Timothy Chappell (ed.), *Values and Virtues: Aristotelianism in Contemporary Ethics* (Oxford: Clarendon Press, 2006).

Edith Hall, '"Master of Those Who Know": Aristotle as Role Model for the Twenty-first Century Academician', *European Review* 25 (2017), pp. 3–19.

Elizabeth Harman, 'The potentiality problem', *Philosophical Studies* 114 (2003), pp. 173–98.

Michael Jackson, 'Designed by theorists: Aristotle on utopia', *Utopian Studies* 12 (2001), pp. 1–12.

Lynn M. Morgan, 'The potentiality principle from Aristotle to Abortion', *Current Anthropology* 54 (2013), pp. 15–25.

Martin E. P. Seligman, *The Optimistic Child,* 2nd edition (Boston & New York: Houghton Mifflin, 2007).

Charlotte Witt, 'Hylomorphism in Aristotle', *Journal of Philosophy* 84 (1987), pp. 673–9.

CHAPTER 3: DECISIONS

Robert Audi, *Practical Reasoning and Ethical Decision* (London: Routledge, 2006).

Agnes Callard, 'Aristotle on Deliberation', in Ruth Chang and Kurt Sylvan (eds), *The Routledge Handbook of Practical Reason* (London: Routledge, 2017).

Charles Chamberlain, 'The Meaning of Prohairesis in Aristotle's Ethics', *Transactions & Proceedings of the American Philological Association* 114 (1984), pp. 147–57.

Norman O. Dahl, *Practical Reason, Aristotle, and Weakness of the Will* (Minneapolis: University of Minnesota Press, 1984).

D. L. Martinson, 'Ethical decision-making in Public Relations: What would Aristotle say?', *Public Relations Quarterly* 45 (2000), pp. 18–21.

J. McDowell, 'Deliberation and Moral Development in Aristotle's *Ethics*', in J. McDowell, S. P. Engstrom and J. Whiting (eds), *Aristotle, Kant, and the Stoics: Rethinking Happiness and Duty* (Pittsburgh & Cambridge: CUP, 1996), pp. 19–35.

Monica Mueller, *Contrary to Thoughtlessness: Rethinking Practical Wisdom* (Lanham: Lexington Books, 2013).

C. Provis, 'Virtuous decision-making for Business Ethics', *Journal of Business Ethics* 91 (2010), pp. 3–16.

Heda Segvic, 'Deliberation and choice in Aristotle', in Myles Burnyeat (ed.) with an introduction by

Carlo Natali, *Aristotle: His Life and School* (Princeton: Princeton University Press, 2013).

Rupert Woodfin and Judy Groves, *Introducing Aristotle: A Graphic Guide* (Cambridge: Icon Books, 2001).

CHAPTER 1: HAPPINESS

J. Ackrill, 'Aristotle on Eudaimonia', *Proceedings of the British Academy* (1974), pp. 3–23.

Julia Annas, *The Morality of Happiness* (Oxford: OUP, 1993).

Sissela Bok, *Exploring Happiness: From Aristotle to Brain Science* (New Haven: Yale University Press, 2010).

Anthony Kenny, *Aristotle on the Perfect Life* (Oxford: Clarendon Press, 1995).

Richard Kraut, 'Two conceptions of happiness', *Philosophical Review* 88 (1979), pp. 167–97.

G. Richardson Lear, *Happiness and the Highest Good: An Essay on Aristotle's Nicomachean Ehics* (Princeton: Princeton University Press, 2004).

Roger Sullivan, *Morality and the Good Life* (Memphis: Memphis State University Press, 1977).

Nicholas White, *A Brief History of Happiness* (Oxford: Blackwell Publishing, 2006).

CHAPTER 2: POTENTIAL

Jean de Groot, 'Dunamis and the Science of Mathematics: Aristotle on Animal Motion', *Journal of the History of Philosophy* 46 (2008), pp. 43–67.

Jill Frank, 'Citizens, Slaves, and Foreigners: Aristotle on Human Nature', *American Political Science Review* 98 (2004), pp. 91–103.

Jim Garrison, 'Rorty, metaphysics, and the education of human potential', in Michael A. Peters and Paulo Ghiraldelli Jr (eds), *Richard Rorty: Education, Philosophy, and Politics* (Lanham: Rowman & Littlefield, 2001), pp. 46–66.

Further Reading
延伸閱讀

These recommendations are to be read in addition to those referenced in the Notes.

INTRODUCTION

J. L. Ackrill, *Aristotle the Philosopher* (Oxford: OUP, 1981).

Mortimer I. Adler, *Aristotle for Everyone* (New York: Macmillan, 1978).

Jonathan Barnes, *Coffee with Aristotle* (London: Duncan Baird, 2008).

Joseph Williams Blakesley, *A Life of Aristotle* (London: John W. Parker, 1839).

Sarah Broadie, *Ethics with Aristotle* (New York: OUP, 1993).

Jonathan Haidt, *The Happiness Hypothesis: Putting Ancient Wisdom to the Test of Modern Science* (London: Arrow, 2006).

Terence Irwin, *Aristotle's First Principles* (Oxford: Clarendon Press, 1993).

Burgess Laughlin, *The Aristotle Adventure: A Guide to the Greek, Latin and Arabic Scholars who Transmitted Aristotle's Logic to the Renaissance* (Flagstaff: Albert Hale, 1995).

11. Richard Shearman, 'Self-Love and the Virtue of Species Preservation in Aristotle', in Westra and Robinson (eds.), pp. 121-32. And especially Mohan Matthen, 'The organic unity of Aristotle's world', in the same volume, pp. 133-48.

12. Ozguc Orhan, 'Aristotle: Phusis, Praxis, and the Good', in Peter F. Cannavo and Joseph H. Lane Jr (eds.), *Engaging Nature and the Political Theory Canon* (Cambridge, Mass. & London: MIT Press, 2014), pp. 45-63.

13. Iris Murdoch, *The Sovereignty of Good* (London: Routledge & Kegan Paul, 1970).

14. Thomas Nagel, *Mortal Questions* (Cambridge: CUP, 1979), pp. 1-10.

15. Elias Canetti, *The Human Province*, translated by Joachim Neugroschel (New York: Seabury Press, 1978), pp. 127-8, 141-2.

16. Miguel de Unamuno y Jugo, *The Tragic Sense of Life in Men and in Peoples*, translated by J. E. Crawford Flitch (London: Macmillan, 1921), p. 263.

17. Blaise Pascal, *Thoughts*, translated by W. F. Trotter (London: Dent, 1908), p. 199.

18. *The Complete Works of Montaigne*, translated by Donald M. Frame (Stanford: Stanford University Press, 1957), 1.20 and 3.13.

19. Jeff Malpas, 'Death and the unity of a life', in Jeff Malpas and Robert C. Solomon (eds.), *Death and Philosophy* (London & New York: Routledge, 1998), pp. 120-34.

20. Ivan Soll, 'On the purported insignificance of death', in Malpas and Solomon (eds.), pp. 22-38, at p. 37.

21. Kathleen Higgins, 'Death and the skeleton', in Malpas and Solomon (eds.), p. 43.

22. David Novak, *Suicide and Morality* (New York: Scholars Studies Press, 1975), pp. 59-60.

Endnotes
全書註釋

1. Karen Horney, *Neurosis and Growth* (New York and London: W. W. Norton, 1991); Viktor Frankl, *Man's Search for Meaning* (New York: Washington Square Press, 1984); Mihaly Csikszentmihalyi, Flow (New York: Harper & Row, 1992); Martin E. P. Seligman, *Authentic Happiness* (London: Nicholas Brealey Publishing, 2003).
2. The *Sarvasiddhanta Samgraha*, verses 9-12.
3. Craig K. Ihara, 'Why be virtuous', in A. W. H. Adkins, Joan Kalk Lawrence and Craig K. Ihara (eds.), *Human Virtue and Human Excellence* (New York: Peter Lang, 1991), pp. 237-68; Thomas Hill Green, *Prolegomena to Ethics* (1883).
4. Edith Hall, 'Citizens but Second-Class: Women in Aristotle's Politics', in C. Cuttica and G. Mahlberg (eds.), *Patriarchal Moments* (London: Bloomsbury, 2015), Ch. 3.
5. 影片請見 https://www.youtube.com/watch?v=-moYjtCmV8Q
6. Robert J. Anderson, 'Purpose and happiness in Aristotle: An Introduction', in R. Thomas Simone and Richard I. Sugarman (eds.), *Reclaiming the Humanities: The Roots of Self-Knowledge in the Greek and Biblical Worlds* (Lanham & London: University Press of America), pp. 113-30, at p. 113.
7. Bronnie Ware, *The Top Five Regrets of the Dying: A Life Transformed by the Dearly Departing* (London: Hay House, 2012).
8. 艾默理大學資料庫保存的南方基督教領袖會議記錄中，有此段講道的影片 (Program 7652): 請見 http://findingaids.library.emory.edu/documents/sclc1083/series19/subseries19.1/
9. William D. Leahy, I Was There (New York: Whittlesey House, 1950), p. 441.
10. See R. Ulanowicz, 'Aristotelian causalities in ecosystem development', *Oikos* 57 (1990), pp. 42-8; Laura Westra, 'Aristotelian roots of ecology: causality, complex systems theory, and integrity', in Laura Westra and Thomas M. Robinson (eds.), *The Greeks and the Environment* (Lanham: Rowman & Littlefield, 1997), pp. 83-98, and in the same volume, C. W. DeMarco, 'The greening of Aristotle', pp. 99-119.

MENTOR 01

關於人生，你可以問問亞里斯多德

不做決定，等於讓別人決定你。幸福，是有意識的思考、選擇和行動。

作者——伊迪絲・霍爾
譯者——鄭淑芬

特約主編—賴文惠
美術設計—井十二設計工作室
總編輯——郭玢玢

出版——仲間出版／遠足文化事業股份有限公司
發行——遠足文化事業股份有限公司（讀書共和國出版集團）
地址——231 新北市新店區民權路 108-2 號 9 樓
劃撥帳號—19504465 遠足文化事業股份有限公司
電話——02-2218-1417
電子信箱—service@bookrep.com.tw
網站——www.bookrep.com.tw

法律顧問—華洋法律事務所／蘇文生律師
印製——通南彩印股份有限公司

二版——2023 年 11 月（一刷）
定價——NT$480

ISBN——978-626-97770-1-3（平裝）
ISBN——978-626-97770-5-1（EPUB）
ISBN——978-626-97770-4-4（PDF）

Aristotle's Way
How Ancient Wisdom Can Change Your Life by Edith Hall

國家圖書館出版品預行編目（CIP）資料

關於人生，你可以問問亞里斯多德
不做決定，等於讓別人決定你。
幸福，是有意識的思考、選擇和行動。

伊迪絲・霍爾（Edith Hall）著；鄭淑芬譯
二版——新北市：仲間出版
遠足文化事業股份有限公司，2023.11
352 面；17 × 23 公分（Mentor 1）

譯自：
ARISTOTLE'S WAY
How Ancient Wisdom Can Change Your Life

ISBN 978-626-97770-1-3（平裝）

1. 亞里斯多德（Aristotle, 384-322 B.C.）
2. 學術思想 3. 人生哲學

141.5 112018675